CHINESE VERBAL
HUMOUR AND ITS
ENGLISH TRANSLATION

汉语言语幽默及其
英译研究

戈玲玲　著

商务印书馆
The Commercial Press

序

　　《汉语言语幽默及其英译研究》一书是戈玲玲教授的新著，嘱余为之作序。

　　多年前，戈玲玲在香港中文大学翻译系修读哲学博士学位，所选择的研究项目就是汉语言语幽默的英译研究。此新书的问世，说明作者这些年来并没有放弃当初的选择，而是孜孜不倦地继续在这个受关注不太多的领域，辛勤耕耘，播种收获。

　　幽默情感用言语来表达，就是言语幽默。它也用其他方式来表达，譬如大家熟知的幽默大师查理·卓别林在银幕上用肢体与表情传达的活鲜鲜的、冲击视觉的幽默情感。用言语（口语或书面语）表述幽默情感，是生活与人生的一部分。跨语言来看，说不同语言的人，表述幽默请感的言语方式不尽相同，背后牵涉一系列的深层因素，如历史、社会、文化等等。于是，当翻译者欲将一个语言表述的言语幽默，逸译成另一种语言时，不可避免地会面对很多困难。多数情况下，译者只是靠一个双语者的语感和灵感（翻译多了就会有），去翻译言语幽默，而不会去考虑实际困难背后的理论问题，比如理论上如何去厘定言语幽默的概念范畴，实现概念范畴的认知途径（如跨语言的翻译策略）和言语方式（如修辞手法的跨语言转换），以及言语幽默译文的评估（如原文和译文之间相似度的比较）。

　　作为汉语言语幽默及其英译的研究者，对上述理论问题就避无可避。戈玲玲君的新著正是为这些理论问题答疑解惑的利器。尽管言语幽默理论不是作者的原创，但原创者并没有执其理论去考证汉语中的言语幽默，更没有研究汉语言语幽默的英译。在这两方面，本书作者当之无愧是原创者。此外，做实证研究的人都知道，有了理论不等于就可以解决要研究的实际问题。实证研究面对的是现实世界中的实体。翻译研究面对的实体就是双语文本。如何从双语文本中采样，令译文样本有效地反映原文，是研究能否成功的关键步骤。本书采用的方法是创建双语平衡语料库，对原文和译文进行交叉标注（cross-tagging），通过原文和译文的对应检索，取得可靠的定量信息，供定性分析之用。

前面说，汉语言语幽默的英译，是一个受关注不太多的领域。不是说没有人提起过它，或者发过议论，而是说如本书般有理有据、有系统、有代表性地去论述与分析问题，提出解决办法的著述，坊间委实不多见。于此，戈玲玲教授的这部书，于汉语言语幽默研究本身，以及它的英译研究，皆收树帜于学界之效。是为序。

何元建

癸卯年初冬

目　录

第一章　导论

在西方，对幽默的研究最早可追溯到古希腊的柏拉图和亚里士多德时代，随后不断修正发展，呈现出仁者见仁、智者见智的不同视角。最有影响的理论包括社会行为的优越/蔑视论（Superiority/Disparagement Theory）、心理分析的释放论（Relief/Release Theory）、心理认知的乖讹论（Incongruity Theory）以及基于语言学的语义脚本理论（Semantic Script Theory of Humour，SSTH）（Raskin 1985）和言语幽默概论（The General Theory of Verbal Humour，GTVH）（Attardo 1991/1994/2001）。前三种理论从社会学、心理学来研究幽默，后两种理论属于语言学的范畴。

优越/蔑视论主要强调优越感在幽默中的作用，笑是突然意识到自己比别人聪明、比别人有智慧、比别人优越的表现。但是，该理论不能解释所有的幽默，而且，还忽略了幽默的一个重要特征——乖讹，即不和谐、不相称。释放论强调幽默和笑就是从生理上或心理上的一种感情释放，换言之，人们通过幽默和笑来释放自己的情感。乖讹论的重要观点是，理解幽默的必要条件，就是笑话的接受者能够觉察到预期结果同现实之间存在的差异，包括不相称、不合理等，并且发现这些差异的相同之处，换言之，发现不合理中的合理、不相称中的相称。乖讹论解释了幽默言语理解的心理过程（戈玲玲 2014a：23-24）。直到20世纪80年代，才有了第一个基于语言学的幽默理论——语义脚本理论，在该理论基础上发展创立的言语幽默概论可算得上其中的一朵奇葩。

在中国，汉语中"幽默"一词在两千多年前就已出现，只不过意义与我们现在谈论的不同，那时，汉语中的"幽默"即"寂静无声"（见《辞源》1980：1002）。第一个将英语中的"humour"用于汉语的是国学大师王国维（1906：32-33），他在他的文学评论中，首次将"humour"译为"欧穆亚"。将"humour"首次译为幽默是林语堂（1924：1）。二者都是音译。不过，对"humour"的翻译，也有其他的看法，例如，李清崖主张译为"语妙"，陈望道主张译为"油骨"，易培基则用"老子优骂"指称，唐桐侯主张译为"谐穆"；意译的有，音译和意译合译的也有（戈玲玲 2014a：25）。自从林语堂将"humour"译为"幽默"这一概念得到认同以来，中国学者对幽默的研究主要集中在对汉语幽默、汉语幽默文学进行界定和分类，区分幽默与中国传统的笑话、谐趣、诙谐等概念的异同，多角度多层面地研究汉语幽默，更多的是从修辞学的角度探讨汉语幽默的生成机制。

就幽默翻译而言，无论是中国还是西方学界，争论的焦点都是可译性问题，学者们试图运用不同学科，特别是运用语言学的研究成果从不同理论视角、不同研究层面对不同幽默，如幽默小说、幽默戏剧等进行研究，旨在探讨如何将原文的幽默翻译至译文、有无翻译规律可循等等。这些研究成果从不同视角和不同侧重点出发，阐释了幽默及幽默翻译的问题。不过，对言语幽默（语言表达的幽默）和言语幽默的翻译研究还存在诸多问题。一是学术界重视不够，研究成果不多。二是对言语幽默的理论界定及言语幽默翻译标准关注和研究不够。三是已有的一些研究成果多从微观层面进行研究，少涉及运用幽默理论研究的成果对言语幽默翻译进行理论上的研究，视野相对狭窄，研究方法也相对单一。四是研究理论的视角和研究语料重复率相对较高，系统的实证研究较少。简言之，在言语幽默及其翻译的研究中，系统的研究偏少，理论上更是空白，这些方面需要引起研究者的高度关注。

由著名语言学家、国际幽默学术期刊（SSCI）主编 Attado 教授创立的言语幽默概论，被认为是迄今唯一的羽翼丰满的研究幽默的语言学理论，对幽默翻译研究来说，其价值也是无法估量的（Antonopoulou 2002）。但运用该理论研究翻译的学术论文却寥寥无几（Zabalbealbeascoa 2005 等）。以汉语言语幽默为语料，采用历时语料库的方法，运用言语幽默概论对汉语言语幽默及其英译进行理论探讨和实证研究的学术论文还不多见，这正是本研究的目的所在。

本研究首次将言语幽默概论延伸到汉语言语幽默及其英译研究，提出言语幽默概论的延伸理论，并运用历时语料库的优势对延伸理论进行系统的实证研究，研究意义如下：

1）学术意义。学术界对运用历时语料库进行汉语言语幽默及其翻译的研究十分不够，已有的成果少且水平参差不齐。本研究对推动该领域的学术探索具有重要意义。

2）理论意义。本研究试图从言语幽默概论的研究切入，提出延伸理论，对汉语言语幽默生成的理论参数、汉语言语幽默英译标准进行理论探讨，丰富和发展言语幽默概论。

3）现实意义。为言语幽默翻译实践提供理论基础和操作性较强的系统，对译者在翻译过程中选择翻译策略具有现实意义。

要研究言语幽默及其翻译，首先应该分清楚幽默的定义及其分类，特别是幽默与笑话、讽刺、机智、滑稽等相关概念的关系。本章第一节将归纳幽默的定义及其分类，第二节将区分幽默及其相关概念的关系，第三节将对本研究的基本观点及研究框架进行简要的介绍，第四节为本书的结构。

第一节　幽默的定义及其分类

幽默的研究涵盖了不同的领域，对其的定义也各有千秋。有的认为给幽默一种满意的定义非常困难，也有的认为没有一个定义能够让这个领域的所有学者都接受，所以，幽默是无法定义的（Escarpit 1960：5-7；转引自 Attardo 1994: 6；Apte 1985：13）。有些心理学家、人类学家和语言学家认为幽默就是指能够引发笑声、逗乐、有趣味的任何事件或物体（Attardo 1994：4），狭义上讲，幽默的定义可以和好笑（funny）互换（Raskin 1984：8）。然而，现实生活中确实存在着两种情况：好笑并不幽默或者幽默并不好笑。那么究竟如何定义幽默呢？我们可以将幽默的定义归纳如下：幽默是一种素质，一种能够创造喜剧性因素、制造引人发笑的言行及事物的素质；幽默是一种能力，一种创造、发现、欣赏谐趣和喜剧性言行及事物的能力；幽默是一种心境，有趣而意味深长。笑为其主要特征，但却不同于粗鄙显露的笑话，而是与谐趣、风趣近似。

幽默的分类与幽默的定义一样，不同学科有不同的分类。分类五花八门，例如，语言学家们将幽默分为十类（Raskin 1984：8）：

笑（laughter）、喜剧（the comic）、滑稽（the ludicrous）、有趣（the funny）、笑话（joke）、机智（wit）、荒谬（ridicule）、双关（pun）、俏皮话（wisecrack）和警句（epigram）；

心理学家们把幽默分为十一类（Roeckelein 2002：20）：

机智（wit）、笑（laughter）、喜剧（comedy）、讽刺（satire）、反语

（irony）、讥讽（sarcasm）、闹剧（farce）、诙谐讽刺诗文（parody）、谜语（riddles）、双关（puns）和笑话（jokes）。

下面我们将就幽默的研究范围、表达形式来陈述幽默的分类。

幽默就其研究范围而言，可以分为广义的幽默和狭义的幽默（林语堂1924；胡范铸1991；郑凯1992；卢斯飞等1994；丛晓峰2001 等）。广义的幽默，是喜剧的代名词，与"可笑性"大致相当，例如，滑稽、诙谐、打诨、风趣……，只要是具有"可笑性"的精神现象，都可以成为广义家族的成员（胡范铸1991：62；丛晓峰2001：1）；凡是具有喜剧意味的讽刺、机智、滑稽、怪诞都属于广义幽默（郑凯1992：12）。

狭义的幽默，指幽默中最富审美价值的那一层精神内容，它是一种由机智而又宽容的讽刺所造成，"可笑"中浸染着悲剧意味的精神现象，如钱钟书的《围城》（胡范铸1991：63），它所引起的笑是轻松的、温和的、善意的、会心的、意味深长的，总之是富有文化品位、人文关怀和美学意蕴的（高胜林2004：100）。狭义的幽默包括幽默感、幽默能力和幽默的人生观或生活态度（郑凯1992：12）。

幽默就其表达形式而言，可以分为言语幽默（verbal humour）和非言语幽默（non-verbal humour）（Raskin 1984：45）。言语幽默与语言有关。它指运用任何语言手段，例如，文字游戏、双关等来创造幽默效果的任何文本。这些文本包括口语和书面语文本。语言的结构是言语幽默的基础，幽默的生成需要必要的和充分的语言条件，如文本中的妙语、语言的各种要素的变异等（Raskin 1984：46；胡范铸1991：74）。非言语幽默属于非语言现象，它与形体动作及副语言息息相关。非言语幽默不是通过文本，而是通过有趣的眨眼睛、滑稽的微笑和可笑的动作等来创造、描述和表现幽默。例如，两个小丑踢来踢去，摔倒了，扮鬼脸（Raskin 1984：45）；再如，张乐平笔下的"三毛"、卓别林滑稽的哑剧动作等（胡范铸1991：74），都属于非言语幽默。言语幽默有时伴随着非言语幽默，非言语幽默有时也出现在幽默的语境中。区分幽默是言语幽默和非言语幽默的关键是看幽默的创造者（creator）是什么（Raskin 1984：46），或者是看幽默的主要载体是什么（胡范铸1991：74）。如果文本是幽默的创造者或主要载体，那么，这种幽默就是言语幽默。如果幽默中包含了文本，但文本只是幽默的组成部分，而不是幽默的创造者或主要载体，那么，这种幽默属于非言语幽默（戈玲玲2014a：21）。

第二节 幽默及其相关的概念

在幽默的定义和分类中，我们看到不同的研究者很难达成术语的一致，这个研究者的"幽默"可能就是另一个研究者的"笑"或"笑话"等等（Raskin 1984：8）。有些概念与幽默重叠、交替、相关联，这些给研究者们带来了一些棘手的问题，例如，笑话（joke）、讽刺（satire）、机智（wit）和滑稽（the ludicrous or the funny）。这四个概念与幽默的异同究竟如何，怎样区别，下面简单地进行概括。

很多学者将笑话与幽默等同起来或者将笑话作为幽默的主要类型来进行研究，认为逗人笑的就是幽默（Raskin 1984；Apte 1985；Norrick 1993；Attardo 1994；Oring 2003；Ritchie 2004；Popa 2005）。实际上，幽默不能简单地等同于"笑"，但"笑"是幽默的最重要的表现特征（胡范铸 1991：36）。笑话可以定义为引人发笑的言语，它和幽默一样具有乖讹、智慧、风趣、可笑的属性。在这四大属性中，智慧的属性具有不稳定性，也就是说并不是所有的笑话都充满智慧，也有简单好玩的笑话。

幽默与讽刺很难分开研究，因为"在实际上，纯粹的幽默与纯粹的讽刺并不多，总是种种的要素杂在一处的"（陈望道 1990：83），"讽刺与幽默在分析时有显然的不同，但在应用上永远不能严格的分开"（老舍 1999：185）。有的学者认为："笑常常表现为幽默，骂常常表现为讽刺，幽默家笑里常带刺，讽刺家刺里常带笑，讽刺家实际也是幽默家"（郑凯 1992：34）。幽默与讽刺你中有我，我中有你，它们有着不可切分的交叉关系。什么是"讽刺"呢？讽刺是用嘲弄、反语、夸张等手法揭露、批评或嘲笑那些罪恶的或愚蠢荒唐的行径。幽默与讽刺的本质区别在于"幽默暗指观察或表达人们生活中滑稽、喜剧和荒唐言行的能力，反映了深刻的洞察力和同情心，但不尖刻（without bitterness）；而讽刺却是通过直接批评或运用反语等手法揭露荒唐的事物和言行"。幽默（否定性幽默）的客体是具有局部性缺点的生活现象，而讽刺的客观对象却是产生严重后果的社会性弊端、不良现象和恶习（丛晓峰 2001：2）。讽刺和幽默一样具有乖讹、智慧、风趣、可笑的属性。在这四大属性中，风趣、可笑的属性具有不稳定性，也就是说并不是所有的讽刺都风趣可笑。

幽默与机智也是不可分离的。"我们在生活中、作品里和舞台上接触的大量事实说明，智趣中含有幽默，幽默中含有机智"（侯宝林 1987：2）。机智充满了智慧和创造力，它暗示了"通过言语适切的措辞、对乖讹的灵机反应，引发大笑的能力"。机智的人不一定是幽默的人，但幽默的人必定是机智的人（丛晓峰 2001：4）。机智和幽默一样具有乖讹、智慧、风趣、可笑的属性。在这四大属性中，风趣的属性具有不稳定性，也就是说并不是所有的机智都风趣。

幽默与滑稽也有一定关联。"滑稽"一词在古汉语中主要指口齿伶俐、思维敏捷的人。在现代汉语中，与"幽默""诙谐"意思差不多，凡引人发笑的言语动作，皆可谓之滑稽（卢斯飞等 1994：10）。滑稽主要指客体对象的某种外在不协调的喜剧性，主要包括人的动作、表情、姿态、言语特点、衣着习惯等外在的喜剧因素（丛晓峰 2001：2），例如，喜剧大师卓别林在电影中的衣着打扮和动作就很滑稽、马戏团的小丑的表演也很滑稽。许多滑稽常被人说是"出洋相"，意为出奇，是贬语（方成 2003：734）。汉语中的"滑稽"很难像笑话、讽刺、机智等在英语中找到一个对应词，它似乎可以用 "the funny" 或 "the ludicrous" 来表达，例如，马戏团的小丑扮鬼脸或做滑稽相（making funny faces）。"ludicrous" 被定义为"可笑的；愚蠢的；滑稽的"（causing disrespectful laughter；very foolish；ridiculous）。从内涵上讲，"滑稽"可译为 "the ludicrous"；但从形式上来看，"the funny" 似乎更贴切。

"滑稽和幽默从结构形式看，有几乎同样的错位的语义，因而可以说滑稽是幽默的基础"（孙绍振等 1998：50），滑稽只是较浅层次上的喜剧形态，它不像幽默那样深蕴哲理。滑稽容易察觉，幽默要用心领会。滑稽逗笑，幽默也逗笑，但幽默是带有一定的含义的，滑稽最容易堕入庸俗油滑的境地（丛晓峰 2001：3；方成 2003：734）。滑稽和幽默一样具有乖讹、智慧、风趣、可笑的属性。在这四大属性中，智慧的属性具有不稳定性，也就是说并不是所有的滑稽都充满智慧，有的滑稽显得很愚蠢。

以上概括了幽默与笑话、讽刺、机智、滑稽之间的关系。就幽默的四大属性而言，其他四个相关概念各有侧重，如表一所示：

表一 幽默与相关概念的属性对比

术语 Terms / 属性 Properties	幽默 Humour	笑话 Joke	讽刺 Satire	机智 Wit	滑稽 The Ludicrous (The Funny)
乖讹 Incongruous	+	+	+	+	+
智慧 Intellectual	+	+ / -	+	+	+ / -
风趣 Amusing	+	+	+ / -	+ / -	+
可笑 Laughable	+ / -	+	+ / -	+	+

从表一可以看出以下四点：

（1）乖讹是幽默及其相邻概念的基础，也就是说这是它们唯一的共同属性。同时也解释了幽默理论中乖讹论的观点。

（2）智慧是幽默、讽刺和机智的基础，它们在智慧属性上要高于笑话和滑稽。也可以理解为讽刺和机智是较高形态的幽默；笑话和滑稽是较低层次的幽默。

（3）风趣是幽默、笑话和滑稽的共同属性，讽刺和机智在风趣上具有更深层的含义。

（4）可笑是笑话、机智和滑稽的共同属性，也是它们最直接的显而易见的目的。幽默和讽刺蕴含有意味的笑，它们相互交叉，幽默中含有讽刺的笑，讽刺中充满着幽默。

综上所述，幽默与笑话、讽刺、机智、滑稽有着千丝万缕的联系，它们相互关联，相互交错，这也许解释了两千多年来，没有一个有关幽默的定义和分类，能让不同的研究者达成共识。

第三节 本研究的基本观点及研究框架

本研究的言语幽默限定于文学作品中用语言表达的幽默。它可以被定义为汉语小说中存在的一种特殊的语言现象或一种艺术表达形式；它调动所有的语言手段，运用超常的、脱俗的、新颖的方法对小说中的人物、事件、场景、言语、行为等进行描述；这些描述风趣、机智，有时令人大笑、有时发人深省，有的笑中带刺，有的刺中含笑。它具有幽默的四大属性：即具有乖讹（incongruous）、智慧（intellectual）、风趣（amusing）、可笑（laughable）的属性。乖讹指不合情理、不协调、自相矛盾；智慧指聪明才智、富有创造力；风趣指诙谐的趣味；可笑指引人发笑。同时可笑的属性具有不稳定性，即文学作品中有的言语幽默令人好笑，有的则不然。

文学作品中言语幽默的具体表现特征如下：

1）文学作品中对人物、事件、场景、言语、行为等的描述不落俗套，超出了一般的想象，使读者耳目一新；

2）作者充分运用语言手段，如词语新颖的搭配、汉语语音及结构创造性的使用，使文学作品中的描述栩栩如生，引人入胜；

3）作者超常地使用汉语本源概念，适时地运用西方本源概念，中西文化巧妙融合，使读者在获得愉悦的同时，收获了丰富的知识；

4）作者脱俗地、创造性地使用大量的修辞手段，如比喻、隐喻、拟人、夸张，特别是使用了汉语特有的修辞手段，如降用、析词、杂混等，使文学作品中的幽默具有极明显的汉语语言特色。

简言之，本研究探讨的言语幽默，它不但具有幽默的四大属性，而且还具有与其他幽默不同的四大具体表现特征。

要研究汉语言语幽默及其英译，第一，我们要解决理论问题。到目前为止，在国内还没有一种被广泛接受并具有可操作性的理论。我们预设，言语幽默概论可以帮助解决汉语言语幽默及其翻译的理论问题，由于汉语言语幽默的生成及其翻译有其特殊规律，因此，在此理论的基础上，我们提出了言语幽默概论的延伸理论。言语幽默概论包含两大核心内容：①言语幽默生成的六个参数——知识资源，包括语言、叙述策略、对象、语境、逻辑机制和脚本对立；②以上六个参数按照语言、叙述策略、对象、语境、逻辑机制和脚本对立的顺序从低层向高层呈层级排列构成的言语幽默相似度测量系统。在对该理论的前期研究中，我们发现两个困难：其一，就言语幽默的翻译而言，源语中有些修辞手段（＝叙述策略）是该语言特有的，而在译语中却不存在。其二，四个必要参数中有两个（脚本对立和语境）在文本中常常没有言语形式来表达，需要通过上下文来理解。这就对我们描写和分析言语幽默（＝用语言来表达的幽默 Attardo 2002）造成了一个非常实际的困难，即我们不能依靠语言形式来分析言语幽默（转引自戈玲玲

2014a：57）。

　　为了解决这两个困难，本研究在前期研究的基础上，拟从理论视角对言语幽默概论延伸到汉语言语幽默及其英译研究即延伸理论进行探讨，延伸理论包括汉语言语幽默生成的理论参数和汉语言语幽默英译的相似度测量系统。基于言语幽默概论，我们将六个参数分为表层参数和深层参数：叙述策略（＝修辞手段）和语言这两个工具参数都可以有具体的语言标记，存在于言语幽默的表层，另外，修辞手段和语言又与言语幽默的逻辑机制密切相关；逻辑机制虽然看不见，但它总是通过修辞手段和语言得以展现。因此，叙述策略（＝修辞手段）、语言、逻辑机制可以统称为言语幽默的"表层参数"。相对而言，脚本对立、对象和语境三个内容参数在言语幽默中并没有明显的语言形式的标示，通常要通过说话人和听话人在言语交流过程中的逻辑推理来展现，他们处于言语幽默的深层。因此，脚本对立、对象和语境可以统称为言语幽默的"深层参数"。表层和深层参数是言语幽默的一体两面，统称为汉语言语幽默生成的理论参数。根据言语幽默生成能力和判断言语幽默相似度的能力，它们按照表层（语言、叙述策略、逻辑机制）、深层（对象、语境、脚本对立）的顺序从低层向高层呈层级排列，构成了言语幽默相似度测量系统。以上有关理论延伸的观点得到了Attardo 教授的认同。

　　简言之，言语幽默概论的延伸理论主要包括汉语言语幽默生成的理论参数和汉语言语幽默英译的相似度测量系统。理论参数涵盖了表层参数和深层参数，三个表层参数是言语幽默概论中的三个工具参数，核心是叙述策略中的修辞手段，三个深层参数也就是三个内容参数，核心是脚本对立。汉语言语幽默相似度测量系统是由表层参数和深层参数按照从低层向高层呈层级排列构成的，可以用于分析原文和译文的言语幽默相似度。在分析原文和译文时，除了采用汉语言语幽默相似度测量系统，还需要考虑汉语言语幽默解码的三条准则和汉语言语幽默编码的两条准则。汉语言语幽默解码的三条准则为真诚性准则、相似性准则、和谐性准则。汉语言语幽默编码的两条准则包括非真诚交际的四大准则和言语幽默翻译的语用等值准则。非真诚交际的四大准则为数量准则、质量准则、关联准则、方式准则。译文要成功传递原文幽默的关键在于成功保留或转换原文的三个表层及三个深层参数，特别是深层的脚本对立和表层的修辞手段；译者无论选择什么样的翻译策略和翻译方法，尽量遵守汉语言语幽默解码的三条准则和汉语言语幽默编码的两条准则，以实现言语幽默翻译的语用等值为最终目标，让译语读者获得与源语读者同样的阅读感受。

第二，通过研制汉英历时语料库对延伸理论进行系统的实证研究，因为历时语料平台能够实现按年度、年代检索语言数据，发现语言的历史变化（王克非等 2012），为理论研究提供数据支持。本语料库为自制语料库，根据研究需要，该语料库可以提供汉语、英语、汉英对照等方面的自动检索。在对语料库中的语料进行检索的基础上，我们可以对语料进行定量及定性分析，论证汉语言语幽默生成的理论参数和汉语言语幽默英译标准。

其建设主要涉及两个大的方面：首先语料选择的代表性和权威性，本研究语料选自中国幽默小说中最有影响作家的作品及其英译本，如吴承恩、吴敬梓、鲁迅、老舍、钱钟书、赵树理、杨绛、莫言、余华、阎连科等作家的作品及其英译本作为原始语料；其次语料库的建设，语料库初期规模已经达到 9000 万字，研究着重于运用计算机技术辅助建库工作。一是应用语料清洁软件，得到初步清洁文本，进一步由人工整理获取最终清洁文本，并使用 UTF — 8 编码保存。二是根据研究目的，进行计算机编程，并由人工判断与分析，得到语句层级对齐。再基于文本句对语句进行切分，对含有言语幽默的文本句以汉语言语幽默生成的理论参数为标准进行标注。三是将结构信息与标注文本存入数据库中，完成历时语料库的研制。

第三，通过对语料库中的语料进行定量和定性分析，论证延伸理论；研究语料库中的汉语语料，论证汉语言语幽默生成的理论参数；对语料库中的汉英语料进行对比分析，研究汉语言语幽默英译策略，希望能够总结出言语幽默翻译的一般规律和特殊规律。

第四节　本书的架构

本书共有七章。第一章简要介绍该研究的背景和目的，界定相关概念，并且简述本书的框架和基本内容。第二章介绍基于语言学的幽默理论，包括语义脚本理论、言语幽默概论。要研究汉语言语幽默及其英译首先要解决理论问题，因为到目前为止国内还没有一种被广泛接受并具有可操作性的理论。1991 年著名语言学家 Raskin 和他的学生（现任《国际幽默研究》学术期刊主编）Attardo 合作提出了言语幽默概论，该理论是在 Raskin（1985）提出的第一个基于语言学的幽默理论——语义脚本理论（Semantic

Script Theory of Humour）的基础上发展起来的。但该理论的研究对象主要是英语，将其延伸至汉语及其翻译研究必然会有其特殊规律，因此，依据该理论研究适合汉语言语幽默及其翻译的延伸理论很有必要。第二章第一节简述语义脚本理论。"脚本"指某一信息组块，是被说话者内化的认知结构，这个结构为说话者提供譬如世界是如何组成，人们如何行为等信息；从广义上讲，"脚本"指任何东西（真实的或虚构的）、事件、行为、品质等（Raskin 1985：199）。幽默的形成基于两个条件：一是文本有两个脚本，二是这两个脚本对立。运用脚本对立来分析和解读乖讹／不一致（incongruity）。第二章第二节阐述言语幽默概论的核心内容。言语幽默概论的核心内容有二：一是言语幽默生成的六个参数——知识资源，包括语言、叙述策略、对象、语境、逻辑机制和脚本对立；二是以上六个参数按照语言、叙述策略、对象、语境、逻辑机制和脚本对立的顺序从低层向高层呈层级排列构成的言语幽默相似度测量系统。第三章探讨言语幽默概论的延伸理论。延伸理论主要包括汉语言语幽默生成的理论参数和汉语言语幽默英译的相似度测量系统。本章将详细阐述表层和深层六个参数的界定和内涵，探讨言语幽默相似度测量系统的构成。言语幽默相似度测量系统按照言语幽默概论的延伸理论中表层参数和深层参数的分类从低向高呈层级排列。第四章介绍汉英言语幽默的平行历时语料库，详细介绍语料的选择范围、语料的抽取和切分、语料的标注、语料库的创建等等。第五章分析汉语言语幽默生成的参数特征与英译，包括表层参数的三大特征和深层参数的三大特征。汉语言语幽默表层参数的三大特征是"相似性之奇特统一""语言要素之巧妙转移""不和谐逻辑间之和谐"；深层参数的三大特征为现实与经验的矛盾冲突（真实的与非真实的脚本对立）、话语现实与语言经验的矛盾冲突（正常的与非正常的脚本对立）、话语逻辑与正常逻辑的矛盾冲突（合理的与不合理的脚本对立）。第六章阐述汉语言语幽默的英译策略，重点分析语言参数中妙语的重要组成部分——本源概念的五种英译策略，叙述策略中修辞手段的三类转换模式，以及汉语言语幽默的英译分析准则。第七章为研究前景及局限，总结了言语幽默延伸理论的特点，并对研究局限进行简单的陈述。

第二章　基于语言学的幽默理论

语义脚本理论（The Script-based Semantic Theory of Humour）（Raskin 1984，1985）是第一个基于语言学的幽默理论。它主张，一个理想的幽默理论应该可以确定幽默文本构成的必要和充分的语言条件。比如，如果把幽默定义为目的场（target field），而幽默与语言条件之间的关系则可以定义为源场（source field），这样，就可以用语义学理论来解释幽默。具体如何做到这一点呢？它又认为，语义学的一些概念，比如预设、隐含等虽然可以成功地解释很多笑话，但却不能提供生成文本幽默的必要和充分条件。因此，它提出运用语言的基本单位（即单词）的语义脚本作为分析句子和语段语义的手段，结合语用因素，扩充到分析幽默文本。

语义脚本理论也可以运用于分析幽默文本。但是，也存在很多问题。Raskin（参 Attardo 1994：214-219）自己很快就发现了语义脚本理论的局限，并在一次学术会议上对它进行了修正和扩充。之后，他在与学生Attardo 合作的文章中（Attardo & Raskin 1991），提出了"表达笑话的五层模式"（five-level joke representation model）：表层（surface level）、语言层（language level）、目标加语境层（target and situation level）、模板层和基本层（template and basic level）（Attardo 1991：311）。在此基础之上，形成了"言语幽默概论"（The General Theory of Verbal Humour）（Attardo & Raskin 1991；Attardo 1994，2001；转引自戈玲玲 2014a：37）。后者是从前者发展而来的。所以，本章第一节先介绍语义脚本理论，包括语义脚本理论的理论系统、幽默文本的语义特征与形成机制；第二节介绍言语幽默概论，包括言语幽默概论的六个参数（或称知识资源）、幽默文本相似度测量系统；第三节为本章的小结。

第一节　语义脚本理论

下面，我们先了解它的理论系统，然后阐释幽默文本的语义特征与形成机制。为叙述方便，幽默的语义脚本理论有时简称为"语义脚本理论"或者"脚本理论"（也用于本书其他地方）。

一、理论系统

脚本理论的系统包含三方面：核心、基础以及操作系统。理论核心就是所谓的语义脚本（semantic script），它指单词的语义脚本，也就是单词本身的释义（也可能不止一条释义），它是编撰任何语言词典的基础。可是，如何分析单词的释义，理论上却有不同的学派。语义脚本理论主张，要达到解释幽默文本的目的，需要把解释语义学（Interpretive Semantics）和语境语义学（Contextual Semantics）结合起来，作为分析单词的释义的手段。因此，两个理论的融合，就是语义脚本理论的基础。

具体来说，解释语义学突出词项功能（lexical function）和投射规则（projection rules）。词项功能就是说话人关于词义的知识，而投射规则就是说话人运用词义构成句子意义的能力。但是，解释语义学注重单词在句子中的意义，并不考虑语境等因素对单词意义的影响（Raskin 1985：60-63）。可是我们知道，言语幽默是离不开语境的，此时，词库中没有收录的那些词义属性，对理解自然语言中的句子至关重要。请观察（Raskin 1985：68；译文是作者的，下同）：

例（1）Mary saw a black cat and immediately turned home.
    – 玛丽看见一只黑猫，预感不祥，立刻转身回家。

例（2）Mary came into the room and all the men were charmed by her even before they sat down again.
    – 玛丽走进房间时，在场的所有男士起立；他们被她迷住了，很久才坐下来。

例（1）中"a black cat（黑猫）"所引发的词项外的信息是"不吉利"。

例（2）中的词项外信息是已经过时的礼仪"男士见到女士要站起"。如果不知道这些词项外的信息（extra-lexical information），就无法正确理解以上的句子在语境中传达的意义。词项外的信息来自预设、蕴含、语义循环、会话假设、隐含意义、间接言语行为等因素。此外，句子意义受句子的上下文的影响，也要受说话人（作者）及听话人（读者）所在的交际语境、语言知识、百科知识等因素的影响。因此，要阐释言语幽默，需要引进语境语义学。简单来说，把解释语义学和语境语义学融合起来，就是语义脚本理论的基础，而单词的语义脚本是它的理论核心。

那么，如何做到利用单词的语义脚本来分析幽默文本呢？这就涉及脚本理论的操作系统。这个系统由两大部分组成：第一部分有词项规则（lexical rules）与组合规则（combinatorial rules），第二部分有生成幽默文本的具体语言机制，包括幽默文本形成的必要和充分条件、幽默交际的四大准则以及引发幽默的脚本转换触发器（script-switch trigger）。第一操作部分的任务是确认文本的释义和它的信息交际模式，比如，正常的言语信息传递属于真诚的信息交际模式（bona-fide communication，BF）。不过，假如某一文本涉及幽默交际，或者说它传达了幽默信息，这时候，幽默信息交际不再是真诚的交际模式，而是非真诚交际模式（non-bona-fide communication，NBF）。因此，第二操作部分的任务就是确认有关文本中构成幽默的必要和充分条件、它的脚本转换触发器以及它的交际准则。这一节里，我们先介绍词项规则与组合规则，以及它们的运作过程，这些是脚本理论的运作基础。到了下一节，我们再讨论生成幽默文本的具体语言机制。

（一）词项规则

词项规则包含词项信息，它相当于说话人对词义的知识，既包括单词在词库中收录的意义，即词的内在属性（inherent property），也包含单词在语境应用中的意义，如词项外的信息。或者说，单词有它本身的语义信息和由它引发的词项外信息，二者结合起来就是所谓的语义脚本。形式上，脚本的每一个部分可以说都是由词汇节点和节点间的语义信息衔接成的"语义网络"（semantic network）（Attardo 1994：201）。这些网络，或称"公式"（schema）或者"框架"（frame），是说话人已经内化的认知结构，它代表说话人已知的世界知识（Raskin 1985：81；转引自戈玲玲 2014a：35）。

先看词项外信息组成的语义网络。它包含说话人对其文化所掌握的所有信息，范围广泛并具有多维性。信息重点包括主体（subject）、客体（object）、活动（activity）、时间（time）、地点（location）等等。比如，"医生"一词代表的语义信息可以构成下面的脚本（摘自 Raskin 1984：85；原文是英文，译文是作者的）：

例（3）"医生"一词代表的语义网络：
主体：［＋人］［＋成年人］
活动：〉学习医科（〉表示"过去"，＝表示"现在"）
　　　＝接待病人：病人就诊或医生出诊
　　　　　　　　医生倾听抱怨
　　　　　　　　医生检查病人
　　　＝治愈疾病：医生诊断疾病
　　　　　　　　医生开出治疗处方
　　　＝（收取看病费）
地点：〉医学院
　　　＝医院或医生办公室
时间：〉很多年
　　　＝每天
　　　＝马上
条件：身体接触

再看单词本身的语义信息组成的语义脚本。此类语义信息分无标记和有标记两种。前者指最常用的信息，后者指从常用信息衍生出来的信息。以下面的一个英语语篇（discourse）为例（摘自 Raskin 1984：87；原文是英文，译文是作者的）：

例（4）I got up in the morning, took a shower and made myself some breakfast. Then I went out and started the car.
　　－我早上起来洗了澡做了早餐，然后出门去把车发动起来。

其中第二句话中有关单词的语义脚本如下：

　　例（5）THEN（那时），adv： 1. *At that time*（那时）

2. Next in order of time（之后）

3. In that case（如此）

　　I（我），pro： 1. *Speaker or writer*（说话人或作者）

　　GO OUT（出来），v： 1. *Leave shelter*（离开住处）

2. Entertain oneself outside one's home（外出娱乐）

　　AND（和），conj： 1. [*Connection or addition*]（与、加之）

　　START（发动），vt： 1. *Cause to move*（使发动）

2. Bring into being（发起某事）

　　　　　　　　　　vi： 3. Begin the use（开始使用）

　　THE（表指称），det： 1. [*Definite*]（定指）

2. [Unique]（特指）

3. [Generic]（全称特指）

　　CAR（车），n： 1. *Automobile*（汽车）

2. Horse carriage（马车车厢）

3. Railway carriage（火车车厢）

4. Cage of an elevator（电梯的载客厢）

　　例（5）中，adv = 副词，pro = 人称代词，v = 动词短语，conj = 连词，vt = 及物动词，vi = 不及物动词，det = 定冠词，n = 名词。阿拉伯数字代表脚本使用的层级（从最常用到最不常用），斜体表示无标记的脚本。

　　前文说过，语义脚本是说话人已经内化的认知结构，代表说话人已知的世界知识。理论上，我们假设，词项外信息组成的语义网络是所有语义脚本的前提，是句子语义解释的前提。这样，在实际分析过程中，除非出现歧义现象，就不用每一次都将词项外信息组成的语义网络列出来。分析的主要依据是单词本身的语义信息组成的语义脚本。

　　（二）组合规则

　　不言而喻，一个句子常常包含一个以上的单词。每个单词会引发一个脚本或与之关联的多个脚本。这时，就需要用组合规则将句子中有关单词所引发的脚本合成起来，构成一个或多个兼容的组合（semantic combinations）。理论上，组合规则就是解释整个句子的意义，即将单词意义与单词组合成句子的语义结合起来解释。它相当于说话人从构成句子的单词意义中派生出句子意义的能力。组合规则亦将语境因素考虑在内。

无歧义的句子只有一个由所引发的脚本合成的兼容组合。有 n 个歧义的句子将与 n 个兼容组合相关联。在脚本合成的过程中，当后面句子参与到文本构建中，组合规则将滤掉那些不适宜的脚本。具体语义解释过程分成三个阶段：脚本滤除阶段（或称零阶段）、确认交际模式阶段（或称一阶段）以及确认语用模式阶段（或称二阶段）。零阶段是以句子结构为基础来阐释语义；一阶段则是以句子所在的语篇来阐释语义；而二阶段就要利用句子的语用条件来阐释语义。或者说，零阶段是语法（grammar），一阶段是语篇（discourse），二阶段是语用（pragmatics）。而语义脚本贯穿于三个阶段。

（1）在脚本滤除阶段，句子中每个单词引发了不同脚本，组合规则将根据该句子的句法结构滤去那些不适合的脚本。我们知道，一个单词所引发的所有脚本可以分为两个部分：无标记脚本（例如最常用的脚本），以及有标记的脚本。有标记的脚本从标记最少到标记最多，呈阶层分布。见上文例（5）。所有这些脚本中，只有一个符合单词所在的句法结构。为了滤除那些不适当的脚本，组合规则要首先选择句子中每个单词的无标记脚本，然后将它们按语序组合起来，得出整个句子的一种可能的释义。如果这些无标记脚本符合所在句子结构所赋予的语义，那么，组合出来的句子释义就是正确的，或者说这些脚本是兼容的。如果不兼容的话，那么，组合规则就会将它滤除掉，并用一个有标记的脚本来替换。原则上，组合规则总是先选择那些无标记的脚本，如果不兼容，再转向有标记的脚本。

以上文例（4）中的第二个句子为例，即"Then I went out and started the car"（然后出门去把车发动起来），其中每个单词的所有语义脚本已经在例（5）中给出了。按照 Raskin（1984：87-89）的分析，把所有单词的无标记脚本按句子结构组合起来之后，就得到如下可能的释义：

例（6）After having done something else, the speaker left a shelter and caused (the engine of) some definite car to move.

–说话人做完其他事之后，离开住所，把某个特指汽车（的
引擎）发动起来。

按照句子结构，"start"（发动）这个动词是用作及物动词的（即
"started the car"，发动车），因此，它作为不及物动词的脚本（即"begin
the use"，开始使用），显然不适当。但是，因为及物动词是无标记脚本，
而不及物动词是有标记脚本，而且前者已经符合所在句子结构所赋予的语
义，所以，也不存在滤除后者的问题。最后要补充的是，假如得到的组合
有歧义，组合规则不会去处理所有潜在的歧义，而是从潜在的歧义中分解
出一种最有可能的意义，来作为句子的释义。

（2）通过了滤除脚本阶段，就可以进入确认交际模式阶段，即确定句
子是真诚的交际模式，还是非真诚的交际模式。为达此目的，需要确认语
义脚本是否符合句子所在的语篇。也就是说，我们从以句法结构为基础
来阐释脚本，过渡到以句子的上下文为标准来阐释脚本。如果没有明显的
线索认为零阶段得出的脚本释义不符合相关的上下文，那么，句子属于正
常的言语信息传达模式，也就是真诚的交际模式（即不是撒谎、不是开玩
笑等）。

具体检查过程是这样的：以零阶段得到的句子释义为基础，看其中的
单词脚本是否符合句子的上下文。跟之前的理论原则相同，组合规则会先
选择无标记的脚本，看它是否符合有关的使用条件。如是，检查就顺利过
关；如否，再选择其他脚本（如有标记的脚本）。如此类推，直至某一脚
本符合有关条件为止。

上文中，例（5）列出了例（4）中第二个句子所有单词的语义脚本。
将例（5）中所有无标记脚本按句法结构组合起来，就得到例（6）。而且，
例（6）已经通过了零阶段的检查，确认它符合句法结构所赋予的语义。

那么，在例（6）的基础上，并根据它所在的语篇，即例（4），便可
以检查其中的单词脚本是否满足了相关的上下文。按照 Raskin（1984：89）
的分析，"then"（之后）和"the"（表指称）这两个语义脚本的检查结果
如下：

例（7）"then"（之后 .）：
使用条件：在前文中提到过某种或某些行为之后

　　检查结果：前文中提到了"got up，took a shower，made breakfast"（起床、洗澡、做早餐）等行为，显然，例（6）中对"then"的语义解释满足了相关使用条件。

例（8）"the"（定冠词）：
　　使用条件：指称前文中含有"the N"所指代的人或物（N＝名词）
　　检查结果：因为前文中没有出现"the N"所指代的人或物，所以例（6）中对"the"的语义解释没有满足相关使用条件。

　　例（8）的检查结果没有满足使用条件，组合规则就要转向"the"的另一个脚本"unique"（唯一的）[参见例（5）]，得到"这辆车是说话者唯一的车"这样一个新的释义。假如新释义满足了上下文的使用条件，检查也就过关。当然，有时候上下文并没有针对某一脚本提出任何使用条件，那么，检查也自然过关。

　　（3）此阶段需要检查语义脚本是否符合句子使用的语境。这时，组合规则需要考虑语义默认（semantic prepositions）和语用隐含意义（pragmatic implicature）等因素，比如提出"说话人是谁""听话人是谁""话题是什么""说话的场合是什么"等问题。举例来说，假如跟例（4）有关的说话人是火车司机，话题是铁路，那么，从一开始，组合规则就会选择"car"（车）的第3个脚本，即"railway carriage"（火车车厢）为无标记脚本，而不是"automobile"（汽车）[参见例（5）]，之后再把这个脚本带到句子的释义过程中去，得到不同的句子语义。

　　总之，在语义脚本的解释过程中，无论处于哪一个阶段，如果之前选择的脚本不兼容，组合规则就会重新选择另一个脚本，使其能够符合相关的使用条件，如此循环，直至脚本符合所有条件，即句法结构、语篇和使用语境。如果一个循环之后还不能得出合理的语义阐释，那说明句子所在的语篇还不够大，或者使用的语境还不够清晰。理论上，组合规则会将问题记录下来，每当语篇扩大，就会有新的信息添加到原来的语篇，于是，组合规则将重新进行解释过程，又如此循环，直至得出合理的语义阐释。如果语篇不再扩大，那么，就要探究它的使用语境来寻找答案。举例来说，假如例（4）属于一个更大的语篇，那么，当我们不能够依据例（4）来确定它第二个句子的释义的时候，就需要从这个大语篇去考虑。不过，如果例（4）独自成为一个语篇，不属于更大的语篇，那么，就要从语用角度来考虑。

原则上，当组合规则不能继续分解句子歧义时，组合规则就会把句子中所包含的语义信息与世界信息中储存的信息进行比较，其目的是应用储存信息分解句子。如果该句子与世界信息相矛盾，组合规则将不得不做出选择，如转变交际模式为非真诚交际模式，或检查这种矛盾是否可以通过转变脚本得以解决等。这时，组合规则不再是运用非标记脚本分解出每个句子的一种意义，而是获得脚本的所有兼容的组合，从而获得句子的所有潜在的意义。

小结一下，幽默的语义脚本理论的基础是解释语义学与语境语义学二者的结合。它由两部分组成：词库与组合规则。词库以单词的语义脚本为基本单位，脚本指围绕单词所引发的所有语义信息，这些信息既包含词项信息，也包含词项外信息。组合规则就是通过句法结构、语篇的兼容性（compatibility）以及语用的妥当性（appropriateness），对所有脚本进行分析推理，滤除不合适的脚本，获得脚本的所有兼容组合。

二、幽默文本的语义特征与形成机制

知道了词项规则和组合规则的原理和运作程序之后，它们又是如何用于分析幽默文本的呢？回答这个问题需要理解两点。

一方面，词项规则和组合规则只是语义脚本理论的基础，可以用于分析任何语段或者文本的语义和语用成分，确定我们对这些语段或者文本的语义理解是否准确。但是，单靠词项规则和组合规则还不能够分析幽默文本，或者说，它们仅为进一步分析幽默文本提供了基础。为什么如此？原因很简单，幽默文本也是一种语段，跟其他任何形式的语段有相同的语义特征，比如它是由不同单词的兼容语义脚本来组成，必须符合相关语用条件，等等。

另一方面，为了分析幽默文本，脚本理论必须针对幽默文本独特的语义特征来设定自己的理论系统。前面理论系统一节中我们看到，组合规则有一个特别的机制，就是要确定被分析的语段或者文本是否属于真诚的信息交际。为什么需要这一层机制呢？这与幽默文本独特的语义特征有关。常识告诉我们，如果某一文本（包括言语）是幽默的（比如笑话），那该文本一定不是真诚的信息交际，而是相反的，即所谓非真诚信息交际，否则不能形成幽默。Raskin（1985）也确认了这一点。但是，任何语言单位（词、句、语段）的基本语义都是为了传递真诚的信息而服务的。这样一来，要在文本和言语交际中形成幽默，必须把真诚的信息交际转变成非真诚的信息交际，才能达到目的。

那么，幽默文本中那些能够使交际模式转变的语言机制是什么呢？按照语义脚本理论（Raskim 1984），有三方面：两个条件、四大准则以及两个脚本转换触发器。下面依次来看。

两个条件：其一，整个文本的话题至少跟其中的两个由单词引发的脚本部分地或完全地兼容；其二，文本自身必须可能有两个话题，且两个话题必须相互对立。前一条件为必要条件，后一条件为充分条件（戈玲玲2014a：36）。

所谓文本的话题就是使用文本的语用条件或者环境，即文本用在哪里，谈论什么。例如，某一文本描述某人起床、吃早餐、离开家等等。这些行为既可以适应"去上班"的脚本，也可以适合"去钓鱼"的脚本。起床、吃早餐、离开家等都可以算作一个一个的单词脚本。如果文本与其中两个单词的脚本部分兼容，便称为部分重叠；如果完全兼容，就称为完全重叠。因此，上述文本与其中的两个脚本兼容，或者说跟这两个脚本部分地或完全地重叠（Attardo 1994：203；转引自戈玲玲 2014a：36）。

不过，文本与脚本重叠尚不能形成幽默；只有文本自身有两个对立的话题时，幽默才能形成。Raskin（1984：107-114）分析了 32 个笑话，发现了一系列的话题对立关系。其中最基本的对立关系是"现实语境"（real situation）对立于"非现实语境"（unreal situation）。又分成三个次类：其一，真实的（actual）对立于非真实的（non-actual）或者不存在的（non-existing）语境；其二，正常的（normal）（即可预期的）对立于非正常的（abnormal）（即不可预期的）语境；其三，可能的（possible）（即合理的）对立于不可能的（impossible）（即不太合理的）语境，这里，"不可能"可以是完全不可能，也可以是部分不可能。这三类对立又会呈现更具体的对立，如好 / 坏、生 / 死、淫秽 / 不淫秽等等。具体案例将在下面的段落中进行演示。

脚本转换触发器：把真诚信息交际转换成非真诚交际，是通过将一个已知的脚本转换成对立的一个新脚本来完成的，完成之后就形成笑话（戈玲玲 2014a：36）。有关的脚本就是"转换触发器"，简称触发器。分两类：模糊类（ambiguity）和矛盾类（contradiction）。模糊类包括常识性模糊（regular ambiguity）、比喻模糊（figurative ambiguity）、结构模糊（syntactic ambiguity）、语境模糊（situational ambiguity）和准模糊（quasi-ambiguity）（戈玲玲 2014a：36）。例如，双关语就属于模糊类触发器所引发的幽默。矛盾类触发器相对来说要复杂一点。一部分矛盾触发器包含整个句子，而不只是单个的词。矛盾类触发器还包括二分触发器（dichotomizing trigger），由建立在笑话之上的一对反义词引发。原则上，有明显的触发器的笑话要比没有触发器或只有分散触发器（dissipated trigger）的笑话简单。分散触发器不是单个的单词，而是由一个或多个词组构成的，有时可能是整个文本（Chlopicki 1987：14；转引自 Attardo 1994：211，戈玲玲 2014a：36）。下面看三个例子（Escar 1952：177；转引自 Raskin 1984：25）：

　　例（9）甲：Who was that gentleman I saw you with last night?
　　　　　　　– 昨晚和你在一起的那位男士是谁？
　　　　　乙：That was no gentleman. That was a senator.
　　　　　　　– 他不是什么绅士。他是参议员。

　　正常语境下："gentleman"的脚本是"男士"。将它转换到"gentleman"的另一个脚本，即"绅士"，由此引发了笑话。另外，"参议员本应是绅士，因为他是公民的代表"；但说他"不是什么绅士"，也是引起笑话的触发器。这个笑话包含两个对立的脚本："男士"（正常）对立于"绅士"（非正常），属于常识性的模糊（参 Raskin 1985：114）。

　　再如（Freud 1905：294；转引自 Raskin 1984：25）：

　　例（10）A rogue who was being led out to execution on a Monday
　　　　　　remarked："Well，this week's beginning nicely."
　　　　　　– 星期一，一个被带出去执行处决的坏蛋说道："呀，这一周
　　　　　　　真是有一个好的开始。"

　　按真实语境，"星期一"的脚本是"一周的开始"；对于在星期一被处决的坏蛋，"星期一"的非真实脚本是"星期一并不是开始，而是结束——

生命的终结"。于是，从"星期一是开始"（真实）转换为"星期一不是开始"（非真实），就成为一对矛盾触发器，引发了笑话。

又如（Escar 1952：18，294；转引自 Raskin 1984：25）：

例（11）Common aspirin cures my headaches if I follow the directions on the bottle—Keep Away from Children.

－ 如果我按照药瓶上的说明去做——远离小孩，那么，普通的阿司匹林就能治愈我的头疼。

这个笑话有两个对立的脚本：一个是"说话人远离小孩"（可能），另一个是"药远离小孩"（不可能）。可能的语境是：如果说话人远离小孩，普通的阿司匹林就能治愈说话人的头疼；不可能的语境是：如果药远离小孩，普通的阿司匹林就能治愈说话人的头疼。双关语触发了幽默。

四大准则：除了上述两个条件和脚本转换触发器之外，已经转换成非真诚交际的幽默文本（或者笑话）必须符合非真诚交际的四大准则，或称幽默交际的四个模式：其一，数量准则，准确给出笑话所必需的信息；其二，质量准则，只说与笑话世界相容的话；其三，相关准则，只说与笑话相关的话；其四，方式准则，有效地讲笑话。离开这些准则，就不能形成幽默。正因为有这些准则，理论上我们可以解释为什么幽默文本（或者笑话）无一例外都属于非真诚交际（虽然它们也会传达真诚的交际信息），因而违背 Grice（1975：45-47）提出的真诚言语交际的合作原则（Cooperative Principle）（Raskin 1985：103；转引自戈玲玲 2014a：37）。

重温以上，形成幽默文本需要三方面的因素。其一，存在必要和充分的语义条件。前者要求至少有两个脚本与文本部分或完全兼容，后者要求这两个脚本互相呈对立关系。其二，脚本转换的触发器，将真诚信息交际转换为非真诚交际模式。其三，非真诚信息交际必须符合四大准则。

第二节　言语幽默概论

言语幽默概论是语义脚本理论的延伸和发展。它扩大了语义脚本理论的研究视角和研究范围，解决了语义脚本理论没有解决的一些分析幽默的问题。如果说 Raskin（1985）的语义脚本理论是幽默的语义学理论，那么，可以说言语幽默概论则是一个广义上的语言学理论，它不但包括了语义学理论，而且还涵盖了篇章学、语用学等语言学的其他领域。Attardo 的《幽默语言学理论》（*Linguistic Theories of Humour*）（1994）和的《幽默文本：语义与语用分析》（*Humourous Texts: A Semantic and Pragmatic Analysis*）（2001）是阐释言语幽默概论的两部关键著作。下面 2.2.1 节介绍它的核心内容即六个知识资源（Knowledge Resources），或称参数（Parameters）。2.2.2 节阐述由这六个参数构成的幽默相似度测量系统（Similarity Metric）。

一、六个参数（知识资源）

言语幽默概论认为，分析幽默文本的生成仅仅从语义学的角度展开是不全面的，还需要从语言学其他分支，以及综合其他诸多学科对幽默的研究成果，去探讨幽默文本的生成机制。因此，在语义脚本理论的基础上，它提出了包含脚本对立在内的六个参数或称知识资源，即语言（Language）、叙述策略（Narrative Strategy）、语境（Situation）、对象（Target）、逻辑机制（Logical Mechanism）、脚本对立（Script Opposition）。这六个参数分为两类 (Attardo 1991：321-331)：一类是侧重内容（content-oriented）的参数，即涉及幽默文本内容的知识资源，它们是脚本对立、对象和语境。另一类是侧重工具 (tool-oriented) 的参数，即涉及幽默表达方式的知识资源，它们是逻辑机制、叙述策略和语言。两大类中分别有一个参数是可选择的（optional），一个是侧重内容类中的对象参数，另一个是侧重工具类中的逻辑机制参数。对象参数之所以是可选的，是因为并不是所有的幽默文本都具有攻击性特征，也就是说都是去攻击、取笑或讽刺某人或某事。如果不是，那么，该参数是可以空缺的。逻辑机制也是可选的。在这两大类中，注重内容参数中的脚本对立和语境以及注重工具参数中的叙述策略和语言是形成幽默文本的必要条件，也就是说任何幽默文本必须包含以上四个必须的知识资源，缺一不可。

下面首先按照语言、叙述策略、语境、对象、逻辑机制、脚本对立的顺序，从较具体的参数到较抽象的参数，对这六个参数作详细的分析。它们的英文缩写分别是：LA = Language（语言）；NS = Narrative Strategy（叙述策略）；SI = Situation（语境）；TA = Target（对象）；LM = Logical Mechanism（逻辑机制）；SO = Script Opposition（脚本对立）（Attardo 1994：223）。

（一）语言参数（LA）

语言参数包含文本各个层面的语言成分，如："用言语表达文本所需要的所有信息，它负责文本实际用词的排列和构成文本的功能成分的位置"（Attardo 2001：22）。语言参数包含两个最重要的概念：释义 / 重写（paraphrase）和妙语（punch line），其中妙语是语言参数中的重中之重，因为它是区分幽默文本与非幽默文本的重要特征（戈玲玲 2014a：39）。另外，在较长的幽默文本中如何判断妙语的位置也是一件比较棘手的事情，因此，下面较长的篇幅都是围绕妙语来展开讨论的。

首先介绍释义 / 重写。我们知道，语言中的任何句子都可以用同义词、不同的句子结构等进行重写。笑话也是一样。每个笑话可以有多种释义，因为自然语言中的每个句子会有很多种释义（Attardo 1991：297-298）。笑话的语序重新排列后在意义上可以没有变化。比如（Attardo 1994：220；转引自戈玲玲 2014a：39-40）（原文为英文，中文是作者译的，下同）：

> 例（12）How many Poles does it take to screw in a light bulb? Five,
> one to hold the light bulb and four to turn the table he is
> standing on.（摘自 Attardo 1994：220）
> –波兰人拧上一个灯泡需要几个人？五个人，一个人举着
> 灯泡，其他四个人转动他站的桌子。

可以重写为（13）：

> 例（13）The number of Polacks needed to screw in a light bulb?
> Five, one to hold the light bulb and four to turn the table.（摘
> 自 Attardo 1994：220）
> –需要几个波兰人来拧上一个灯泡？五个人，一个人举着
> 灯泡，其他四个人转动桌子。

例（12）还可以用其他很多种方式重写，而意义完整无损（Attardo 1994，2001，2002）。理论上，这可以理解为任何能保留原句意义的释义或重写的笑话都可以看作是相同的笑话（戈玲玲 2014a：40）。

语言参数中，"妙语"是一个非常重要的概念，它在文本里的位置十

分重要。它影响着语言成分的模糊性和文本中两种意义的对立，因此，从这个角度来看，"脚本对立决定语言参数中特殊成分的性质（如：妙语）"（Attardo 2002：23；转引自戈玲玲 2014a：40）。

一般来说，幽默文本的结尾（ending）被称为妙语。妙语运用的是出乎意料的思维方式和不同寻常的认知机制，它提供的可能是毫无关联的或与笑话的主体不协调的想法，或者是完全新的思想，出乎意料的陈述（Raskin 1985：33；转引自戈玲玲 2014a：40）。只有当听者在一瞬间从逻辑的不协调之中发现协调，才会感到一种滑稽和幽默。在妙语内包含了两类语义脚本转换触发器：模糊类和矛盾类（Raskin 1985：114-117；转引自戈玲玲 2014a：40）。本章 2.1.2 节对这两类触发器已经做过详细介绍，在此不再重复。

妙语分为末尾妙语（punch line）和非末尾妙语 (jab line) 两大类。一般来说，妙语位于幽默文本的末尾，但也有处于其他位置的，这取决于文本信息的功能组织和隐含信息的分布。Attardo（1994，2001）发现，除了绝大多数妙语位于末尾，也有不处于末尾的，他创造了一个新词来表示不处于末尾位置的妙语——jab lines，我们将其翻译为"非末尾妙语"。他将术语 "line"（主线）作为"妙语"和"非末尾妙语"的上义词。为明了起见，我们将这三个词分别翻译为：妙语（line）、末尾妙语（punch line）、非末尾妙语（jab line）（转引自戈玲玲 2014a：40-41）。

言语幽默概论认为（Attardo 2001：29），幽默文本的研究可以缩小到沿着文本动量 (text vector)（例如：线性演示 linear presentation）来研究妙语的位置。也就是说文本中的所有幽默成分（末尾妙语和非末尾妙语）可以在文本动量上标出。

那么，什么是文本动量呢？文本动量指文本本身的线性特征，比如，文本构成的成分从音素、词素到句子都是以特定的线性序列出现。文本动量以一个一个组成的"叙述成分"（narratives）来进行切分。如何定义"叙述成分"呢？叙述成分具有五个特征（Attardo 2001：80）：

1）是一个文本；

2）与故事有关，它有情节；

3）由叙述者讲述；

4）是现实的虚幻（realistic illusion），例如，与文本假设的现实世界保持一致；

5）可以循环（recursive），例如，一个叙述成分中的任何角色可以讲述该故事中包含的另一个叙述成分。

叙述成分可以分为微观叙述成分（micronarratives）和宏观叙述成分（macronarratives）。微观叙述成分指包含一个行为或事件的最简单的叙述成分。多个微观叙述成分构成了宏观叙述成分。一条主要的故事主线（story line）连接几个微观叙述成分，从而构成了更大的宏观叙述成分。因此，可以得出，切分文本动量主要就是切分叙述成分。那么，在实际切分中如何操作呢？ Attardo（2001：81）从分析的案例中总结了三点切分文本动量的技巧：

1）沿着作者提供的明显的、超文本的线索，如第一幕结束、第二章等；

2）根据场景的变化；

3）依据主要角色的出现或退出。

要回答如何沿着文本动量来研究幽默文本中妙语的位置这个问题，还需要弄清楚两种关系：

一是叙述成分与妙语的关系。幽默文本中的叙述成分包含了非末尾妙语和 / 或末尾妙语。也可以理解为叙述成分包含了非幽默成分和幽默成分（非末尾妙语和 / 或末尾妙语）。

二是叙述成分与情节的关系。叙述成分与情节相关。幽默文本中的叙述成分包含了幽默情节（humourous plot）和含有幽默的严肃情节（serious plot）。幽默情节可以分为以末尾妙语结尾的情节、打破叙述框架的情节以及围绕某一具有脚本对立与逻辑机制属性事件的情节。含有幽默的严肃情节指情节是严肃的，它的幽默成分（非末尾妙语）分散在文本中（Attardo 2001：29）。

小结一下，沿着文本动量来研究幽默文本中妙语的位置，可以归纳为以下几个步骤：

第一步：根据情节切分幽默文本动量中一个又一个叙述成分；

第二步：确定每一个叙述成分中的幽默成分和非幽默成分；

第三步：分析幽默成分，确定叙述成分中妙语的位置，也就是说确定叙述成分是以末尾妙语结束的叙述成分，还是以非末尾妙语结束的叙述成分。

在文本动量上标出妙语的位置需要一系列的符号。Attardo（2001：90）

根据幽默文本的特点，列出了这些文本动量符号，见下表：

表一 文本动量符号

–	非幽默成分的文本（任何长度）
→	叙述成分的终结＋末尾妙语后出现的材料
J	非末尾妙语
P	末尾妙语
〔…〕	一个叙述成分的开始和终结的标记符号
…	出现的非幽默成分和非末尾妙语
↦	文本的开始

这些符号可以运用于言语幽默的分析。

言语幽默概论认为，不管是末尾妙语还是非末尾妙语，妙语与妙语之间在语义或形式上是相关的。有关联的三个或三个以上的妙语称为"股(strand)"。妙语与妙语之间如何关联呢？这就要依据妙语的某一特点，例如脚本对立相同、取笑对象相同等等。在很大的文本中"股"与"股"相关，相关的多个"股"又构成了"堆（stacks）"。堆与堆相关联主要指它们在形式上或者主题上有关。一系列妙语（三个以上的妙语）集中在文本的小范围内，称为"蜂巢（comb）"；两组妙语在文本中相隔一定的距离，被称为"桥（bridge）"。"桥"是"股"的另一种类型，只不过是相关联的两组妙语在文本中相隔一定的距离，而且每一组妙语里面除了包含三个以上相关联的妙语外，两个相关的妙语也可以称为一组妙语（Attardo 2001：29）。

综上所述，妙语是言语幽默概论中语言参数的最重要组成部分之一。它是区分幽默与非幽默文本的重要因素，它可以分为末尾妙语和非末尾妙语。无论是末尾妙语还是非末尾妙语都可以在幽默文本的动量上标出。分布在幽默文本动量上的妙语与妙语相关联，它们可以构成"股"和"堆"，从而延伸为更大的幽默文本。

上面介绍了语言参数的两个重要概念：释义和妙语。对释义的分析说明了任何幽默文本都可以用不同的方式进行重写，其语义可以不变。释义对幽默文本的相似性的研究很有启示，对幽默文本的翻译更具指导意义。妙语是组成幽默文本中语言参数的关键成分，它是判断幽默文本的重要标志。由于妙语的重要属性，幽默文本的其他参数都要为之服务。在语言参数内，语言结构的各个层面中所有语言单位的排列和规则都涉及妙语的表达（Attardo 1994：299；转引自戈玲玲 2014a：42）。

（二）叙述策略参数（NS）

叙述策略指任何幽默不得不以某种叙述结构的形式出现，它虽然与文本的类型相关，但并不是指文学研究中涉及的类型学理论，因为类型学理论并没有研究幽默文本类型分类。这里的叙述策略指的是幽默的叙述方式，如简单的叙述、（问答形式的）对话、谜语、旁白等，但是并不是所有的幽默都是叙述性的，如视觉幽默（Attardo 1994：224；转引自戈玲玲 2014a：42）。由于叙述策略仅涉及它的分类，所以对它的研究并不多。跨文化研究表明，幽默文本中叙述的组织结构不依赖于语言，但是某种文化或语言会有其独一无二的固定格式，或是某种固定格式被某种语言或文化所推崇。如果某种叙述策略在分类中不存在，就只能靠研究者的直觉去判断上文（Attardo 2001：23；转引自戈玲玲 2014a：42）。如例（12）和例（13）的叙述策略为：（问答形式的）对话。

（三）对象参数（TA）

对象指谁是取笑的对象，即笑柄。它可以指个人或群体，也可以指意识形态中抽象的目标，如婚姻、罗曼蒂克式的爱情（Karmen 1998），这些目标与个人或群体相关。不同的种族和民族在选择"笑柄"时也会存在差异，也就是说，某种人或某个群体在某一种文化中成为取笑的对象，但在另一种文化中却不是。有些幽默是为了取笑人，而有些幽默却没有取笑的对象。如果幽默不是攻击性的，也就是说不是去取笑某人或某事，这个参数可以空缺。如果幽默是攻击性的，对象参数也是必需的知识资源（Attardo 2001：24；转引自戈玲玲 2014a：45）。如例（12）和例（13）的对象参数为：波兰人。

（四）语境参数（SI）

语境被认为是笑话的"道具"，包括物体、参与者、工具、活动等等。任何笑话都有某种语境，只是依赖语境的程度不同。有的笑话多依赖于语境，有的几乎完全忽视语境。一般来讲，语境来自文本中被启动的脚本。从这一点来看，语境参数并不是笑话所独有的，其他的幽默或非幽默文本也具有此功能（Attardo 2001：24；转引自戈玲玲 2014a：43）。如例（12）和例（13）的语境为：换电灯泡。再如（Attardo 2001：24；下面的中文译文为作者的）：

例（14）"Can you write shorthand?"

"Yes, but it takes me longer."

－"你会速记吗？"

"会速记，但花的时间更长。"

例（14）的语境为：速记，这里暗示了速度是最关键的。如果花的时间更长，那就不是速记了。末尾妙语"但花的时间更长"使该对话从"快速"脚本转向"慢速"脚本，引发了笑话（戈玲玲 2014a：43）。

以上讨论的语言、叙述策略、对象和语境四个参数是言语幽默概论提出的六个参数中相对较为具体的知识资源。2.2.1.5 节和 2.2.1.6 节要谈的两个参数——逻辑机制和脚本对立较为复杂、抽象。这两个参数与心理学上的乖讹－消除模式（Incongruity-resolution Model）有关。所谓乖讹，即事物不相称、自相矛盾的情况或性质。幽默的必要条件之一是预期结果同现实之间存在差异，即乖讹。乖讹－消除模式是当代心理学上一个常见的幽默模式——"二阶段"模式：

在第一阶段中，笑话的接收者发现他 / 她对原文的期待被笑话的结尾证明是不成立的，换句话说，接收者遇到了不和谐，即笑话的妙语。

在第二阶段中，笑话的接收者专注于某种形式的问题的解决，找到一条认知规则，这一认知规则使得妙语部分紧跟笑话的主体部分，并使不和谐的部分显得和谐一致（Suls 1972：82）。

例如（Attardo 1994：144；下面的译文为作者的）：

例（15）How does an elephant hide in a cherry tree?

By painting its toenails red.

－大象怎么藏入樱桃树呢？

把脚趾甲染红就行了。

很明显，例（15）中问题本身和对问题的回答在真实语境中都是不可能的。一棵樱桃树不可能藏得住一只大象，像大象这样笨重的庞然大物永远不可能爬上樱桃树。另外，大象怎么可能把脚趾甲染红藏入樱桃树呢？因此，可以说例（15）的文本中存在以上这一些不符合逻辑和常规的情况，也就是出现了乖讹现象。当妙语"把脚趾甲染红"出现时，接受者遇到了乖讹，即不和谐和矛盾。这种乖讹如何消除呢？当接受者发现樱桃树是红的，这样一条认知规律时，可能会因此联想到，如果大象为了掩盖自己，能躲藏于樱桃树的话，那么，大象把脚趾甲染红是可能的，以上的不和谐似乎找到了和谐之处。很显然，这种解释不是真正意义上的对例（15）中不和谐的消除，反而又增加了同样的不和谐。它不切实际，貌似真实，被称为"假消除"（pseudo-resolution）（Attardo 1994：144），或者说是非真诚交际模式中的一种有趣的解释，否则，例（15）也就不是笑话了。

就以上谈到的心理学上的乖讹 - 消除模式，有两点需要强调（Attardo 1994：144）：一是这种模式认为任何幽默文本都包含了两个成分：不和谐的成分和不和谐得以消除的成分；二是这种不和谐得以消除并不一定是完整的或现实可行的，它只是有趣的消除。

Attardo（1997：410-411；转引自戈玲玲 2014a：45）增加了"准备"（set up）阶段，将 Suls（1972）的二阶段模式扩充为一个三阶段语言学的模式，即准备 - 乖讹 - 消除模式。之后，它的三段模式的思想以逻辑机制和脚本对立两个参数的形式体现在幽默生成的六个参数里面。

（五）逻辑机制参数（LM）

逻辑机制与乖讹 - 消除模式中的消除阶段相对应，是使看似不和谐的部分达到和谐一致的阶段，是最有质疑的参数。幽默的逻辑机制就是脚本对立的消除（Attardo 1997：413），或者说是笑话中乖讹的消除（Attardo 2002：3）。最初，Attardo 和 Raskin（1991）并没有给出明确的定义，而只是用例句进行解释。之后，Attardo（1997）认为逻辑机制与乖讹 - 消除模式中的消除阶段相对应，在幽默中消除阶段是有选择的，那么，由此可以推出逻辑机制参数也是可以选择的。这里的逻辑并不是严格意义上的形式逻辑，它只不过预设并涵盖了"局部"逻辑，比如，"被歪曲的可笑的逻辑，它并不完全存在于笑话外的世界"（Attardo 2002：180），这一点与前面谈到的非真诚交际模式关系密切（见本章理论系统一节），也就是说逻辑机制涉及的逻辑并不是人们在真诚交际中谈到的逻辑，而是引发幽默的逻辑，使不和谐达到和谐的逻辑（戈玲玲 2014a：46）。Attardo（2001）列出了 27 种已知的逻辑机制，从简单的并列到复杂的逻辑错误等等。27 种已知的逻辑机制列表如下（转引自戈玲玲 2014a：46）：

表二　已知的逻辑机制一览表

角色倒置 （role reversals）	角色交换 （role exchanges）	能力筹划 （potency mapping）
无知的倒置 (vacuous reversal)	并置 (juxtaposition)	回文 (chiasmus)
绕弯子 (garden-path)	主体和背景倒置 (figure-ground reversal)	错误推理 (faulty reasoning)
近似语境 (almost situations)	类比 (analogy)	自损 (self-undermining)
暗推结果 (inferring consequences)	虚假前提推理 (reasoning from false premise)	衔接缺失 (missing link)
巧合 (coincidence)	排比 (parallelism)	隐形排比 (implicit parallelism)
相称 (proportion)	视而不见 (ignoring the obvious)	虚假类比 (false analogy)
夸大其词 (exaggeration)	范围限制 (field restriction)	克拉梯楼斯主义 (Cratylism)
超幽默 (meta-humour)	恶性循环 (vicious circle)	所指模糊 (referential ambiguity)

从表二中可以看出，逻辑机制包括言语逻辑机制和非言语逻辑机制。言语逻辑机制与语言有关，如排比、回文等；非言语逻辑机制包括抽象的逻辑推理过程，它不依赖于语言，如错误推理、虚假前提推理等。Attardo等（2002：18-19）将已知的逻辑机制根据它们的横组合关系（syntagmatic relationship）和推理方式归为如下两个大类：

表三　部分逻辑机制分类一

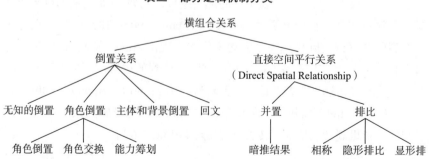

表四　部分逻辑机制分类二

```
                              推理
           ┌───────────────────┼────────────────────┐
        正确推理              错误推理            超常（meta）
   ┌────┬───┬────┬────┐     ┌────┬────┬────┬────┐   ┌────┬────┬────┐
虚假前提推理 衔接缺失 近似语境 巧合 类比              超幽默 绕弯子 自损
                           克拉梯楼斯主义 夸大其词 视而不见 范围限制 虚假类比
```

请看下面例子（摘自 Attardo 1994：225；下面的译文为作者的，下同）：

　　例（16）The teacher calls on Johnny："Johnny, can you tell me two
　　　　　　　pronouns?"
　　　　　　　And Johnny："Who? Me?"
　　　　　　－老师叫约翰说："约翰，你能不能举两个人称代词的
　　　　　　　例子？"
　　　　　　　约翰回答道："你叫谁？叫我吗？"

　　例（16）的逻辑机制为：巧合，即事物凑巧相合或相同。老师要约翰举两个人称代词，约翰的本意是想确认老师是不是叫他回答，所以，他反问道：（是叫）谁？（是叫）我？他的回答是省略句，正好用了两个人称代词，与老师的提问凑巧相合。对话中的不和谐得以消除。再看下一个例子：

　　例（17）Q: Why do women pay more attention to their appearance
　　　　　　　than improving their minds?
　　　　　　　A: Because most men are stupid, but few are blind.

　　　　　　　　　　　　　　　　　　　　　　（摘自 Attardo 等 2002：11）

　　　　　　－问：为什么女人注意外表胜过提高她们的智力？
　　　　　　－答：因为绝大多数男人是傻子，几乎没有男人是瞎子。

　　例（17）的逻辑机制为：衔接缺失，即推理链不符合逻辑，因为前提是虚假的。前提虚假有两点，一是女人注意外表还有其他原因；二是女人

吸引男人还可以有其他方法，也包括提高智力。如果我们接受这个前提：女人注意外表是因为要吸引男人，因为男人绝大多数是傻子，不是瞎子，所以，投资外表比投资智力得到的回报要高，那么，这个推理完全符合逻辑。如果前提是真实的，也就不是笑话了。

从以上例子可以看出，逻辑机制的作用在于使脚本对立制造的不和谐得以消除。那么，脚本对立又是如何制造不和谐的呢？请看最后一个参数"脚本对立"，这是唯一的来自幽默的语义脚本理论（Raskin 1985）的参数，也是关键的参数之一。

（六）脚本对立（SO）

脚本对立与乖讹 – 消除模式中的乖讹阶段相对应，即制造文本的不和谐或矛盾。语义脚本理论（Raskin 1985）有关脚本对立的观点在 2.1.1 节中已作了详尽的阐述，现归纳如下：它强调幽默文本有两个重叠的脚本，这两个重叠的脚本呈对立关系。脚本重叠指在脚本合成的过程中，文本的延伸与多个脚本一致。因此，相关文本的延伸要与两个脚本相容。两个脚本可以完全或部分重叠。如果完全重叠，文本就完全与两个脚本兼容；如果部分重叠，那么，文本的某些部分或细节与一个或另一个脚本不相容（Attardo 2002：182）。最基本的对立关系是"现实语境"对立于"非现实语境"。又分成三个次类。（1）真实的对立于非真实的或者不存在的语境；（2）正常的（即可预期的）对立于非正常的（即不可预期的）语境；（3）可能的（即合理的）对立于不可能的（即不太合理的）语境，这里，"不可能"可以是完全不可能，也可以是部分不可能。这三类对立又会呈现出更具体的对立，如好 / 坏、生 / 死、淫秽 / 不淫秽等（转引自戈玲玲 2014a：52）。

言语幽默概论进一步解释了"脚本"并提出了"宏观脚本"的概念。"脚本"指某一信息组块，是被说话人内化的认知结构，这个结构为说话人提供譬如世界是如何组成，人们如何行为等信息；从广义上讲，"脚本"指任何东西（真实的或虚构的）、事件、行为、质量等（Attardo 2001：181）。脚本可以分为微观脚本和宏观脚本。短的笑话只有一个脚本对立，但在长篇幽默文本中，如小说等，会有很多脚本对立，这些脚本的对立将转向更大的脚本，即宏观脚本（macro-script），例如文本的话题等，而不完全是注重词项分析的微观脚本（转引自戈玲玲 2014a：44）。从这一点来看，言语幽默概论扩大了脚本的内涵，使它不仅可以处理短的笑话，而且还可以对长篇幽默文本进行分析。在所有的知识资源中，脚本对立是最抽象的，与逻辑机制的抽象程度一样。例如：例（9）中，有两个在正常方面对立的脚本，正常的脚本是"男士是绅士"，非正常的脚本是"男士不是绅士"；例（10）中，有两个在真实方面对立的脚本，真实的脚本是"星期一是开始"，非真实的脚本是"星期一不是开始"；例（11）中，一个脚本是"说话人远离小孩"（可能的脚本），另一个是"药远离小孩"（不可能的脚本）。

综上所述，言语幽默概论的核心内容之一就是以上谈到的六个知识资源，这六个知识资源是分析幽默文本生成的重要参数，其中语言、叙述策略、语境和脚本对立这四个参数是所有幽默文本必须具备的知识资源，对象和逻辑机制这两个参数是可选择的知识资源。只有当幽默文本为攻击性的，也就是说是取笑某人或某事时，对象参数才是必需的知识资源。当脚本对立制造的不和谐或自相矛盾得以消除，逻辑机制参数也是必需的知识资源。这六个参数不但包含了语义学的内容，还涉及语言学研究的不同层面以及心理学、篇章学、修辞学等学科方面的知识，旨在从多角度分析幽默文本生成的机制。

二、幽默文本相似度测量系统

为了探讨哪个参数将更直接影响到幽默文本的生成和对幽默文本相似性的观察，言语幽默概论将以上的六个参数/知识资源进行排序，构成了幽默文本相似度测量系统。六个参数在相似度测量系统中的排序为：脚本对立、逻辑机制、对象、语境、叙述策略、语言。上一节我们谈到这六个参数的地位相同，但是，有的知识资源是绝对不能空缺的，如语言、语境、叙述策略、脚本对立；有的是可以选择的知识资源，如逻辑机制和对象。幽默文本相似度测量系统中六个参数的层级排列，并不是根据它们是必需的，还是可选择的知识资源，来考虑它们的排序，而是依据它们在幽默生成能力及幽默相似度区分能力方面的不同，来进行层级排列。按照在层级中从高到低的顺序排列如下（见表五）：

表五 参数／知识资源的层级排列（Attardo 2001：28）

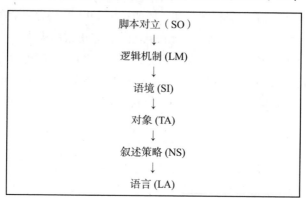

脚本对立（SO）
↓
逻辑机制 (LM)
↓
语境 (SI)
↓
对象 (TA)
↓
叙述策略 (NS)
↓
语言 (LA)

在层级中越处于低层的参数越具体，幽默生成的能力越弱，而其表征的幽默的相似度越高，差异越小；反之，在层级中越处高层的参数，幽默生成能力越强，而其表征的幽默的相似度越低，差异越大。例如：语言参数不同的两个笑话被认为相似；而脚本对立参数不同的笑话被认为差异很大，或者说是两个完全不同的笑话。一个参数确定其后的参数，同时也受其上面参数的制约。参数与参数相关联。例如，处于高层的脚本对立、逻辑机制决定了语言参数中语言的排列和妙语的特征。反过来，语言参数也同样对脚本对立、逻辑机制产生影响（Attardo 2001：28；转引自戈玲玲2014a：49）。

请比较下面的例（18）和前面的例（12）（为明了起见，重复例（12），译文为作者的）：

例（12）How many Poles does it take to screw in a light bulb? Five, one to hold the light bulb and four to turn the table he is standing on.（摘自 Attardo 1994：220）

- 波兰人拧上一个灯泡需要几个人？五个人，一个人举着灯泡，其他四个人转动他站的桌子。

例（18）How many Poles does it take to wash a car? Two. One to hold the sponge and one to move the car back and forth.

（摘自 Attardo 1994：220）

　　-波兰人洗一辆车需要几个人？两个，一个举着海绵，另
　　一个将车子前后移动。

　　这两个笑话都是北美人取笑波兰人，在北美人眼中，波兰人是愚蠢的。例（12）用六个参数表述如下：

　　　　脚本对立：正常的/非正常的；愚蠢的/聪明的（normal/
　　　　　　　　　　abnormal；dumb/ smart）；
　　　　逻辑机制：人物/背景倒置（figure/ground reversal）；
　　　　语境：拧电灯泡（screwing in a light bulb）；
　　　　对象：波兰人（Poles）；
　　　　叙述策略：（问答）对话（question and answer）；
　　　　语言：用词和句法结构等，如"怎样""多少"（"How"，"many"）
例（18）用六个参数表述如下：

　　　　脚本对立：正常的/非正常的；愚蠢的/聪明的（normal/
　　　　　　　　　　abnormal；dumb/ smart）；
　　　　逻辑机制：人物/背景倒置（figure/ground reversal）；
　　　　语境：洗车（washing a car）；
　　　　对象：波兰人（Poles）；
　　　　叙述策略：（问答）对话（question and answer）；
　　　　语言：用词和句法结构等，如"怎样""多少"（"How"，"many"）

　　用六个参数来分析例（12）和例（18），除了"语境"参数完全不同，语言参数有所不同以外，其他四个参数完全一致。例（12）和例（18）的语境参数分别为：拧电灯泡；洗车。语言参数在句法结构上一样，但用词上有所不同。比较这两个例子，我们可以得出以下两点：其一，处于层级越高位置的参数相同，两个笑话的相似度高。这两个笑话虽然语境不同，但处于最高位置的脚本对立、逻辑机制完全相同，可以说它们幽默的相似度极高。其二，层级高的参数限制了层级低的参数的选择范围，同时层级低的参数也制约了层级高的参数。在这两个例子中，一方面，脚本对立（正常的/非正常的；愚蠢的/聪明的）限制了对象参数的选择，因为在北美波兰人被认为是愚蠢的象征；另一方面，这两个笑话都是取笑波兰人，对象参数波兰人制约了脚本对立参数的选择范围，激活了"愚蠢"的

脚本，也就是说，在北美一提到波兰人，人们就会联想到"愚蠢"和"愚蠢的行为"。要想完全理解这两个对话，当然还涉及说话人和听话人的背景知识，这不是本章所要讨论的内容。简言之，在幽默文本相似度测量系统中，层级越高的参数幽默的生成能力和区别幽默相似度的能力越强；层级越高的参数相同，幽默的相似度就越高，或反之；高层的参数限制低层参数的选择范围，同时，低层参数也对高层参数的选择有着制约作用（戈玲玲 2014a：49-51）。

是不是以上六个参数的层级排列就是一成不变的呢？并不完全如此。随后的一些研究对这六个参数的排列进行了进一步的探讨，证明了处于低层的三个参数的位置是不变的，而位于高层的三个参数的位置有所变化，特别是逻辑机制和脚本对立参数位置出现了互换现象（Ruch et al. 1993：127-132）。虽然处于最高位的两个参数的位置出现了互换现象，但是，这种现象只会出现在有逻辑机制的幽默文本中，上面我们谈到，并不是所有的幽默文本都必须要有逻辑机制这个参数，它是可以选择的知识资源。我们知道，任何理论都力争反映事物的普遍规律，言语幽默概论也不例外。从这一点来看，幽默文本相似度测量系统中参数的层级排列是具有说服力的，因为它反映了言语幽默的普遍现象（戈玲玲 2014a：51）。

以上阐述了言语幽默概论的核心内容，即六个参数和由这六个参数构成的幽默文本相似度测量系统。它们一方面可以用来分析幽默文本，另一方面可以用来对比幽默文本的异同。

第三节　小结

本章对基于语言学的幽默理论——语义脚本理论和言语幽默概论进行了详细的陈述。语义脚本理论是第一个从语言学的角度研究幽默的理论，该理论以解释语义学和语境语义学为理论基础，提出了语义脚本的概念。语义脚本是构成幽默的基本要素，它可以是一个单词也可以是一个话题。任何幽默有两个语义脚本，它们部分或完全兼容，在真实、正常、合理等方面形成对立。语义脚本理论阐释了幽默构成的基本条件和必要条件，分析了把真诚交际转换成非真诚交际模式的脚本转换机制，提出了非真诚交际模式下幽默的四大准则。言语幽默概论扩大了幽默的研究范围，将语义学、语用学、叙述学等理论运用于幽默的研究，提出了言语幽默生成的六大参数即知识资源，六大参数分为内容参数和工具参数，按照幽默的生成能力由高到低呈层级排列，构成了言语幽默相似度测量系统。语义脚本理论中的脚本对立为最高参数，其余依次为逻辑机制、语境、对象、叙述策略和语言。该理论为言语幽默及其翻译的研究提供了理论基础和可操作系统。

第三章　言语幽默概论的延伸理论——以汉语为例

第二章介绍了语义脚本理论和言语幽默概论。言语幽默概论是在语义脚本理论的基础之上发展而来的。针对语义脚本理论的不足，言语幽默概论将分析范围扩大到所有的幽默文本，以及任何长度的幽默文本，包括叙述性文本、剧本和会话文本，并做了大量的案例分析。言语幽默概论被认为是迄今为止唯一的羽翼丰满的研究幽默的语言学理论，对幽默翻译研究来说，它的价值也是无法估量的（Antonopoulou 2002：198）。

在对该理论的研究中，我们发现了两个困难：其一，就言语幽默的翻译而言，源语中有些修辞手段（＝叙事策略）是该语言特有的，而在译语中却不存在。其二，四个必要参数中有两个（脚本对立和语境）在文本中常常并没有语言形式来表达，而需要通过上下文来理解。这就对我们描写和分析言语幽默（＝用语言来表达的幽默 Attardo 2002）造成了一个非常实际的困难，即我们不能依靠语言形式来分析言语幽默（戈玲玲 2014a：55）。

为了解决这两个困难，本研究从理论视角对言语幽默概论延伸到汉语言语幽默及其英译研究即言语幽默延伸理论进行探讨，延伸理论主要包括汉语言语幽默生成的理论参数和汉语言语幽默相似度测量系统。下面分别来陈述。

第一节　汉语言语幽默生成的理论参数

言语幽默概论的研究对象主要是英语言语幽默，把它运用到对其他语言的幽默文本研究难免存在一定的局限性。一是因为该理论本身的局限，虽然它以六个参数来衡量幽默的生成能力和幽默相似度，这种方法具有很强的客观性，但是对于每个参数的分析似乎也存在一定的主观性，正如

Attardo（2001：129-138）自己所描述的那样，有些判断需要依靠研究者的直觉；二是该理论对每个参数的内涵并没有做严格的区分。因此，Attardo（2001：162-201）的案例分析存在一定的主观性，有些术语出现在不同的两个参数中，如：弱言（understatement）、语域幽默（register humour）、元叙述评论（metanarrative commentary），修辞手段也属于不同的参数。基于以上的原因，本研究在运用该理论时，结合汉语语料，将六个参数分为表层参数和深层参数，限定每个参数的内容，尽量避免过多的主观性（戈玲玲 2014a：202）。

在前面第二章第二节中提到，言语幽默概论有六个参数：四个必要参数（脚本对立、语境、叙述策略）、两个可选参数（逻辑机制、对象）。六个参数可分为两类，一类是侧重内容的参数，即涉及言语幽默文本内容的知识资源，它们是脚本对立、对象和语境。另一类是侧重工具的参数，即涉及言语幽默表达方式的知识资源，它们是叙述策略、语言和逻辑机制。

前文提到，四个必要参数中有两个——脚本对立和语境——在文本当中常常并没有语言形式来表达，而需要通过上下文来理解。这就对我们描写和分析言语幽默（＝用语言来表达的幽默）造成了一个非常实际的困难，即我们不能依靠语言形式来分析言语幽默。

为了解决这个困难，理论上，我们将六个参数分为表层参数和深层参数。"表层参数"的意思是：叙述策略中的修辞手段和语言参数这两个工具参数都可以有具体的语言标记，或者说它们可以看得见，存在于言语幽默文本的表层，体现了言语幽默文本表层的文本语言特征。另外，修辞手段和语言又与文本的逻辑机制密切相关；逻辑机制虽然看不见，但它总是通过修辞手段和语言得以展现。因此，修辞手段、语言形式、逻辑机制可以统称为言语幽默文本的表层参数（戈玲玲 2014a：57）。

相对而言，脚本对立、对象和语境三个内容参数在言语幽默文本中并没有明显的语言形式的标示，通常要通过说话人和听话人在言语交流过程中的逻辑推理来展现，因此，他们是看不见的，处于言语幽默文本的深层，体现了言语幽默文本深层的文本语言特征。脚本对立、对象和语境可以统称为言语幽默文本的"深层参数"（戈玲玲 2014a：57）。表层参数和深层参数是言语幽默的一体两面，统称为汉语言语幽默生成的参数。

表层和深层参数是言语幽默语段的一体两面，因此，任何语段如果具备一个表层参数，就同时具备另外一个深层参数，或者说二者之间存在密切的对应关系。同时，由于参数本身有规范与不规范参数类型的差别，因此，具备不规范的参数类型（＝4个必要参数）仅仅是形成言语幽默语段的必要条件，即这个语段有传达言语幽默语义的潜质，而具备规范的参数类型（＝所有6个参数），是形成言语幽默语段的必要和充分条件，即这个语段一定会传达完整的言语幽默语义。这是言语幽默概论最基本和最重要的理论原则之一。换言之，界定本研究自建语料库中汉语言语幽默语段时，只要言语幽默语段满足4个必要参数和2个可选参数，就属于规范参数类型。不规范参数类型有三种情况：一是满足4个必要参数，另可以满足2个可选参数中的任何1个（或称为次规范参数）；二是只满足4个必要参数；三是少于4个必要参数，不表现任何表层或者深层参数特征的语段（参见戈玲玲 2014a：57-58）（分析详见第四章、第五章）。

那么，在本研究中，六个参数的具体内涵是什么？下面按照表层参数（语言、修辞手段、逻辑机制）与深层参数（语境、脚本对立、对象）分别陈述。

一、表层参数

前文说过，叙述策略参数的修辞手段、语言、逻辑机制三个参数可以用语言形式来确认，体现了言语幽默语段表层的文本语言特征。修辞手段是表层参数的核心，制约了语言和逻辑机制的类型。下面分开陈述。

（一）叙述策略（修辞手段）

叙述策略分两个层面：一个是叙述策略类型，另一个是修辞手段。分两个层次的原因有二：其一，任何言语幽默文本都会以叙述组织结构的某种形式出现，它与文本的类型有关。本语料库的语料都来自小说，它的叙述策略分为五大类：（叙述者的）陈述，（叙述者的）评论，（角色间的）对话，（角色的）独白，即角色独自抒发情感和愿望的话，以及（角色的）演讲。这些类型不是言语幽默形成最主要的原因。其二，在本语料库中，有大量的语言的变异，包括语音、文字、词汇、句式等语言要素，创造了言语幽默。言语幽默的表达方式多数都是通过汉语的修辞手段实现的。已知的修辞手段如下：

1. 明喻

明喻是比喻的一种，把事物比拟成和它有相似关系的另一个事物，常用如、像、似、好像、像……似的、如同、好比等喻词（戈玲玲 2014a：

59）。如：

例（1）母亲走道儿好象小公鸡啄米粒儿似的，一逗一逗的好看。
（老舍《二马》）

例（1）描写温都太太走路的姿势，一逗一逗像鸡啄米，逼真有趣，令人发笑。本体为"温都太太走路"，喻体是"小公鸡啄米粒儿"，突出本体和喻体在"一逗一逗"上的相似。

例（2）我补了一条裤子，坐处像个布满经线纬线的地球仪，而且厚如龟壳。（杨绛《干校六记》）

作者把厚实的补丁比喻成"布满经线纬线的地球仪和沉重的龟壳"，本体为"厚厚的裤子坐处"，喻体为"地球仪、龟壳"，比喻形象有趣，幽默油然而生。

2. 隐喻

隐喻是比喻的一种，把事物比拟成和它有相似关系的另一事物，常用是、成、就是、成为、变为等词（戈玲玲 2014a：59）。如：

例（3）接家眷，据他看，就是个人的展览会。（老舍《离婚》）

本例采用了"隐喻"修辞手段，将"接家眷"比喻成"展览会"，突出两者之间"炫耀"的相似点。

例（4）"您说起耗子，我倒想起来了，"小胡道，"他们很可能挖了条地道跑了。"（莫言《师傅越来越幽默》）

本例中，作者使用了"隐喻"修辞手段来创造幽默。依据上下文，本体是"屋子里的男人和女人跑了"，喻体是"耗子挖了条地道跑了"，比较两个事物的主要特征：偷偷摸摸、速度之快。

3. 夸张

夸张指用夸大的词语来形容事物，故意言过其实（戈玲玲 2014a：59）。夸张的修辞手段经常和明喻、隐喻融合使用。如：

例（5）大家一听这句话，比响了一颗炸弹还惊人，忙问怎么一回事。（赵树理《李家庄的变迁》）

本例使用了"夸张"修辞手段，将"令人震惊的消息"夸大为"响了一颗炸弹"，突出两者之间"惊人"的相似点，引人发笑。

例（6）天大地大，不如老兰的嘴巴大。（莫言《四十一炮》）

本例中"夸张"和"明喻"融合使用，用一个"大"巧妙地把两个相差甚远的事物联系起来，化实为虚，令人哑然失笑。

　　例（7）圈儿外边围着三五成群的巡警，都是一般儿高，一样的大手大脚，好像伦敦的巡警都是一母所生的哥儿们。（老舍《二马》）

　　本例使用了"夸张"和"明喻"的修辞手段，把长得一般高、手脚一样大的伦敦巡警夸大为一母所生的哥儿们，本体与喻体巧妙融合，使三五成群的巡警形象栩栩如生，滑稽幽默。

　　4. 借代

　　借代在日常用语中十分常见。由于两者有类似点或两者之间有不可分离的关系，所以这种修辞常常将一物替换成另一物。如：

　　例（8）随着笑声，一段彩虹光芒四射，向前移动。（老舍《正红旗下》）

　　本例使用了"借代"修辞手段，本体是"穿着五颜六色衣服的定大爷"，借体是"光芒四射的彩虹"，突出本体和借体在颜色上的相似。"借代"修辞手段的运用使人物描写生动有趣。

　　例（9）据探头探脑的调查来的结果，知道那竟是举人老爷的船！（鲁迅《阿 Q 正传》）

　　本例中，用调查人员的行为"探头探脑的"借代调查人员，惟妙惟肖，诙谐风趣。"借代"修辞手段不但可以突出两者之间的类似点，而且还可以突出两者之间不可分离的关系。例如：

　　例（10）在讲狗史的时候，温都太太用"眉毛"看了看他们父子。（老舍《二马》）

　　本例中，本体"眼睛"和借体"眉毛"，有着不可分离的关系。作者采用"借代"修辞手段，将温都太太生动有趣的表情刻画得淋漓尽致。

　　5. 引用

　　文中夹插先前的成语或故事的部分，称为引用。它分两类：一种是明引，即说出它是何处的成语故事；另一种是暗引，即不明说，单将成语故事编入自己文中。暗引有时候与隐喻、夸张融用。在本语料库中，将成语直接编入文中的暗引被归类为"隐喻"或"夸张"之列，明引归类为"引用"（戈玲玲 2014a：59）。

　　例（11）四周都是狗泪的咸苦味，茅枝婆只道是那"一片伤心画不成"。（阎连科《受活》）

　　作者采取"引用"修辞手段，来描写枝婆面对狗泪伤心之深的情景。

引用唐代诗人高蟾的诗《金陵晚望》最后一句"一片伤心画不成",使伤心至极多了几分情趣。

> 例（12）"我们没理由,今日为他得罪严老大,'老虎头上扑苍蝇'怎的?"（吴敬梓《儒林外史》）

本例引用了歇后语"老虎头上扑苍蝇（拍不得）"来形容严老大得罪不起。引用恰到好处,贴切生动,充满谐趣。

6. 拟人

将物拟作人（就是以人比物）,称为拟人（戈玲玲 2014a:59）。如:

> 例（13）许三观说到,"我现在身体好着呢,力气都使不完,全身都是肌肉,一走路,身上的肌肉就蹦蹦跳跳的……"（余华《许三观卖血记》）

本例将描述人的动作词汇"蹦蹦跳跳"移植到物上。"身上的肌肉就蹦蹦跳跳的"惟妙惟肖,读者忍俊不禁。

> 例（14）紫藤从伊的手里落了下来,也困顿不堪似的懒洋洋的躺在地面上。（鲁迅《故事新编》）

本例使用了"拟人"修辞手段,将物比作人,"困顿不堪、懒洋洋"使紫藤的形象栩栩如生,引人发笑。

7. 双关

双关指在言语活动中,利用语音或语义的条件,构成互不相同的两层意义,就表达内容而言,其字面意义与另外的意义有轻重之分,然而,就形式而言,"双"方的意义都必须"关"顾到（胡范铸 1991:195-196）。

> 例（15）好在菜园以外的人,并不知道"小趋"原是"小区"。（杨绛《干校六记》）

本例中,作者使用了"双关"修辞手段。"小区"与"小趋"同音,同音异义,风趣幽默。

> 例（16）告状人叫做胡赖,告的是医生陈安。（吴敬梓《儒林外史》）

本例利用语义的条件,构成互不相同的两层意义,"胡赖"一语双关,一是指"告状人名叫胡赖",另一个指"告状人是个胡赖之人",即不讲道理之人。当读者从"双关"修辞手段中领悟其妙处,自然就能体会其幽默所在。

8. 反语

反语是说话者口头的意思和心里的意思完全相反。反语不但语义相反，而且含有嘲弄讽刺之意（戈玲玲 2014a：59）。

> 例（17）他总以为他的父亲也得管他叫大哥；"大哥"味就这么足。（老舍《离婚》）

本例中作者使用了"反语"修辞手段，讥讽张大哥"大哥"味太足，好像他的父亲也得管他叫大哥似的。正面反说，语义偏离，幽默顿生。

> 例（18）我们菜园班有一位十分"正确"的老先生。（杨绛《干校六记》）

作者的菜园班中有位老先生，总认为自己的看法是正确的，别人都不对，实际上他未必那么"正确"。作者称之为"十分'正确'的老先生"，语义相反，讽刺与谐趣跃然纸上。

9. 降用

有不少语词，其基本义素相同，但在分量上却有轻重、大小之分，将"重"词、"大"词"降级使用"的方法，称为降用，经常与夸张、易色融用（戈玲玲 2014a：59）。

> 例（19）赶上个星期天，他在家看孩子，太太要大举进攻西四牌楼。（老舍《离婚》）

作者使用了"降用"和"夸张"的修辞手段，将军事战略的术语"大举进攻"（大规模出兵，发动攻势），用于描述李太太疯狂购物的场景，大词小用，夸大其词，生动有趣。

> 例（20）他的学说是：凡尼姑，一定与和尚私通。（鲁迅《阿Q正传》）

本例使用了"降用"和"逻辑飞白"两种修辞手段。一是"降级"使用了学术术语"学说"（学术上系统的观点和理论）来描写阿Q的奇谈怪论，大词小用，语义转移；二是阿Q的所谓"学说"完全不合逻辑。两种修辞手段的融合使用，凸显了阿Q滑稽可笑的形象。

10. 析词

一个多音词是由数个词素组成的，一般不能随便拆开使用，但是为了修辞的需要，临时将多音词或熟语拆开使用的方法，称为析词（戈玲玲 2014a：56）。

> 例（21）"……罗大嫂，亲亲的嫂子，我是在拍您的马屁呢……"

（莫言《四十一炮》）

"拍马屁"为汉语本源概念，意思是"阿谀奉承"。作者将固定词语"拍马屁"拆开，插入"您的"，巧妙地转移语义，使对话幽默风趣。

　　例（22）他用尽哲学的脑筋，只是一个没有法。（鲁迅《故事新编》）

本例使用了"析词"修辞手段，将固定短语"用尽脑筋"拆开，中间插入"哲学的"，构成"用尽哲学的脑筋"，结构发生变化，促成幽默语义的形成。

　11. 仿拟

仿拟指为了滑稽嘲弄而故意仿拟特种既成形式的修辞格（戈玲玲2014a：59）。

　　例（23）"咱们打开鼻子说亮话，告诉我一句痛快的，咱们别客气！"（老舍《二马》）

本例使用了"仿拟"修辞手段，本体为汉语俗语"打开天窗说亮话"，仿体为"打开鼻子说亮话"，语义转移，幽默顿生。

　　例（24）"哈哈哈！"酒店里的人也九分得意的笑。（鲁迅《阿Q正传》）

作者依据"十分得意"仿造了"九分得意"，"仿拟"修辞手段使语义要素巧妙转移，幽默风趣。

　12. 倒序

为了达到某种表达效果而作的次序的互相调换，它包括合成词序换、短语序换和句子成分序换，也有称为"序换"（戈玲玲2014a：59）。

　　例（25）从前大学之道在治国平天下，现在治国平天下在大学之道，并且是一条坦道大道。（钱钟书《围城》）

为了达到幽默的表达效果，作者采取了"倒序"修辞手段，调整句子成分序列，将"大学之道在治国平天下"调整为"治国平天下在大学之道"。

　13. 移就

移就就是把同一句中用来形容甲事物的词语移用到乙事物上（张秀国2005：193）。

　　例（26）那是一双何等毫无道理的眼睛啊！（老舍《正红旗下》）

"毫无道理"常用于描写人的言行举止，作者将其"移就"到对人的眼睛的描述，突出人的横行霸道之特点，人物描写生动有趣。

14. 通感

"通感"修辞手段又称"移觉"，指将本来描写甲感觉的词语移用来表示乙感觉，将人的视觉、嗅觉、味觉、触觉、听觉等不同感觉互相交错，突破语言的局限，丰富审美情趣。

> 例（27）他还指着头上一块乌青的疙瘩，说是为了回避得太慢一
> 点了，吃了一下官兵的飞石：这就是大臣确已到来的证
> 据。（鲁迅《故事新编》）

本例将表示味觉的动词"吃"移用于描写平民"被打的"感觉，用"吃"字，打通了味觉与触觉感觉的界限，凸显被飞石击中的平民的无奈和自嘲。

15. 转品

转品即将某一类词转化作别一类词来用（陈望道 1990：186）。

> 例（28）可是，谁想到哥哥竟自作出那么没骨头的事来——狗着
> 洋人，欺负自己人！（老舍《正红旗下》）

此例中作者使用了"转品"修辞手段。"狗"不再是一个名词，而是转为动词，它使语言描述生动逼真、幽默诙谐。

16. 别解

别解，是一种在特定语境下临时赋予某一词语其固有词义中不曾有的新语义来表情达意的修辞。这类修辞多用突破常规的语义来引发读者的注意，使其在心理上产生落差从而获得一种反逻辑的微妙的愉悦感（吴礼权 2012：218）。

> 例（29）论文化，他是"满汉全席"。（老舍《正红旗下》）

本例中，"他"指"福海"。因为福海对满族和汉族文化非常了解，作者使用"别解"修辞手段，赋予"满汉全席"新的意义。"满汉全席"原指为庆祝康熙生辰而准备的 108 道菜式，集满族和汉族菜肴之精华。作者巧妙地转移了"满汉全席"的意义，使语言的表达风趣幽默。

17. 杂混

杂混指风马牛不相及的概念的不和谐并列，它违反了语词组合的形式逻辑，因而显得不伦不类（戈玲玲 2014a：56）。

> 例（30）奇肱国的飞车已经来过八回，读过松树身上的文字的木
> 排居民，十个里面有九个生了脚气病，治水的新官却还

没有消息。(鲁迅《故事新编》)

本例描述的是百姓们盼着治水新官到来的情境,将"奇肱国的飞车来过八回""木排居民十个有九个生脚气病",和"新官没消息"排在一起,居民生脚气病和新官上任没有任何关系,这样的组合引人发笑。

> 例(31)这证明姑娘的确是赔钱货,不但出阁的时候须由娘家赔
> 送四季衣服、金银首饰,乃至箱柜桌椅,和鸡毛掸子。
> (老舍《正红旗下》)

本例使用了"杂混"修辞手段,将衣服、首饰、桌椅、鸡毛掸子等不同词语组合排列,出人意料。当读者从不合逻辑中发现和谐之处,幽默顿生。

18. 逻辑飞白

飞白指"明知其错故意仿效",逻辑飞白不是利用对语言各要素本身的飞白,而是利用逻辑上的错误(戈玲玲 2014a:60)。

> 例(32)"据联合国研究,地球上的动物,智商最高的,除了人,
> 就是猪……"(莫言《师傅越来越幽默》)

本例使用了"逻辑飞白"修辞手段,话语逻辑与正常逻辑发生矛盾冲突,话语逻辑是"猪的智商仅次于人",正常逻辑是"人智商高"。只有当读者从不和谐逻辑中体会其和谐,幽默才会产生。

> 例(33)他私下嘀咕说:挖井不用女人,有女人就不出水。(杨
> 绛《干校六记》)

本例的修辞手段也是"逻辑飞白",正常的逻辑是"挖井出不出水与女人挖井没有关系",而话语逻辑却是"挖井出不出水与女人挖井有关系"。话语逻辑与正常逻辑之间的冲突,触发了讽刺和幽默。

19. 矛盾修辞法

矛盾修辞法指把两个意思截然相反的词放在一起,并使他们在对立中突出所要表达的思想,从而达到特殊的修辞效果(戈玲玲 2014a:60)。

> 例(34)按照那时代的科学说法,这叫作"鬼打墙"。(老舍《正
> 红旗下》)

鬼打墙和科学说法是一对矛盾体。"鬼打墙"是中国一个古老的迷信说法,与"科学说法"相悖。作者将两个意思截然相反的词语放在一起,形成完全对立的思想,从而达到幽默的特殊效果。

20. 起跌

"起跌"指先提出 A 说法，随即以"不"字否定之，进而得出一种更为精确、周到、深刻的说法。其结构公式为"A，不，-A（或 a）"（戈玲玲 2014a：56）。

> 例（35）现在万里回乡，祖国的人海里，泡沫也没起一个——不，承那王主任笔下吹嘘，自己也被吹成一个大肥皂泡，未破时五光十色，经不起人一拥就不知去向。（钱钟书《围城》）

本例使用了"起跌"修辞手段，起句为"泡沫也没起一个"，跌句为"也被吹成一个大肥皂泡"，起句和跌句意义完全相反，最后"经不起人一拥就不知去向"描述形象逼真，幽默风趣。

21. 衬跌

"衬跌"结构上一"衬"一"跌"，在"衬"的部分，并非一件事物的描述，而是相关联的多种事物的列举；当这种由列举而累积起来的印象在读者心理上逐渐加深时，忽然一"跌"，使读者的心理期待一下子滑到了确乎意料之外，终在情理之中的终点（胡范铸 1991：135）。在结构上与"排比"和"层递"似乎相似，即一连串内容相关、结构类似的句子成分或句子层层深入、层层递进，但不同的是到句子或句子成分的最后突然一转，"笑"由此而生。

> 例（36）辛楣冷笑道："……可是他看破了教育，看破了政治，看破了一切，哼！我也看破了你！……"（钱钟书《围城》）

本例将动宾结构"看破了＋宾语"连串排列，重复了四次，前三个的宾语层层递进，从教育、政治到一切，然后，笔锋一转，从抽象的概念转到具体的人，读者恍然大悟，"跌"出了谐趣。

22. 对偶

"对偶"修辞手段指用对称的字句，加强语言的幽默效果。

> 例（37）我们创造了一种独具风格的生活方式：有钱的真讲究，没钱的穷讲究。（老舍《正红旗下》）

本例使用对称的句子"有钱的真讲究，没钱的穷讲究"来描写所谓的独具风格的生活方式，字数相同，结构相同，两种意义互相映衬，渲染了谑笑的气氛。

23. 旁逸

旁逸有两种情况，或在叙述讨论时间、空间、社会层次等距离较远的主题时，突然插进此时、此地与彼时、彼地的比较，有意识地离开主题；或者在叙述了一种言行后，顺其逻辑方向再上"溯"或下"推"一下，以凸显可笑之处（戈玲玲 2014a：56）。

> 例（38）就凭这一片卖糖的声音，那么洪亮，那么急切，胆子最大的鬼也不敢轻易出来，更甭说那些胆子不大的了——据说，鬼也有胆量很小很小的。（老舍《正红旗下》）

本例将"夸张"和"旁逸"的修辞手段相融合，夸大小贩的叫卖声大得能吓到鬼，接着，话锋一转，插入妙语"鬼也有胆量很小很小的"。这一超常的语言结构转换使描述生动有趣。

以上 23 种修辞手段是言语幽默表达的具体形式，处于叙述策略的第二层，是表层参数的核心。

（二）语言

语言决定了言语幽默文本所有的信息组合，包含了文本各个层面的语言成分的排列和位置。一方面，脚本对立影响着语言成分的性质，如影响两个脚本转换的脚本——妙语等；另一方面，语言的排列与组合决定了言语幽默文本中的脚本重叠或对立。每个言语幽默语段都与语言参数息息相关。

语言包含了具有明显语言标记的、有一定代表性的语言形式类型，而不是一个一个单独的语言形式。换言之，只要某个语言形式出现了两次以上，并且与修辞手段或与脚本对立相关联，就可以说，它是某一个语言形式类型。具体来讲，语言形式类型有：喻词（像、仿佛、……似的，正如，等）、反义词、同音词（包括同音异义词、同音异形词等）、叠词、疑问词、引号、疑问句、转折关系、因果关系、并列结构等。

语言形式还包含了妙语，特别是本源概念，如成语（包括典故）、习语（包括谚语、俗语、歇后语等）、文语（指古代汉语用词或结构等）等等。本源概念分为两大类：一类是存在过或者存在中的实物（artifacts）；另一类是人类了解世上万物的认知方式。实物可以通过感官观察得到，包括历史、地理、民族、国家建制（含所属之行政、立法、司法制度以及附属之意识形态）、服饰、烹调、建筑、音乐、艺术、武术、民俗、宗教、日常生活方式（饮食、起居）等等。认知方式属于认知范畴，来自文化传统（何元建 2010）。例如：

例（39）他长得高如万丈、头如泰山、腰如俊峰。（吴承恩《西
　　　　游记》）

本例使用了"明喻"修辞手段，语言参数包括喻词（如……）和妙语
（万丈、泰山、俊峰）。本体是"高、头、腰"，喻体是"万丈、泰山、俊
峰"，两者之间相差甚远，合得越是有趣。

例（40）"……'猪八戒吃人参果，全不知滋味'，说的好容
　　　　易……"（吴敬梓《儒林外史》）

本例的修辞手段为"引用"，语言参数中妙语为汉语本源概念"歇后
语：猪八戒吃人参果，全不知滋味"，用来形容人吃饭时极快的速度和急
切的心情。歇后语的运用使语言描述更具趣味性。

例（41）一次我发现三四棵长足的大白菜根已斫断，未及拿走，
　　　　还端端正正站在畦里。（杨绛《干校六记》）

本例使用了"拟人"修辞手段，语言参数中妙语为汉语本源概念"成
语：端端正正"，将形容人的成语"端端正正"用来描写"大白菜"，使
"大白菜"站立的姿势生动有趣。

例（42）赵科员的长相和举动，和白听戏的红票差不多，有实际
　　　　上的用处，而没有分毫的价值。（老舍《离婚》）

本例使用了"明喻"修辞手段，将"赵科员的长相和举动"比喻成
"白听戏的红票"。"红票"一词属于汉语本源概念，指在中国旧时戏剧或
杂技等演出者赠送给人的免费入场券。作者把两个相差甚远的事物扯到一
起，凸显赵科员的可笑之处。

（三）逻辑机制

Attardo（2001：27）列出了 27 种已知的逻辑机制，从简单的并列到
复杂的逻辑错误等，见前面逻辑机制参数一节中表二。从 Attardo（2001：
162-201）的案例分析中，我们观察到，有些逻辑机制与表达言语幽默的修
辞手段密切相关，例如，逻辑机制"并置"与修辞手段"明喻"相关。与
本研究有关的逻辑机制有 12 种。

下面对已知的 12 种逻辑机制进行定义（参 Attardo 2001：27，2002：
3-46）。如果分类中，汉语中的某种具体的修辞手段与某种逻辑机制相对
应，也一并列出（戈玲玲 2014a：61-62）。在此基础上，根据本研究的发
现，下面的逻辑机制中还添加了一些修辞手段。

1. 并置（juxtaposition）：指两个脚本同时呈现在同一语境中。修辞手段有：明喻，含有"是""成""就是""成为""变为"等词的隐喻、引用、倒序。

> 例（43）马老先生还小菩萨似的睡着，忽然咧了咧嘴，大概是说梦话呢。（老舍《二马》）

本例使用了"明喻"修辞手段，本体是"马老先生"，喻体是"小菩萨"，构成了在真实方面对立的两个脚本。逻辑机制为"并置"，即本体"马老先生"和喻体"小菩萨"同时出现在描写马老先生睡觉的语境里。再如：

> 例（44）许多女人会笑得这样甜，但他们的笑容只是面部肌肉柔软操。（钱钟书《围城》）

本例中，作者将"女人的笑容"比作"面部肌肉柔软操"，逻辑机制为"并置"，本体"女人的笑容"和喻体"面部肌肉柔软操"同时出现在"许多女人会笑得这样甜"的语境中。隐喻惟妙惟肖，令人赞叹不已。

> 例（45）"我们没理由，今日为他得罪严老大，'老虎头上扑苍蝇'怎的？"（吴敬梓《儒林外史》）

本例采用了"引用"的修辞手段，将歇后语"老虎头上扑苍蝇（拍不得）"来形容严老大得罪不起。逻辑机制为"并置"，也就是说"老虎头上扑苍蝇（拍不得）"和"严老大得罪不起"同时出现在对话的语境中。"老虎头上扑苍蝇（拍不得）"形象生动，风趣幽默。

> 例（46）辛楣笑道："不是众叛亲离，是你们自己离亲叛众。"（钱钟书《围城》）

本例的修辞手段为"倒序"，作者将成语"众叛亲离"的语序颠倒为"离亲叛众"，它们同时出现在方鸿渐与赵辛楣谈论结婚的对话中，凸显自嘲无奈的目的。逻辑机制为"并置"。

2. 能力筹划（potency mapping）：指将一个脚本的成分筹划到另一个脚本的成分上，一个成分替代另一成分，最突出的是将人拟动物，或反之。修辞手段有：拟人、移就、通感。

> 例（47）说为了她专门去看受活出演的人越来越多了，门票也跟着越来越贵了，县里财政上的钱把银行的肚子都胀鼓得凸凸大大了。（阎连科《受活》）

本例采用了"拟人"修辞手段，将"银行"比作"人"，"银行的财政收入多"比拟为"银行的肚子胀鼓得凸凸大大"，形象逼真，幽默风趣。逻辑机制为"能力筹划"，将一个脚本（人）的特征放至另一个脚本（银行）。妙语为"叠词：凸凸大大"，栩栩如生。

例（48）那是一双何等毫无道理的眼睛啊！（老舍《正红旗下》）

本例使用了"移就"修辞手段，逻辑机制为"能力筹划"，将描写人的词语用于对人的眼睛的描述，凸显眼睛射出的蛮横，讽刺中蕴含着诙谐。

例（49）他还指着头上一块乌青的疙瘩，说是为了回避得太慢一
点了，吃了一下官兵的飞石：这就是大臣确已到来的证
据。（鲁迅《故事新编》）

本例使用了"通感"修辞手段，将表示味觉的动词"吃"移用于描写平民"被打的"感觉，味觉与触觉相通，无奈的自嘲跃然纸上。逻辑机制为"能力筹划"，将一个脚本（吃石头）筹划到另一个脚本（被石头打）上。妙语为"吃了一下官兵的飞石"。

3. 夸大（exaggeration）：通过夸大其大小、特点，突出一个脚本中的某一成分。修辞手段有：夸张。

例（50）大家一听这句话，比响了一颗炸弹还惊人，忙问怎么一
回事。（赵树理《李家庄的变迁》）

本例修辞手段为"夸张"，与之相匹配的逻辑机制为"夸大"，将"令人震惊的消息"夸大为"响了一颗炸弹"，突出两者之间"惊人"的相似点，超出人们的预料，引人发笑。

例（51）天大地大，不如老兰的嘴巴大。（莫言《四十一炮》）

本例中的逻辑机制为"夸大"，把"天大地大"和"嘴巴大"两个相差甚远的事物联系起来，突出"大"的特点，令人哑然失笑。

4. 否定（negation）：一个脚本被否定。修辞手段有：反语、起跌。

例（52）他总以为他的父亲也得管他叫大哥；"大哥"味就这么
足。（老舍《离婚》）

本例的修辞手段为"反语"。逻辑机制为"否定"，即脚本"张大哥是他父亲的大哥"被否定，正面反说，张大哥"大哥"味十足的做派栩栩如生，好像他的父亲也得管他叫大哥似的。

例（53）我们菜园班有一位十分"正确"的老先生。（杨绛《干
校六记》）

本例使用了"反语"修辞手段。逻辑机制为"否定"，即脚本"十分

'正确'的老先生"被否定，语义相反，讽刺与幽默可见一斑。

> 例（54）现在万里回乡，祖国的人海里，泡沫也没起一个——不，承那王主任笔下吹嘘，自己也被吹成一个大肥皂泡，未破时五光十色，经不起人一拥就不知去向。（钱钟书《围城》）

本例的修辞手段为"起跌"。逻辑机制为"否定"，即起句"泡沫也没起一个"构成的脚本被否定，意义转向完全相反的另一个脚本——跌句"也被吹成一个大肥皂泡"，最后"经不起人一拥就不知去向"，描写跌宕起伏，令人愉悦。

5. 类比（analogy）：是比较的一种，它将两个具有相似点的不同事物进行比较，比较两个实体的主要特征。修辞手段有：隐喻、降用。

> 例（55）天线杆在我们家的院子里竖起来，我们家立即就有了鹤立鸡群的感觉。（莫言《四十一炮》）

本例修辞手段为"隐喻"，本体"天线杆竖起来"和喻体"鹤立鸡群"构成了在真实方面对立的两个脚本。逻辑机制为"类比"，即比较两个脚本的主要特征：高傲地立起来。形象逼真，幽默风趣。

> 例（56）赶上个星期天，他在家看孩子，太太要大举进攻西四牌楼。（老舍《离婚》）

作者使用了"降用"和"夸张"的修辞手段，两个脚本为"大举进攻"和"疯狂购物"。逻辑机制为"类比"和"夸大"，即比较甚至夸大两个脚本之间的主要特征：规模和气势。两种修辞手段的融合使描述新颖有趣，令人赞叹。

6. 虚假类比（false analogy）：a 和 b（可能是多种成分）在 x 方面相似，但是并不是在所有方面，或者 x 不存在，或者 x 只是 a 和 b 的边缘方面，也就是说不是比较两个实体的主要特征。修辞手段有：仿拟、双关、借代。如：

> 例（57）"哈哈哈！"酒店里的人也九分得意的笑。（鲁迅《阿Q正传》）

本例使用了"仿拟"修辞手段，本体是"十分得意"，仿体是"九分得意"，构成了在正常方面对立的两个脚本。逻辑机制是"虚假类比"，即比较两个脚本的次要特征——语言形式上的相似，而不是比较它们的主要特征，如语义等。作者将抽象的概念"十分"转化为具体的概念"九分"，化虚为实，凸显幽默风趣的效果。

例（58）洗衣服得蹲在水塘边上"投"。（杨绛《干校六记》）

本例使用了"双关"修辞手段，"投 / 偷"语音相似。逻辑机制为"虚假类比"，也就是说，不比较"投 / 偷"两词之间的主要特征，如语义等，只比较"投 / 偷"两词之间次要的方面，如语音形式。只有当读者理解了"双关"的妙处，才能悟到其幽默所在。

例（59）随着笑声，一段彩虹光芒四射，向前移动。（老舍《正红旗下》）

本例使用了"借代"修辞手段，本体是"穿着五颜六色衣服的定大爷"，借体是"光芒四射的彩虹"，构成了在真实方面对立的两个脚本。逻辑机制为"虚假类比"，突出本体和借体在颜色上的相似，新颖独特，幽默风趣。

7. 错误推理（faulty reasoning）：推理是错误的或不符合逻辑的。修辞手段有：逻辑飞白。

例（60）"据联合国研究，地球上的动物，智商最高的，除了人，就是猪……"（莫言《师傅越来越幽默》）

本例使用了"逻辑飞白"修辞手段，话语逻辑与正常逻辑发生矛盾冲突，话语逻辑是"猪的智商仅次于人"，正常逻辑是"人智商高"，构成了在合理上对立的两个脚本。逻辑机制为"错误推理"，即话语逻辑所构成的脚本"猪的智商仅次于人"是不符合逻辑的。这种不符合逻辑的推理蕴含了不和谐之中的和谐、讽刺之中的谐趣。

8. 调停脚本（mediating script）：借助第三个脚本，促成两个主要脚本的对立。修辞手段有：旁逸。

例（61）就凭这一片卖糖的声音，那么洪亮，那么急切，胆子最大的鬼也不敢轻易出来，更甭说那些胆子不大的了——据说，鬼也有胆量很小很小的。（老舍《正红旗下》）

本例使用了"夸张"和"旁逸"的修辞手段，逻辑机制为"夸大"和"调停脚本"，夸大小贩的叫卖声大得能吓到鬼，接着，话锋一转，插入第三个脚本"鬼也有胆量很小很小的"，促成了主要脚本"洪亮的卖糖声音"与"洪亮的卖糖声音吓到鬼"在合理方面形成脚本对立。

9. 范围限制（field restriction）：指限定使用范围。修辞手段有：析词、别解。

例（62）他用尽哲学的脑筋，只是一个没有法。（鲁迅《故事新编》）

本例使用了"析词"修辞手段，逻辑机制为"范围限制"，将"用尽哲学的脑筋"限定在描写老子的语境中，固定词语结构发生变化，促成妙语"只是一个没有法"的幽默语义的形成。

例（63）论文化，他是"满汉全席"。（老舍《正红旗下》）

本例使用了"别解"修辞手段，逻辑机制为"范围限制"，将集满族和汉族菜肴之精华的"满汉全席"限定在描述人物"福海"的语境中。"满汉全席"意义的巧妙转移，使对人物的描述生动有趣。

10. 平行（parallelism）：指并列结构造成强制性的语义平行，也就是说句式平行蕴含了语义平行。不兼容的并列成分属于局部对立脚本。修辞手段有：杂混、衬跌、对偶。

例（64）奇肱国的飞车已经来过八回，读过松树身上的文字的木排居民，十个里面有九个生了脚气病，治水的新官却还没有消息。（鲁迅《故事新编》）

本例使用了"杂混"修辞手段，将风马牛不相及的概念"奇肱国的飞车来过八回""木排居民十个有九个生脚气病"，和"新官没消息"排在一起。逻辑机制为"平行"，即并列结构造成强制性的语义平行，显得不伦不类，滑稽可笑。

例（65）辛楣冷笑道："……可是他看破了教育，看破了政治，看破了一切，哼！我也看破了你！……"（钱钟书《围城》）

本例使用了"衬跌"修辞手段，将动宾结构"看破了＋宾语"连串排列，层层递进，从教育、政治到一切，妙语"我也看破了你！"轻轻一跌，充满谐趣。逻辑机制为"平行"，即四个动宾结构"看破了＋宾语"形成了强制性的语义平行。

例（66）我们创造了一种独具风格的生活方式：有钱的真讲究，没钱的穷讲究。（老舍《正红旗下》）

本例使用了"对偶"修辞手段，妙语"有钱的真讲究，没钱的穷讲究"字数相同，结构相同，意义相互映衬，凸显了语言的幽默效果。逻辑机制为"平行"，句式平行蕴含了语义平行。

11. 错误前提推理（reasoning from the faulty premise）：推理链不符合逻辑，因为前提是错误的。修辞手段：逻辑飞白。

例（67）他私下嘀咕说：挖井不用女人，有女人就不出水。（杨
　　　绛《干校六记》）

本例使用了"逻辑飞白"修辞手段，正常的逻辑是"挖井出不出水与
女人挖井没有关系"，而话语逻辑却是"挖井出不出水与女人挖井有关系"。
逻辑机制为"错误前提推理"，即话语逻辑推理链的前提"女人是祸害"
是错误的，与正常逻辑之间的对立，触发了讽刺和幽默。

12. 自损（self-undermining）：自相矛盾。修辞手段：矛盾修辞法。

例（68）按照那时代的科学说法，这叫作"鬼打墙"。（老舍《正
　　　红旗下》）

本例使用了"矛盾修辞法"，将"科学说法"和"鬼打墙"两个意思
截然不同的词语放在一起，构成了在合理方面对立的两个脚本。逻辑机制
为"自损"，即两个脚本自相矛盾。只有当读者意识到两个自相矛盾脚本
中不和谐逻辑中之和谐，幽默的特殊效果才能凸显。

以上简述了在本语料库中用汉语书面语来表达的言语幽默语段包含的
三个表层参数的内涵。简言之，叙述策略参数的修辞手段是表层参数的核
心，它与语言和逻辑机制相关联，体现了汉语言语幽默的表层参数特征。

二、深层参数

脚本对立、语境、对象三个参数不能用语言形式来确认，要依靠上下
文来理解，所以是言语幽默语段深层的文本语言特征。其中，脚本对立是
深层参数的核心。下面分别陈述。

（一）脚本对立

脚本对立是深层结构的核心，决定了言语幽默语段的形成和理解。汉
语言语幽默语段的脚本类型可以分为两大类：显性脚本和隐性脚本。显性
脚本与语言参数关系密切，可以说，它就是语言表达形式的字面意义；而
隐性脚本却需要通过读者了解背景知识，包括文化背景、语用信息等才能
获得。只有在理解显性脚本的基础上，才能发现隐性脚本，只有观察到显
性脚本与隐性脚本之间的联系，才能体会到言语幽默所在。

脚本对立分两个层面：第一层依据 Raskin（1985）在言语幽默的语
义脚本理论中给出的脚本对立的分类。它分成三大类：真实的与非真实
的（不存在的）语境（actual and non-actual/non-existing situations）；正常

的（事情期待的状态）与非正常的（事情不期待的状态）（normal/expected state of affairs and abnormal/unexpected state of affairs）；可能的（合理的）与完全或部分不可能的（不太合理的）语境（a possible/plausible situation and a fully or partially impossible/much less plausible situation）；第二层为两个具体的对立关系的脚本（戈玲玲 2014a：62-63）。例如：

例（69）我补了一条裤子，坐处像个布满经线纬线的地球仪，而且厚如龟壳。（杨绛《干校六记》）

本例使用了"明喻"修辞手段，本体"厚厚的裤子坐处"和喻体"地球仪、龟壳"构成了在真实方面对立的两个脚本。两个脚本均为显性脚本，出现在语言形式中。真实的脚本是"厚厚的裤子坐处"，非真实的脚本是"地球仪、龟壳"。当读者从两个完全不同的脚本中发现其相似之处时，不禁开怀大笑。

例（70）"咱们打开鼻子说亮话，告诉我一句痛快的，咱们别客气！"（老舍《二马》）

本例采用了"仿拟"修辞手段，本体"打开天窗说亮话"和仿体"打开鼻子说亮话"构成了两个在正常方面对立的脚本。"打开鼻子说亮话"为显性脚本，存在于语言参数的妙语中，而"打开天窗说亮话"为隐性脚本，没有出现在语言形式中，只有当读者知道"打开天窗说亮话"这个俗语，才能理解"打开鼻子说亮话"的幽默所在。正常的脚本是隐性脚本"打开天窗说亮话"，非正常的脚本是显性脚本"打开鼻子说亮话"。

例（71）奇肱国的飞车已经来过八回，读过松树身上的文字的木排居民，十个里面有九个生了脚气病，治水的新官却还没有消息。（鲁迅《故事新编》）

本例使用了"杂混"修辞手段，将风马牛不相及的概念排在一起，滑稽可笑。它包含了两个脚本，一个脚本是"居民生脚气病与新官上任有关"，另一个是"居民生脚气病与新官上任无关"。脚本"居民生脚气病与新官上任有关"为显性脚本，它与语言参数中的妙语"飞车来过八回、居民生了脚气病、新官还没有消息"有关，也就是说，它就是语言表达形式的字面意义。"居民生脚气病与新官上任无关"为隐性脚本，读者无法从语言本身获得这个脚本，只能通过常识推断出"居民生脚气病与新官上任无关"。两个脚本在合理方面形成对立。合理的脚本是"居民生脚气病与新官上任无关"，不合理的脚本是"居民生脚气病与新官上任有关"。只有当读者从不和谐中发现其和谐所在，才能领悟到滑稽可笑之义。

（二）语境

语境为言语幽默语段形成的环境或条件，来自言语幽默中所启动的脚本。言语幽默依赖于语境，不同的言语幽默的语境有所不同。对文学作品的欣赏离不开情节，离不开上下文，对言语幽默语段的理解更是如此，因此，在该研究中，语境的类型分为两大类：语言语境和非语言语境。语言语境即语言内部语境，指上下文，包括话语内部的各种因素、话语内部的信息结构和形式，如话语的前后顺序、内部衔接等；非语言语境即语言外部语境，涵盖社交语境、文化语境、情境语境等，包括很多因素，如社会文化背景、社会政治背景、交际双方的社会心理因素、社会角色、交际双方的百科知识等（戈玲玲 2002：144，2014b：13）。例如：前面的例（69），语境为语言语境，即上下文，具体来说指对"缝补裤子"的描述。例（70）语境为语言语境和非语言语境，具体来说，语言语境指上下文，非语言语境指文化语境，也就是说读者要具备社会文化背景知识，才能理解"打开鼻子说亮话"的幽默所在。例（71）语境为语言语境和非语言语境：语言语境指上下文，非语言语境指文化语境，也就是说读者要具备基本的常识，才能理解作者的意图——讽刺中的滑稽。再如：

> 例（72）"她也许不是你理想中的人儿，可是她是你的夫人，一个真人，没有您那些'聊斋志异'！"（老舍《离婚》）

本例使用了"引用"修辞手段，用汉语成语"聊斋志异"来形容虚幻的事情，贴切有趣。语境为非语言语境，即读者需要了解文化语境，才能知道"聊斋志异"的内涵，也才能体会其幽默所在。

> 例（73）告状人叫做胡赖，告的是医生陈安。（吴敬梓《儒林外史》）

本例使用了"双关"的修辞手段。读者要通过理解言语幽默形成的语言语境和非语言语境，才能理解"胡赖"的一语双关及其幽默含义。依据语言语境，即上下文，"胡赖"指"告状人名叫胡赖"。在中国文化中，"胡赖"也指"不讲道理之人"，这里指"告状人是个胡赖之人"。离开语境，言语幽默也就缺少了形成的条件和环境。因此，语境也是言语幽默形成的必要参数。

（三）对象

对象即笑柄，与言语幽默是否为攻击性和取笑性相关。并不是所有汉语言语幽默都具有攻击或取笑的特性，因此，对象参数因情况而定，可以空缺。换言之，对象参数为可选择的参数。该参数分为两个层次：第一层分为具体的对象和抽象的对象两大类。第二层次包括具体的对象中特指的或泛指的人或物，以及抽象的对象中（意识形态中）抽象的事物，如观念、爱情等。例如，前面的例（69）和例（70）没有取笑的对象，例（71）为具体的对象"治水的新官"，例（72）为具体的对象"老李"，例（73）为具体的对象"名叫胡赖的告状人"。再如：

> 例（74）外部长而狭，墙上画着中国文明史的插画：老头儿吸鸦
> 片，小姑娘裹小脚……（老舍《二马》）

本例中的取笑对象为"具体的对象（中国文明史的插画）"。作者使用了"反语"的修辞手段，对中国文明史的插画进行了辛辣的讽刺。

> 例（75）中国是世界上最提倡科学的国家，没有旁的国度肯这样
> 给科学家大官做。（钱钟书《围城》）

本例使用了"反语"修辞手段，讥讽当时的旧中国并不是世界上最提倡科学的国家。取笑对象为"抽象的对象（当时旧中国的制度）"。并不是所有的幽默都是有取笑对象的，因此，该参数是可选择的参数。

综上所述，在本研究中，三个表层参数和三个深层参数构成汉语言语幽默的理论参数。表层参数的核心是叙述策略参数的修辞手段，深层参数的核心是脚本对立，他们直接影响到汉语言语幽默的形成和翻译（见第六章第五节）。

第二节　言语幽默相似度测量系统

第二章第二节提到，言语幽默概论的六个知识资源，按照它们的幽默生成能力和区分幽默相似度的能力，由高到低进行排列，构成了幽默相似度测量系统。该系统可以用来分析两个笑话的相似性，就翻译而言，它的价值也是无法估量的。前文提到，依据汉语幽默生成的文本特点，我们将参数分为表层参数和深层参数，它们按顺序排列，构成了汉语言语幽默相似度测量系统（见图一）：

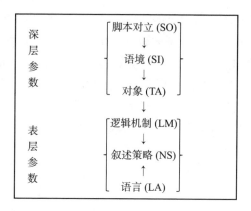

图一　汉语言语幽默相似度测量系统

　　根据幽默生成能力和判断幽默相似度的能力，六个参数按照表层（语言、叙述策略、逻辑机制）、深层（对象、语境、脚本对立）从低层向高层呈层级排列，构成了汉语言语幽默相似度测量系统，如图一所示。因为修辞手段是汉语言语幽默中叙述策略的具体形式，语言形式是语言参数的具体体现，他们分别处于叙述策略和语言参数的第二个层面，为了与言语幽默概论中的言语幽默相似度测量系统保持一致，在上图中仅标出了第一层面的参数。

　　图一显示了延伸理论中六个参数的层级排列。层级排列按照深层参数与表层参数的顺序，从上至下排列。越处于高层的参数，幽默生成能力越强，而幽默的相似度就越低。因此，在汉语幽默英译过程中，尽量保留高层参数，特别是深层参数中的脚本对立。延伸理论的层级排列与言语幽默概论六个参数的层级排列在三个方面不同：一是叙述策略的地位不同。介于语言参数与叙述策略参数之间的朝上箭头↑，表示语言参数的特征与叙述策略中的修辞手段相关联。原来的表层参数中修辞手段是核心，深层参数中的脚本对立是关键。二是语境参数的位置有所变化。在汉语言语幽默相似度测量系统中，它处于高层参数第二位，仅次于脚本对立参数，这说明了语境对脚本对立形成的巨大影响。三是逻辑机制的位置不同。延伸理论中逻辑机制的位置与修辞手段紧密相连，而在参数层级排列中，逻辑机制的位置要高些，这是因为它与脚本对立的关系更加紧密。逻辑机制参数的排序从第二变为第四，这也证明了逻辑机制参数这一可选择知识资源在排列中的不稳定性（Ruch et al. 1993）。延伸理论中六个参数的层级排列，

既反映了言语幽默翻译的一般规律，也体现了汉语言语幽默翻译的特殊规律。下面重点阐释在汉语言语幽默翻译中如何判断和处理各个参数。前文提到，汉语言语幽默相似度测量系统，包含三个表层参数和三个深层参数。下面分别阐述在汉语言语幽默翻译中如何判断和处理各个参数，从低层次往高层次、从表层到深层一一进行解释。

一、语言

语言参数涉及语言的表层结构、词汇的排列、妙语的位置等。在第二章第二节幽默文本相似度测量系统一部我们谈到，对某一笑话进行释义/重写，原句意义得以保留，这样，被重写的笑话可以说与原来笑话相似。那么，对源语笑话的翻译是不是也可以看成是用另一种语码来重写笑话呢？从理论上来讲，是可以的，因为释义/重写可以看成是一种语内翻译，它是指用同一种语言的其他符号来解释语言符号（Munday 2001：5）。翻译幽默文本涉及两种语码的转换，属于语际翻译，即以一种语言的信息替换另一种语言的整体信息，而非个别的代码单位（Munday 2001：36）。两者的区别在于语内翻译在同一种语言中进行，而语际翻译发生在两种不同的语言中。语际翻译是真正意义上的翻译。幽默文本的语内翻译对语际翻译很有启示。在翻译幽默文本时，两种语码的转换似乎与直译关系更大。在翻译时，寻求语义对等，保持其他参数一致。翻译的最简单方法就是：用目的语的语言替代源语的语言，最大限度地保留幽默文本的意义，即使意义有所改变，也不要影响幽默的效果（Attardo 2002：184-185）。但是，在处理含有双关语的言语幽默文本时，用直译的方法不一定完全可行，那么其他方法也可以采用，例如，采用意译法等等。不管采用哪种方法，首要的是保持参数的一致性，从而使译文获得与原文同样的幽默效果。Attardo（2002）建议从语言参数着手，尽量保持原文与译文的一致性，如果不可能，至少保留源语的脚本对立，使原文与译文的幽默效果不变。语言参数中保持原文与译文的一致性，关键在于妙语的转换。如果原文的妙语在译文中缺失，那么，译文中的脚本对立也会有所变化，要么缺失，要么被改变，因此，原文的幽默效果也会受到很大的影响。从理论上讲，在幽默文本翻译中，语言参数两点最关键：一是尽量保持文本的语义不变；二是尽量保持文本的妙语不变。

就汉语言语幽默翻译而言，翻译本源概念是最难的，也是最重要的。

因为本源概念是脚本构成的重要成分，特别是它所反映的隐性脚本，在翻译中极难传递至译文。因此，从理论上讲，在翻译汉语本源概念时，首选翻译策略应该是换译，即从译语中找到相对应的译语概念。二是合译，因为合译可以弥补某一策略的不足，形成互补，从而达到传递原文幽默信息的目的。三是意译或直译，如果原文中的幽默信息是抽象的或隐性的，意译是可行的，如果幽默信息是显性的或具体的，通过上下文就能获得的，那么，直译也是可选的翻译策略。无论修辞手段采用哪种转换模式，汉语本源概念采取哪种翻译策略，都要以实现一个目标为最终目的——使源语中的幽默淋漓尽致地展现在译语中，使译语读者获得与源语读者同样的感受（戈玲玲 2011：122），实现译文和原文的语用等值。下面分析一下语言参数中妙语的翻译，重点是汉语本源概念：

例（76）原文："她是破罐子破摔，我也是死猪不怕开水烫了。"
（余华《许三观卖血记》）

标注：H{SO<真实的 vs. 非真实的（许玉兰/说话人 vs. 破罐子/死猪）>SI<语言语境 & 非语言语境>TA<具体的对象（许玉兰）>LM<并置>NS<对话（引用）>LA<妙语（本源概念：俗语"破罐子破摔、死猪不怕开水烫"）>}

译文："She's like a broken pot that's not afraid of shattering, and I'm a dead pig who no longer minds that the water's coming to a boil." (Andrew, F. Jones *Chronicle of a Blood Merchant*)

标注：H{SO<actual vs. non-actual (Xu Yunlan/ the speaker vs. pot/pig)>SI<linguistic context>TA<sth concrete(Xu Yulan)>LM<juxtaposition>NS<dialogue(simile/metaphor)>LA<punchline(a broken pot that's not afraid of shattering/a dead pig who no longer minds that the water's coming to a boil)>}

本例中，原文的妙语为本源概念：俗语"破罐子破摔、死猪不怕开水烫"，说话者称许玉兰为"破罐子破摔"，自嘲为"死猪不怕开水烫"，俗语的引用生动有趣。译文将原文的俗语直译至译文，将"引用"转变成了

"明喻"和"隐喻"。修辞手段发生了变化，但是"引用"所承载的意象完全转至译文，译文读者虽然不知道原文的俗语是何意，但通过上下文也能体会到幽默所在。

例（77）原文：马威七手八脚的把箱子什么的搬下去。（老舍《二马》）

标注：H{SO<真实的 vs. 非真实的（笨手笨脚 vs. 七手八脚）>SI<语言语境 & 非语言语境>TA<具体的对象（马威）>LM<夸大>NS<陈述（夸张）>LA<妙语（本源概念：成语"七手八脚"）>}

译文：Ma Wei was clumsily taking their luggage down.（Jimmerson, J. *Mr. Ma and Son*）

标注：H{SO<na>SI<na>TA<sth concrete(Ma Wei)>LM<na>NS<statement (na)>LA<clumsily>}

语言参数中的妙语为成语"七手八脚"，它夸大了马威笨手笨脚的样子，生动有趣。译文将成语"七手八脚"意译为"clumsily"，原文栩栩如生的描写在译文中消失，从而也影响到修辞手段、脚本对立、逻辑机制的形成，因此，可以说原文的幽默没有完全传递至译文。以上分析可以看出，语言参数中妙的翻译至关重要，特别是在翻译中如何保留汉语本源概念的意象尤为关键，它将直接影响到其他参数的保留与否。

二、叙述策略（修辞手段）

叙述策略不依赖于语言，因此，从理论上说，叙述策略在译文中一般没有改变。但是，某种文化或语言会具有其独一无二的固定幽默格式，这种格式不存在于其他语言和文化；或者是某种固定格式被某种语言或文化所青睐。译者要尽量遵循叙述策略的内部结构，在其分类中寻求最接近的匹配。如果没有最接近的匹配，再考虑与之不相关联的叙述策略。例如：安格勒撒克逊的敲门笑话（knock-knock joke），在其他文化或语言中就不存在，译者就要运用另外的叙述策略重造这个笑话。叙述策略的分类不存在，因此，译者不得不依靠自己的直觉来做出判断和选择（Attardo 2002：186）。

在汉语言语幽默中，修辞手段属于叙述策略的第二层，是表层参数的核心，因此，在英译文中，成功转换修辞手段至关重要。通过对本语料库的语料进行分析，我们发现，言语幽默所依赖的修辞手段在翻译中的转换模式有三种——同类转换模式、异类转换模式和零类转换模式。同类转换模式指汉语修辞手段转换成英语中相同的修辞手段，如明喻转换为明喻，隐喻转换为隐喻等等。异类转换模式指汉语修辞手段转换成英语中不相同的修辞手段，如隐喻转换为明喻、降用转换为隐喻等等。零类转换模式指汉语修辞手段在英语中消失，特别是汉语特有的修辞手段，如析词、杂混等等（戈玲玲 2012b：109）。

　　译文要成功保留原文中的幽默信息，如果原文中含有汉英共享的修辞手段，应该以同类转换模式为主，异类转换模式为辅；如果是汉语特有的修辞手段应该以异类转换为主。不管是汉英共享的修辞手段还是汉语特有的修辞手段尽量避免零类转换，即使是零类转换，也要最大限度地保留修辞手段中所表达的幽默信息（戈玲玲 2012b：109）。一般来说，叙述策略的第一层在译文中基本可以得以保留，但是第二层修辞手段的保留就复杂很多。例如，上文例（76）中，叙述策略的第一层为"对话"，译文完全保留了"对话"的叙述策略。但是，第二层"引用"修辞手段却转变成了"明喻"和"隐喻"修辞手段。虽然修辞手段为异类转换，但是并没有影响到其他参数的形成，原文的幽默完全传递至译文。例（77）中，虽然译文保留了原文叙述策略第一层的"陈述"，但是第二层的"夸张"修辞手段在译文中完全消失。修辞手段的零类转换使原文的幽默在译文中荡然无存。再如：

　　　　例（78）原文：床边坐着一个人，伸着脖子好象个鸭子，一个
　　　　　　　　　　　肘靠着尖嘴猴的腿，眼睛望着塌眼窝。（赵树理
　　　　　　　　　　　《李家庄的变迁》）

　　　　　　　标注：H{SO<真实的 vs. 非真实的（人伸着脖子 vs. 鸭子
　　　　　　　　　　伸着脖子）>SI<语言语境 >TA<具体的对象（屋
　　　　　　　　　　里的人）>LM<并置 >NS<评论（明喻）>LA<喻
　　　　　　　　　　词 (好象)+ 妙语（鸭子）>}

　　　　　　　译文：A third man was sitting by the bed craning his neck
　　　　　　　　　　like a duck, leaning against the legs of Thin Lips and
　　　　　　　　　　looking at Deep-set Eyes. (Gladys,Yang. *Changes in
　　　　　　　　　　Li Village*)

　　　　　　　标注：H{ SO<actual vs. non-actual(a man craning his neck

vs.a duck craning his neck)>SI<linguistic context> TA<sth concrete(a man in the room)>LM<juxta position>NS<comment(simile)>LA<figurative word(like)+ punchline (a duck)>}

本例中，第一层的叙述策略为"评论"，第二层为"明喻"修辞手段。译文将"伸着脖子好象个鸭子"译为"craning his neck like a duck"，成功转换了原文的意象，原文的"明喻"修辞手段得以保留。修辞手段的同类转换，不但保留了原文的叙述策略，而且还保留了原文中言语幽默生成的其他参数。

例（79）原文：这时候，我们这边的代表团长就皱着天眉了，光洁的顶门上有了一团儿、一团儿的麻皱了，像遇到了天大、天大的难事了。（阎连科《受活》）

标注：H{SO<真实的 vs. 非真实的（皱眉 vs. 皱着天眉）>SI< 语言语境 >TA< 具体的对象（代表团长）>LM< 范围限制 / 夸大 >NS< 评论（析词 / 夸张）>LA< 妙语（皱着天眉、天大天大的难事）>}

译文：At this point, the leader of the first delegation would furrow his skybrows, one set of wrinkles after another appearing on his shiny sun pane, as though he had encountered an incredibly difficult dilemma.（Carlos, R. *Lenin's Kisses*）

标注：H{SO<actual vs. non-actual (furrow his brows vs. furrow his skybrows)>SI<linguistic context>TA<sth concrete(the leader of the delegation)>LM<false analogy/exaggeration>NS<comment(parody/ hyperbole)>LA<punchline(furrow his skybrows,an incredibly difficult dilemma)>}

本例中叙述策略的第一层为"评论"，即评论代表团团长在即将与俄国人谈判时的窘境；第二层为"析词"和"夸张"的修辞手段。译文保留了第一层的叙述策略，第二层的修辞手段有所变化。"析词"修辞手段为汉语所特有，在固定的词语"皱着眉"中间插入"天"，构成了语义的偏离。译者将"皱着天眉"直译为"furrow his skybrows"，"仿拟"一个词

"skybrows"，形象生动，夸大了代表团团长的面部表情。译文虽然采用了修辞手段的异类转换模式，但是这并没有影响其他参数的形成，原文的幽默仍然可以传递至译文。综上所述，在翻译中，译文与原文保持叙述策略第一层的一致性基本上没有困难，难的是如何保留第二层的修辞手段。如果是汉英两种语言共享的修辞手段，要尽量保留原文的修辞手段；如果是汉语所特有的，可以用英语中的修辞手段所替代。无论是采取同类转换，还是异类转换，最终目的是尽可能保留幽默形成的具体表现形式。

三、逻辑机制

上面我们谈到，逻辑机制分为两大类：言语逻辑机制和非言语逻辑机制。言语逻辑机制与语言有关；非言语逻辑机制包括抽象的逻辑推理过程，它不依赖于语言。从理论上讲，非言语逻辑机制可以轻松地从一种语言译为另一种语言。而言语逻辑机制就不一定，这要视情况而定，有的可以译为目的语，有的却是不可译的。以双关为例。言语幽默概论认为，处理幽默文本中的双关与其他幽默类型不同，因为其逻辑机制"双关关系（cratylism/punning）"要预选语言知识资源的一些特征，来满足逻辑机制的需要（Attardo 2002：189）。因此，如果逻辑机制要求一对同源词，那么，只有几乎完全接近的词才能被接受。每个双关都有不同的特征，这些特征有些可以在目的语的结构和文本中找到对应，有些可能不行。也就是说，有些是可译的，有些是不可译的。逻辑机制是可以选择的知识资源，那么，在翻译过程中，它也是可选择的参数。

前文提到叙述策略的第二层修辞手段与逻辑机制有关。在翻译的过程中，尽量保留源语中的修辞手段，也就是说尽量采取同类转换模式。保留了源语中的修辞手段，就等于保留了源语中逻辑机制，因为修辞手段与逻辑机制有直接的对应关系。如果采取异类转换模式或零类转换模式，尽可能选择同样的或相近的逻辑机制与之匹配。原文中逻辑机制是空缺，译文中也可以是空缺。前文的例（76）中原文的逻辑机制为"并置"，即两个脚本同时出现在描写许玉兰的语境中。译文虽然将原文的修辞手段"引用"转变成了"明喻"和"隐喻"，但是原文的逻辑机制"并置"仍然保留在译文中。例（77）中原文的逻辑机制为"夸大"，即夸大马威笨手笨脚的样子。原文没有成功转换语言参数中的妙语——本源概念：成语"七手八脚"，因此原文"夸张"修辞手段在译文中消失，与之相匹配的逻辑机制

"夸大"也随之消失。例（78）中原文的逻辑机制为"并置"，即两个脚本同时出现在对屋里人的描述中。译文成功转换了原文修辞手段，原文的逻辑机制也完全保留在译文中。例（79）中原文的逻辑机制为"范围限制／夸大"，即限制"皱眉"的使用范围，夸大团长的面部表情。译文的逻辑机制随着修辞手段的变化而变化。"析词"修辞手段被"仿拟"所替代，与"仿拟"相匹配的逻辑机制为"虚假类比"，而"夸张"修辞手段及其"夸大"逻辑机制保留不变。再如：

例（80）原文："如果您老还要谦让，那可小人们只好恭行天搜，瞻仰一下您老的贵体了！"（鲁迅《故事新编》）

标注：H{SO<正常的 vs. 非正常的（恭行天罚／看 vs. 恭行天搜／瞻仰）>SI<语言语境 & 非语言语境>TA<具体的对象（小穷奇）>LM<虚假类比／类比>NS<对话（仿拟／降用）>LA<妙语（恭行天搜、瞻仰贵体）>}

译文："If you insist on declining, we shall be forced to conduct a respectful search in accordance with the will of Heaven and cast deferential eyes upon your venerable nakedness."(Gladys,Yang & Yang Xianyi *Old Tales Retold*)

标注：H{SO<normal vs. abnormal (carry out the mandate of Heaven /see vs. conduct a respectful search in accordance with the will of Heaven/cast deferential eyes upon)>SI<linguistic context & non-linguistic context>TA<sth concrete(Qiongqi the younger)>LM<analogy>NS<dialogue (metaphor)>LA<punchline(conduct a respectful search in accordance with the will of Heaven and cast deferential eyes upon your venerable nakedness)>}

本例中原文使用了两种修辞手段，一个是仿拟（本体是汉语本源概念：成语"恭行天罚"，仿体是"恭行天搜"），另一个是降用，将"瞻仰"大词小用，风趣幽默。与之匹配的逻辑机制为"虚假类比／类比"。"虚假类比"即比较"恭行天罚"和"恭行天搜"的次要方面，而"类比"则比较

"看"和"瞻仰"的主要特征。译文将"仿拟/降用"修辞手段转为"隐喻",逻辑机制也发生了变化。原文中"虚假类比"的逻辑机制,随着"仿拟"修辞手段的消失而消失。虽然修辞手段的异类转换改变了原文的逻辑机制,但是这并没有影响到幽默信息的传递。

例(81)原文:我们寄居各村老乡家,走到厨房吃饭,常有人滚成泥团子。(杨绛《干校六记》)

标注:H{SO<真实的 vs. 非真实的(在泥路上摔跤的人 vs. 泥团子)>SI<语言语境>TA<具体的对象(在泥路上摔跤的人)>LM<类比>NS<评论(隐喻)>LA<妙语(泥团子)>}

译文:We were lodged with local families in various villages, and when we walked over to the kitchen to eat our meals, some of us would be all muddy from having slipped and fallen on the road. (Goldblatt *Six Chapters of My Life* "*Downunder*")

标注:H{SO<na>SI<na>TA<sth concrete(people slipped and fallen on the muddy road)>LM<na>NS<na>LA<some of us would be all muddy from having slipped and fallen on the road>}

本例中,原文的逻辑机制为"类比",即比较两个脚本("在泥路上摔跤的人"和"泥团子")的主要特征。译文将"泥团子"意译为"all muddy from having slipped and fallen on the road",失去了原文形象的隐喻,因此,"类比"的逻辑机制没有形成,其他参数的内涵也发生了变化,原文的幽默在译文中没有完全保留。逻辑机制虽然是可选参数,但是译文没有保留原文的逻辑机制,幽默信息的传递也会受到一定的影响。

四、对象

不同的民族、不同的国家、不同语言团体取笑的人或事会有所差异。在某个文化或语言中被视为的"笑柄",在其他文化或语言中却可能不是。例如,在美国,意大利人被认为是又脏又充满暴力但并不愚蠢的人;"愚蠢"的取笑对象是波兰人,而在法国却是比利时人(Attardo 2002:187)。因此,在翻译的过程中,译者在目的语中要选择目的语文化中可以接受的人或群体。当然，如果不是攻击性的幽默，该参数可以空缺。那么，对象参数在译文中也是可选择的知识资源。

前文提到对象参数分为两个层次：第一层分为具体的对象和抽象的对象两大类。第二层次中具体的对象指特指的或泛指的人或物，抽象的对象指（意识形态中）抽象的事物，如观念、爱情等。在翻译过程中，尽量保留两个层次的对象参数。保留具体的对象参数相对容易，因为译文读者可以通过语言语境，如上下文等，推测出"笑柄"是什么；但是要保留抽象的对象参数就得根据情况而定，因为源语文化中的"笑柄"也许违背了译语文化的原则或者在译语文化中根本不存在。这些就需要译者去酌情考虑，做出正确的判断。前文中例（76）—（81）对象分别为具体的对象：许玉兰、马威、屋里的人、代表团团长、小穷奇、在泥路上摔跤的人。再如：

例（82）原文：中国是世界上最提倡科学的国家，没有旁的国度肯这样给科学家大官做。（钱钟书《围城》）

标注：H{SO< 正常的 vs. 非正常的（提倡科学 vs. 给科学家大官做）>SI< 语言语境 >TA< 抽象的对象（当时中国的制度）>LM< 否定 >NS< 陈述（反语）>LA< 妙语（没有旁的国度肯这样给科学家大官做）>}

译文：China is the greatest promoter of science of any country in the world; no other governmental body is so willing to offer high posts to scientists. (Kelly, J.& Mao, N. K. *Fortress Besieged*)

标注：H{SO<normal vs. abnormal (promoting science vs.offering high posts to scientists)>SI<linguistic context>TA<sth abstract (system at that time)>LM<negation>NS<comment (irony)>LA<punchline (no other governmental body is so willing to offer high posts to scientists)>}

本例的取笑对象为"抽象的对象（当时中国的制度）"，译语读者也能从译文的语言语境即上下文中感受到作者是在讥讽当时中国的制度。并不是所有的幽默都有取笑对象，因此，该参数是可选择的知识资源。

五、语境

语境来自幽默文本中所启动的脚本，包括参与者、活动等等（Attardo 1994：224）。幽默依赖于语境，不同的幽默对语境依赖的程度有所不同。有时在某种语言中存在的幽默语境并不一定存在于其他语言，或者在某一语言中不具攻击性的语境在其他语言中却被视为攻击性语境。那么，译者就要在遵循其他知识资源的基础上，对目的语语境进行创造或选择。假如源语的幽默语境在目的语文化中不存在，就要创造或选择出某一与源语语境接近的语境；假如源语语境在目的语中为攻击性语境，那么，就可以用目的语中的非攻击性幽默语境来替代源语语境（Attardo 2002：188）。

如何来选择和创造语境呢？从理论上讲，如果源语幽默依赖的是语言语境，那么，译者就得从语言本身的转换入手，尽量将源语语言的幽默信息传达至译文，来保持译文和原文在语言语境参数上的一致性。如果源语幽默依赖的是非语言语境，要保持译文和原文在语言语境参数上的一致性并非易事。在翻译的过程中，译者需要依靠自己本身的文化底蕴、百科知识等，在译语中选择、替代或者创造某一语境，使之符合或接近源语的语境。前文例（78）、例（79）原文的语境都是语言语境。当译文成功转换了表层参数，语境参数与原文完全一致。如果原文的语境包括了语言语境和非语言语境，译文的情况就复杂一些。当译文成功转换了表层参数，译文中的语境有两种情况：一是完全保留了原文的语言语境和非语言语境，如例（94）；二是语言语境得以保留，而非语言语境消失，如例（76）。再如：

> 例（83）原文：杜慎卿道："苇兄，小弟最厌的人，开口就是纱帽……"（吴敬梓《儒林外史》）
>
> 标注：H{SO< 真实的 vs. 非真实的（官员 vs. 纱帽）>SI< 非语言语境 >TA< 具体的对象（宗先生）>LM< 虚假类比 >NS< 对话（借代）>LA< 妙语（开口就是纱帽）>}
>
> 译文："Weixiao," said Du, "nobody irritates me more than these people who can talk about nothing except their official connections..." (Gladys,Yang & Yang Xianyi *The Scholars*)

标注：H{SO<na>SI<na>TA<sth concrete (Mr. Zong)>LM
<na>NS<dialogue (na)>LA<official connections>}

　　本例中原文幽默依赖的语境为非语言语境，用中国古代官员带的"纱帽"来借代官员，惟妙惟肖。这种非语言语境在英语文化中不存在。译者将"纱帽"意译为"official connections"，原文中"纱帽"折射出的滑稽可笑的意象完全消失。

　　　　例（84）原文：他最爱花草，每到夏季必以极低的价钱买几棵姥姥不疼、舅舅不爱的五色梅。（老舍《正红旗下》）

　　　　　　标注：H{SO<真实的 vs. 非真实的（低价的五色梅 vs. 姥姥不疼、舅舅不爱的五色梅）>SI<语言语境 & 非语言语境 >TA<具体的对象（五色梅）>LM<并置>NS<陈述（引用）>LA<妙语（本源概念：俚语"姥姥不疼、舅舅不爱"）>}

　　　　　　译文：He loved plants and flowers. Every summer, he would buy the rock bottom-priced verbena that even the old grannies and grandpas had no interest in. (Don J. Cohn *Beneath the Red Banner*)

　　　　　　标注：H{SO<actual vs. non-actual (the rock bottom-priced verbena vs.verbena that even the old grannies and grandpas had no interest in)>SI<linguistic context>TA<sth concrete (verbena)>LM<exaggeration>NS<statement(hyperbole)>LA<punchline (verbena that even the old grannies and grandpas had no interest in)>}

　　本例幽默依赖的语境为语言语境和非语言语境。语言语境为上下文，非语言语境来自俚语"姥姥不疼舅舅不爱"，彰显了一种调侃的愉悦气氛。俚语"姥姥不疼舅舅不爱"构成的非语言语境在英语文化中不存在，但是，译文将其意译为"that even the old grannies and grandpas had no interest in"完全保留了其内涵，译语读者也能通过语言语境获得其幽默所在。简言之，幽默依赖的语境在译文中是否保留，取决于表层参数转换的程度。

六、脚本对立

脚本对立是很抽象的知识资源。两个笑话在这个参数上如果不同的话，那么，它们将是完全不同的笑话。所以，在幽默文本的翻译过程中，尽量保持译文和原文脚本对立的一致。只有当原文的脚本对立在目的语中缺失，才能改变脚本对立。文化的差异或个体的差异也会影响脚本的理解和脚本在幽默中的应用。例如：如果人们对脚本"迪吉里杜管（澳洲土著人的乐器）"不了解，就没办法欣赏由它所构成的幽默。Attardo（2001：189）举了一个同传翻译的例子。一个译员无法翻译说话者说的一个双关语，有人建议译为：说到这里，演讲者希望你们大笑。译员讲了一个完全不同的笑话，这个笑话的脚本对立完全不同，取笑对象也不同。从幽默的言后行为（perlocutionary）即交际功能的观点来看，这个翻译是成功的，因为译者的笑话使听众大笑，这种效果正是演讲者的言辞所期盼的交际功能。但从语义的层面上讲，它不可能称为翻译，最多就是用一个笑话代替另一个笑话而已。

汉语言语幽默语段的脚本类型可以分为两大类：显性脚本和隐性脚本。显性脚本与语言参数关系密切，可以说，它就是语言表达形式的字面意义。有些两个对立的脚本都是显性脚本，因此，在翻译的过程中，尽量保留显性脚本就行了。而隐性脚本却需要读者通过了解背景知识，包括文化背景、语用信息等才能获得。如果有可能，在理解显性脚本的基础上，尽量将隐性脚本转为显性脚本，使幽默跃然纸上。前文的例（78）、例（82）和例（98）中对立的两个脚本都是显性脚本：人伸着脖子 vs. 鸭子伸着脖子、提倡科学 vs. 给科学家大官做、低价的五色梅 vs. 姥姥不疼、舅舅不爱的五色梅。译文成功保留了所有对立的显性脚本。而在例（77）、例（79）、例（80）、例（81）和例（83）中，对立的两个脚本包括了显性脚本和隐性脚本。"七手八脚""皱着天眉""恭行天搜""泥团子""纱帽"是显性脚本，"笨手笨脚""皱眉""恭行天罚""在泥路上摔跤的人""官员"是隐性脚本，只有通过理解显性脚本才能获得隐性脚本。显性脚本"七手八脚""泥团子""纱帽"在译文中没有体现，脚本对立就无法形成。而隐性脚本"皱眉""恭行天罚"虽然在译文中没有出现，但是这并不影响脚本对立的形成，这是因为译文保留了原文的显性脚本，通过理解显性脚本就能获得隐性脚本。

脚本对立分两个层面：第一层的分类依据 Raskin（1985）在言语幽默的语义脚本理论中给出的脚本对立的分类。它分成三大类：真实的与非真实的（不存在的）；正常的（事情期待的状态）与非正常的（事情不期待的状态）；可能的（合理的）与完全或部分不可能的（不太合理的）。第一层的分类较抽象，第二层为两个具体的对立关系的脚本。在翻译的过程中，尽量保留两个层面的脚本对立；如果不行，保留一个层面的脚本对立，特别是第一层的脚本对立。前文的例子中在真实方面对立的脚本有：例（78）中真实的脚本是"人伸着脖子"，非真实的脚本是"鸭子伸着脖子"；例（79）中真实的脚本是"皱眉"，非真实的脚本是"皱着天眉"；例（81）中真实的脚本是"在泥路上摔跤的人"，非真实的脚本是"泥团子"；例（83）中真实的脚本是"官员"，非真实的脚本是"纱帽"；例（84）中真实的脚本是"低价的五色梅"，非真实的脚本是"姥姥不疼、舅舅不爱的五色梅"。例（80）和例（82）中有两个在正常方面对立的脚本：例（80）中正常的脚本是"恭行天罚/看"，非正常的脚本是"恭行天搜/瞻仰"；例（82）中正常的脚本是"提倡科学"，非正常的脚本是"给科学家大官做"。再如：

> 例（85）原文：在家养病反把这病养家了，不肯离开她，所以她终年娇弱得很，愈使她的半老丈夫由怜而怕。（钱钟书《围城》）
>
> 标注：H{SO<合理的 vs. 不合理的（在家养病 vs. 把病养家）>LM<并置>SI<语言语境 & 非语言语境>TA<具体的对象（汪太太）>NS<陈述（倒序）>LA<妙语（反把这病养家了）>}
>
> 译文：She had begun by nursing her illness at home only to end up making a home for her illness. It would never leave her, and she remained quite weak and delicate all year round, which made her middle-aged husband go from pity to fear.
>
> 标注：H{SO<plausible vs. less plausible(nursing her illness at home vs. making a home for her illness)>LM<juxtaposition>SI<linguistic context& non-linguistic context>TA<sth concrete(Mrs. Wang)>NS<statement

(reversal)>LA<punchline(only to end up making a home for her illness)>}

本例有两个显性脚本，一个是"在家养病"，另一个是"把病养家"，它们在合理方面形成对立。合理的脚本是"在家养病"，不合理的脚本是"把病养家"。译文将两个显性脚本分别翻译成"nursing her illness at home"（在家养病）、"making a home for her illness"（把病养家），成功转换了原文的意象，保留了原文的参数。

例（86）原文：因为替她使劲，自己的汗越发川流不息。（老舍《离婚》）

标注：H{SO<真实的 vs. 非真实的（汗出得多 vs. 汗川流不息）>SI<语言语境 & 非语言语境 >TA<具体的对象（老李）>LM<夸大 >NS<陈述（夸张）>LA<妙语（本源概念：成语"川流不息"）>}

译文：He didn't say a word. He just perspired. (Lao She & Kuo Helena *The Quest for Love of Lao Lee*)

标注：H{SO<na>SI<na>TA<sth concrete (Lao Li)>LM<na>NS<statement(na)>LA<he just perspired>}

本例有两个脚本，一个是"汗出得多"，另一个是"汗川流不息"。原文的幽默来自汉语本源概念——成语"川流不息"，译文将其省去没译，因此，构成对立的两个脚本之一"汗川流不息"完全消失。其他参数也随之消失，原文的幽默信息没有转递至译文。

第三节　小结

言语幽默概论的延伸理论有两方面的核心内容：一是汉语言语幽默生成的表层和深层参数，包括表层的语言、叙述策略和逻辑机制以及深层的对象、语境和脚本对立参数；二是汉语言语幽默相似度测量系统。汉语言语幽默相似度测量系统由汉语言语幽默生成的理论参数按照表层和深层参数从低到高按层级排列构成，是分析原文幽默是否传递至译文的操作系统。在分析原文和译文时，除了采用汉语言语幽默相似度测量系统，还需要考虑汉语言语幽默解码的三条准则和汉语言语幽默编码的两条准则。汉语言语幽默解码的三条准则为真诚性准则、相似性准则、和谐性准则。汉语言语幽默编码的两条准则包括非真诚交际的四大准则和言语幽默翻译的语用等值准则。非真诚交际的四大准则为数量准则、质量准则、关联准则、方式准则。汉语言语幽默解码的三条准则和汉语言语幽默编码的两条准则将在 6.3 节结合实例进行详细的分析。总之，译文要成功传递原文幽默关键在于成功保留或转换原文的三个表层及三个深层参数，特别是深层的脚本对立和表层的修辞手段；无论采取什么翻译策略和翻译方法，译文要以实施与原文同样的言后行为达到语用等值为目标，要尽量保留深层和表层参数，特别是深层参数中的脚本对立，将原文的幽默淋漓尽致地展现给译语读者，使他们获得与源语读者同样的感受。

第四章　汉英言语幽默的
平行历时语料库

　　近年来，基于语料库的翻译研究引起了学界的广泛关注，成为翻译学研究中重要的范式之一。1990年，第一个历时语料库 AVIATOR 由伯明翰大学研制成功，语料为 1988 年以来《泰晤士报》的文本，文本按照时序不间断收集。随着人们对语言历史发展的兴趣重燃，以及计算机和信息技术在语言处理领域的广泛应用，可机读的便于检索和提取语言数据的历时语料库得到了飞速发展（黄万丽，秦洪武 2015：14）。历时语料可对各年代语言样本进行比较，发现语言运用的历时变化，为翻译研究、语言演化研究及翻译语言与目标语之间的互动提供数据支持（王克非，秦洪武 2012：822）。

　　本语料库为自制汉英言语幽默的平行历时语料库，库容已达 9000 万字/词（为方便统计，汉语以字为单位，英语以词为单位）。第一节简述言语幽默汉英平行历时语料库的设计，第二节阐述该语料库的创建过程，第三节陈述该语料库的检索系统的研发和应用。

第一节　语料库的设计

　　语料库的设计是指关于语料库的总体建设规划（胡开宝 2011：41），是决定今后语料库研究和应用的关键（王克非 2004：73），主要包含研制目的、规模性、历时性、代表性四个方面。

一、研制目的

　　语料库研制通常都是针对一定的研究目标（黄立波 2013：104）。本研究的目标是探讨汉语言语幽默特征及汉语言语幽默英译规律。本语料库为自制语料库，根据研究目标，可以提供汉语、英语、汉英对照等方面的自动检索。在对语料库中的语料进行检索的基础上，我们可以对语料进行定量及定性分析，论证汉语言语幽默生成的理论参数和汉语言语幽默英译标准（详见第五章和第六章）。

二、规模性

语料库涵盖语料库所收语料的形符总数、语料样本总数及每个样本的大小或形符总数。语料库规模在很大程度上影响语料库研究的合理性和可靠性（胡开宝 2011：43）。本语料库初期库容约为 9 万字 / 词，考虑到一部小说的字数少则几十万，多则上百万，依据同一个标准提出硬性要求显然不科学。同时考虑到翻译研究需要使用丰富的语料才能满足研究的需求，本研究采用将汉语言语幽默语段全部抽出，并与对应的英译本进行对比描写与分析的方式确定样本数量，如从《围城》中抽出了 751 个幽默语段，汉语为 26178 个形符，英语的形符数则达 38282 个，语料规模随着研究的深入和时代的发展不断扩容（李广伟，戈玲玲等 2016：61）。

三、历时性

历时语料库一般要有 100 年的时间跨度，也就是连续三代以上语言使用者（王克非，秦洪武 2012：826）。本研究以源语文本创作时代为变量进行语料收集，库中所收集的语料从吴承恩（约 1500—约 1582）的《西游记》（16 世纪中叶）、吴敬梓（1701—1754）的《儒林外史》（1749）到莫言（1955—）的《师傅越来越幽默》（2010），保证了足够的时间跨度，可以更好地揭示言语幽默及其翻译的历时变化（李广伟，戈玲玲等 2016：61）。

四、代表性

语料库应该具有代表性、平衡性，完整再现语料总体内部的差异性和不同时段间类比时所需的同质性，还要代表语料库中各时段包含的所有构成部分（秦洪武，王克非 2014：4）。语料主要选自中国具有较大影响的幽默小说及其英译本，并按作家出生年月为先后顺序建立子库，如果同一作家则按作品发表年份进行排列。汉语幽默小说语料的搜集在历时阶段划分上分为五个不同时期：五四以前、五四至 20 年代末、20 年代末至 40 年代初、40 年代初至建国、建国至今。在每个阶段，我们着重选取能够代表一个时代的幽默大师及其经典作品，或可以代表幽默文学不同时段的作家（李广伟，戈玲玲等 2016：61）。如中国古典名著之一《西游记》被称为中国古代第一部浪漫主义长篇神魔小说，小说中谐趣的语言时常令人捧腹大笑；吴敬梓的代表作《儒林外史》被誉为中国古代讽刺幽默文学的典范；鲁迅是现代讽刺幽默的开拓者，其作品无论是古代还是现代作家都难以企及；老舍被誉为 30 年代幽默艺术大师，其作品运用大量修辞手段来抒发情感，针砭时弊，妙趣横生的语言常常令人忍俊不禁（李广伟，戈玲玲等2016：61）；钱钟书是继鲁迅、老舍之后又一位杰出的幽默大师，其代表作《围城》风趣幽默无处不在，被视为幽默文学语言的模板（戈玲玲 2011：117）；赵树理是中国当代著名作家，"山药蛋派"的创始人，被誉为"当代语言艺术大师"之一，其小说的语言轻快明朗、诙谐质朴，是一种谐趣型幽默，蕴含着浓郁的地方色彩（蒋柿红，戈玲玲 2018：96）；文学大师杨绛早在 20 世纪三四十年代便以卓尔不凡的散文和力透纸背的喜剧蜚声文坛余华系黑色幽默的代表人物，其小说《许三观卖血记》被公认为黑色幽默作品中的佳作；诺贝尔文学奖获得者莫言也是善于调动多种修辞手段制造幽默，其语言幽默风趣、妙语连珠，堪称当代幽默语言大师（李广伟，戈玲玲等 2016：62）。

　　鉴于此，我们选取了以下作品及其英译本：吴承恩《西游记》、Yu, C. A. *The Journey to the West*、吴敬梓《儒林外史》、Gladys, Yang & Yang Xianyi *The Scholars*、鲁迅《阿 Q 正传》、Gladys, Yang & Yang Xianyi *The True Story of Ah Q*、鲁迅《故事新编》、Gladys, Yang & Yang Xianyi *Old Tales Retold*、老舍《二马》、Jimmerson, J. *Mr. Ma and Son*、老舍《正红旗下》、Don J. Cohn *Beneath the Red Banner*、老舍《离婚》、Lao She & Kuo Helena *The Quest for Love of Lao Lee*、老舍《猫城记》、Lyel, William A. *Cat Country*、钱钟书《围城》、Kelly, J.& Mao,N. K. *Fortress Besieged*、赵树理《李家庄的变迁》、Gladys,Yang *Changes in Li Village*、杨绛《干校六记》、Goldblatt, H. *Six Chapters from My Life "Downunder"*、余华《许三观卖血记》、Andrew, F, Jones. *Chronicle of a Blood Merchant*、莫言《师傅越来越幽默》、Goldblatt, H. *Shifu, You'll Do Anything for a Laugh*、莫言《四十一炮》、Goldblatt, H. *POW!*、阎连科《受活》、Carlos, R. *Lenin's Kisses* 等不同时期的中国文学的代表作及其英语译本，从而保证了语料库的代表性。

第二节　语料库的创建

本语料库的创建过程主要包括语料采集、语料的平行对齐和语料的标注加工三个方面。

一、语料采集

语料采集是指将书面语料输入电脑，并以电子文本形式存储，采集方法包含人工输入、扫描输入和现有电子文本的利用三种（胡开宝 2011：47）。本研究主要采用了扫描输入和现有电子文本的利用两种方法。对于书面文本我们主要采用扫描输入的方式，先将文本扫描成 PDF 格式，再将其转换成 WORD 格式，而对于从网上下载的文本则直接利用，为了保证得到合格的语料，我们首先利用"文本编辑器"对文本进行批量整理，对原始语料进行清洁，清除杂质，去除不必要的符号，包括多余的空格、空行、断行、人物图片等，并进行人工校对。然后按照作家/译者姓名分别存储，作为原始材料。最后利用中国科学院计算技术研究所自主研发的汉语词法分析软件 ICTCLAS 3.0 对汉语语料进行自动分词处理，并进行人工校对（李广伟，戈玲玲等 2016：62）。

二、语料的平行对齐

语料的平行对齐分为段落对齐和语句对齐（胡开宝 2011：44）。项目组通过编写计算机程序，利用 XML 自动完成对汉英文本的文本结构标注，实现两种文本在段落层级的自动对齐；基于关系数据理论，利用数据挖掘技术得到语句层级对齐关系的启发式信息，并以文本句为依据语料进行切分，得到语句层级对齐，并为语料的进一步加工做准备（李广伟，戈玲玲等 2016：62）。文本句是指以句号、分号、感叹号、省略号、问号为标示的书写文本中的句子，是具有较完整语义的表达单位，在对比原文和译文的过程中，文本句最为合适（戈玲玲 2014a：70）。

三、语料的标注加工

语料的标注大致分为篇头信息标注和篇体信息标注。

1）言语幽默语料库篇头信息标注

篇头信息标注说明语料库所收录文本的作者、译者、出版社及出版时间等方面的信息（胡开宝 2011：45）。鉴于语料库翻译研究主要以描述翻译现象为主，缺乏一定的解释力，文本外信息十分有限，篇头信息的标注可为描写研究的结果提供一个解释维度（黄立波 2014：105）。为了更好地描述和解释翻译现象，本研究为语料添加了丰富的篇头信息标注，主要包括语料的来源、作者、作品中英文名称、所采集作品的出版年代、作品类型、译者等，并使用 UTF-8 编码保存文本（李广伟，戈玲玲等 2016：62）。标注内容如表一所示：

表一　言语幽默汉英历时语料库篇头标注内容

标记内容	标记
篇头	<HEAD>…</HEAD>
出版社	<PUBLISHER>…</PUBLISHER>
出版年代	<PUB_DATE>…</PUB_DATE>
作者姓名	<AUTHOR>…</AUTHOR>
译者姓名	<TRANSLATOR>…</TRANSLATOR>
出生时间	<BIRTH_DATE>…</BIRTH_DATE>
作品名称	<CH_TITLE>…</CH_TITLE>
作品类型	<TYPE>…</TYPE>
译作名称	<EN_TITLE>…</EN_TITLE>
来源	<SOURCE>…</SOURCE>
字数	<SIZE>…</SIZE>

表一显示，在篇头信息标注方面，标记符号采用国际上通用的尖括号 <>，将标记内容置于尖括号内，其中起始标记为 <……>，结束标记为 </……>。标注内容主要涉及篇头、出版社、出版年代、作者姓名、译者姓名、出生时间、作品名称、作品类型、译作名称、来源、字数 11 个标注项目（李广伟，戈玲玲等 2016：62）。

2）言语幽默语料库篇体信息标注

篇体信息标注是指对语料的语言单位、语法和语义等方面的信息加以说明（胡开宝 2011：45），旨在对语料库中具体语料样本的属性或特征进行描述。为了满足幽默翻译研究的需要，本语料库采用了一些独具特色的标注方式，主要包括技术性标注、理论参数标注、本源概念和翻译策略标注四种标注方式。

技术性标注指为了语料库本身的技术性操作而进行的标注（戈玲玲 2014a：70）。标注参数采用相应英文单词的首字母缩略形式，具体如下：H（humourous 言语幽默文本句）、NH（not humourous 非言语幽默文本句）、TS（textual sentence 文本句）、NTS（non-textual sentence 非文本句）、VS（versus 对立）。理论参数标注以文本句的结构为基准，按照言语幽默概论的延伸理论中三个深层参数和三个表层参数进行标注，SO（Script Opposition 脚本对立）、SI（Situation 语境）、TA（Target 对象）、LM（Logical Mechanism 逻辑机制）、NS（Narrative Strategy 叙述策略）、LA（Language 语言）。"{}"指言语幽默文本句标注的起始和终结时，参数有哪些，"◇"指每个参数所包含的类型，"（）"指参数所包含的具体内容（戈玲玲 2014a：71）。比如，某一文本句符合言语幽默的六个参数，则标注为：H{SO<()>SI◇TA<()>LM◇NS<()>LA<()>}，该标注包含了四层标注符号，其中 H{} 为第一层标注符号，指言语幽默文本句包含了括号里的六个参数；H{SO SI TA LM NS LA} 为第二层标注符号，SO SI TA LM NS LA 指脚本对立、语境、对象、逻辑机制、叙述策略和语言，按照其对幽默文本生成能力的大小从高到低排列；H{SO◇SI◇TA◇LM◇NS◇LA◇} 为第三层标注符号，◇指这六个参数后面的括号里分别包含了该参数的类型，逻辑机制和对象是可以空缺的参数；{SO<()>SI◇TA<()>LM◇NS<()>LA<()>} 为第四层标注符号，（）指（）内包含了该言语幽默文本句的具体内容，如 SO<()> 两个脚本的具体对立关系、TA<()> 具体的笑柄，第四层根据具体情况可以空缺。本源概念标注中，本源概念被定义为某一语言社团所独有的社会与文化概念，分为存在过或存在中的实物和人类了解世上万物的认知方式两类。我们根据研究需要，将本源概念分为汉语的本源概念（Chinese alien source）和汉语之外的其他文化的本源概念（the third alien source）两类，分别加以标注，标注符号为 Cas 和 Tas。汉语的本源概念指汉语所特有的概念，包括成语、习语、俗语、歇后语等；汉语之外的其他文化的本源概念指包括西方文化在内的非汉语所特有的概念。翻译策略标注是指对幽默翻译常用策略进行标注，如直译（trans-coding）、换译（substitution）、省略（deletion）、意译（paraphrasing）。直译指只翻译本源概念的字面意义（又称直指），直译可以加注，也可以不加；意译指翻译本源概念的象征意义（又称转指）；换译指将中文典故换成英文典故；省译就是在译文中不出现（何元建 2010：212）。如果包含了两种翻译策略，就用"&"连接，也称为"合译"。合译是指两种或两种以上翻译策略的合用（戈玲玲 2011：118）。我们以上文提到的翻译策略的英语单词进行标注，所有标注均由团队成员人工标注完成，并进行相互检查，以确保标注的正确性（李广伟，戈玲玲等 2016：62-63）。

标注完成后，我们将标好的汉英文本对应存放，中英文同名，但以末尾处的 CHT 和 ETT 进行区分，CHT 代表汉语幽默文本，ETT 代表英译文本，并将标注文本存入数据库中，完成历时语料库的研制（李广伟，戈玲玲等 2016：63）。

第三节　语料库检索系统的研发与应用

在语料库基础上，我们采用计算机信息技术中的 XML 语言，实现计算机自动处理与人工校对相结合的快速语义标注。基于 JavaEE 规范和 mySQL 数据库，建立了一个基于 Web 的言语幽默汉英平行历时语料库检索系统。该平台采用排序索引机制，可以实现快速的数据检索，SQL 数据库技术则可以对语料数据的储存进行优化。整个平台通过建立专用网络服务器，在校园网络发布应用系统，利用在线热备和网络数据负载均衡技术应对大量用户并发访问需求，保障平台系统数据的安全性与服务质量（李广伟，戈玲玲等 2016：63）。

一、语料库检索系统的研发

研究人员输入网址 http://localhost8080/USC，即可进入系统登录界面如图一所示：

图一 言语幽默汉英平行历时语料库检索系统登录界面

如图一所示，在登录界面，设置了账号和密码，研究人员可以登录检索系统对语料进行检索、统计与分析。该检索系统包含首页、我的资料、用户管理、作家信息、汉英作品信息、录入语料、录入语料检索项目、录入语料检索明细、语料检索九个板块。如图二所示：

首页	当前位置→ 我的资料→ 修改密码
我的资料	
用户管理	
作家信息	新密码： _____ *
汉英作品信息	确认密码： _____ *
录入语料	
录入语料检索项目	保存 取消
录入语料检索明细	
语料检索	
全库检索	

图二 言语幽默汉英平行历时语料库检索系统界面

首页板块包括语料库简介和语料的详细说明与检索说明。我的资料板块，管理员可以对系统进行信息修改，修改使用人员的登录密码。在用户管理板块，研究人员设置使用人员权限，不但可以添加和删除使用人员，而且可以管理系统中的语料。在作家信息板块，点击链接便可获得语料库中作家的基本信息及作品的相关信息。在汉英作品信息板块，点击汉英作品信息链接，便可弹出语料库中相关作品及译作的相应信息（李广伟，戈玲玲等 2016：63）。在录入语料板块，研究人员可以将幽默文本、中文文本和英文文本分别导入系统，语料导入后，系统便可以按时间自动生成双语历时信息。在录入语料检索项目板块，可把语料库的篇体标注项目和代码一起录入。在录入语料检索明细板块，便可以对言语幽默概论的延伸理论中六个参数、本源概念及非言语幽默文本句进行中文检索、英文检索及中英对照检索，并可以对六个参数进行综合统计。在语料检索板块，研究人员既可以进行全库检索，也可以进行子库检索，子库间可通过点击自由跳转。检索范围均可以进行幽默语段检索、汉语文本检索、英语文本检索、汉英文本对照检索（李广伟，戈玲玲等 2016：63）。

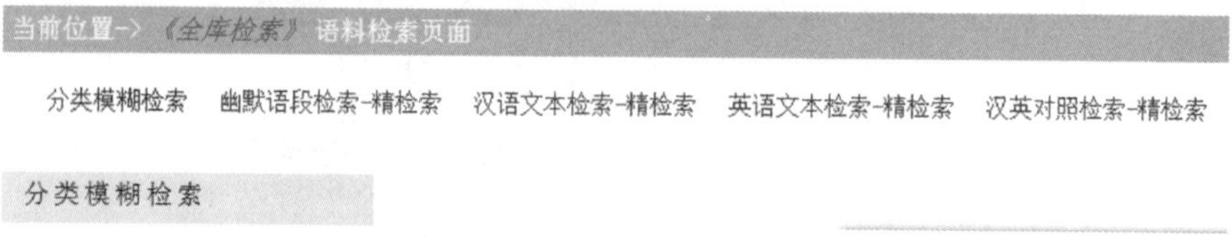

当前位置-> 《全库检索》语料检索页面

分类模糊检索　幽默语段检索-精检索　汉语文本检索-精检索　英语文本检索-精检索　汉英对照检索-精检索

分类模糊检索

图三　言语幽默汉英平行历时语料库检索系统全库检索界面

图三显示，在全库检索界面，研究人员既可以进行分类模糊检索也可以进行精确检索。如要检索幽默文本中一共包含多少汉语的本源概念，则在请选择检索类别中选中"幽默语段检索"选项，在请输入检索关键字栏中输入"cas"，检索系统就会自动检索，并自动计算百分比。检索结果见图四：

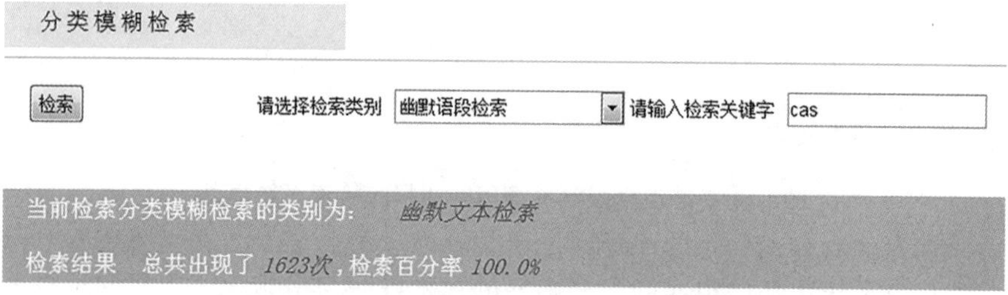

分类模糊检索

检索　　　请选择检索类别 幽默语段检索 ▼ 请输入检索关键字 cas

当前检索分类模糊检索的类别为：　*幽默文本检索*

检索结果　总共出现了 *1623 次*，检索百分率 *100.0%*

图四　言语幽默汉英平行历时语料库分类模糊检索界面

图四显示，"cas"的语料检索结果为 1623 次，也就是说在全库所有幽默语段中，汉语的本源概念一共有 1623 个。该结果有力地证明了本源概念对幽默的生成和理解起着至关重要的作用。

二、语料库检索系统的应用

汉英言语幽默平行历时语料库检索系统应用主要体现在以下几个方面：

（一）可以研究和统计语料库中的汉语语料，对汉语言语幽默生成的理论参数进行论证，考察汉语言语幽默生成的理论参数的科学性，系统地验证言语幽默概论及其延伸理论的可行性。通过对检索结果的分析，我们发现汉语言语幽默的表层参数具有"相似性之奇特统一""语言要素之巧妙转移"和"不和谐逻辑间之和谐"三大特征；深层参数具有"现实与经验、话语现实与语言经验、话语逻辑与正常逻辑的矛盾冲突"三大特征，通过"真实的与非真实的脚本对立""正常的与非正常的脚本对立""合理与不合理的脚本对立"得以呈现（详见第五章）。

（二）可以描写和分析原文中用汉语来表达的言语幽默语段以及与之相对应的英语译文的参数特征，对汉语言语幽默相似度测量系统进行实证研究。检索结果表明，译文要成功转换原文的幽默信息，保留原文中的表层参数和深层参数很重要，尤其是表层参数叙述策略中的修辞手段、语言参数妙语中的本源概念、深层参数中的脚本对立（详见第六章第三节）。

（三）可以用于研究言语幽默中修辞手段在译文中的转换模式。通过对检索结果进行分析，修辞手段有三种转换模式：同类转换模式、异类转换模式、零类转换模式。同类转换模式最多，多于异类转换和零类转换模式之和。零类转换模式最少（详见第六章第二节）。

（四）可以用于研究言语幽默中本源概念的翻译策略和翻译模式，使本源概念研究客观化、系统化，并可将研究结果用于翻译教学，指导翻译实践。本源概念是构成语言参数中妙语的重要成分，成功翻译本源概念对保留原文中的修辞手段和脚本对立至关重要。通过对检索结果进行分析，本源概念的翻译策略有直译、意译、换译、省译、合译，呈现直译＞意译＞换译＞省译＞合译的趋势（"＞"指"多于"）（详见第六章第一节）。

（五）可以用于研究汉语言语幽默及其英译的历时变化，包括汉语言语幽默的历时研究、同一作家作品及其翻译的历时研究、同一译者不同作家作品的翻译风格的历时研究、同一译者翻译同一作者作品的历时研究等，使语料的分析更具客观性和系统性。

第四节　小结

本章详细介绍了自制汉英言语幽默的平行历时语料库，简述了语料库的设计，包括研制目的、语料库的规模、语料选择的历时性和代表性，阐述了该语料库的创建过程，涉及语料采集、语料的平行对齐以及语料的标注和加工，最后陈述了该语料库检索系统的研发和应用，特别是从五个方面介绍了语料库的用途，为第五章和第六章的语料分析提供了检索系统支持。

第五章　汉语言语幽默生成的参数特征与英译

第三章介绍了言语幽默延伸理论的主要内容，阐述了汉语言语幽默生成的理论参数，分析了表层参数和深层参数的内涵。通过对自制汉英言语幽默的平行历时语料库中的语料进行检索和分析，我们发现汉语言语幽默生成呈现出三大表层参数特征和三大深层参数特征。表层参数具有"相似性之奇特统一""语言要素之巧妙转移"和"不和谐逻辑间之和谐"三大特征；深层参数具有"现实与经验、话语现实与语言经验、话语逻辑与正常逻辑的矛盾冲突"三大特征，通过"真实的与非真实的脚本对立""正常的与非正常的脚本对立""合理与不合理的脚本对立"得以呈现。下面第一节将解释汉语言语幽默生成的表层参数的特征与英译，第二节分析深层参数的特征与英译，第三节为本章小结。

第一节　表层参数的特征与英译

表层参数具有"相似性之奇特统一""语言要素之巧妙转移"和"不和谐逻辑间之和谐"三大特征。

一、特征一：相似性之奇特统一

"相似性之奇特统一"特征指，从两个不同事物中寻找一个或若干个共同点，巧妙地把他们组合在一起，这种组合超出了常规思维的轨道，使不可能变成了可能，目的在于制造幽默、强化幽默效果（戈玲玲 2014a：88）。主要表现为本体和喻体的奇特统一，"不同处愈多愈大，则相同处越有烘托"（钱钟书 1991：71），如明喻、隐喻、夸张、借代、引用、拟人、双关。表层参数特征一呈现出以下七种类型（→←指向该类型的核心，即修辞手段）：

请看以下例句（所有例句均来自自建语料库）：

类型一　LM 并置（夸大）→ NS 明喻（夸张）← LA 喻词＋妙语

明喻是比喻的一种，把事物比拟成和它有相似关系的另一个事物，常用如、像、似、好像、像……似的、如同、好比等喻词（戈玲玲 2014a：59）。与之相匹配的逻辑机制为并置，指两个脚本呈现在同一语境中（戈玲玲 2014a：61）。有时候明喻和夸张融用。夸张指用夸大的词语来形容事物，故意言过其实（戈玲玲 2014a：59）。逻辑机制为夸大，通过夸大其大小、特点，突出一个脚本中的某一个成分（戈玲玲 2014a：61）。

例（1）原文：我补了一条裤子，坐处像个布满经线纬线的地球仪，而且厚如龟壳。（杨绛《干校六记》）

标注：H{SO< 真实的 vs. 非真实的（厚厚的裤子坐处 vs. 地球仪、龟壳）>SI< 语言语境 >TA< 无 >LM< 并置 >NS< 评论（明喻）>LA< 喻词（像、如）＋妙语（布满经线纬线的地球仪、龟壳）>}

译文：I mended a pair of Mo-cun's trousers, but when I had finished, the seat looked like a globe, with its crisscrossing lines of latitude and longitude, and the whole area was as thick as a tortoise shell. (Goldblatt, H. *Six Chapters from My Life "Downunder"*)

标注：H{SO<actual vs. non-actual (the thick seat of a pair of mended trousers vs. a globe, a tortoise shell)> SI<linguistic context>TA<na>LM<juxtaposition>NS <comment (simile)>LA<figurative words (like, as...as...) + punchline (a globe with its crisscrossing lines of latitude and longitude, a tortoise shell)>}

杨绛在干校期间，一条裤子缝了又补，特别是裤子坐处补得密密麻麻、厚厚实实。作者把厚实的补丁比喻成"布满经线纬线的地球仪和沉重的龟壳"，本体"厚厚的裤子坐处"和喻体"地球仪、龟壳"构成了在真实方面对立的两个脚本。作者把两个完全不相干的事物，巧妙地联系在一起，烘托出他们的相似之处：精细和厚重，幽默油然而生。修辞手段为"明喻"，喻词"像、如"连接两个在真实方面对立的脚本。逻辑机制为"并置"，两个脚本同时出现在对缝补裤子的描述中。英译本中将本体"厚厚的裤子坐处"译为"the thick seat of a pair of mended trousers"，喻体"地球仪、龟壳"译为"a globe, a tortoise shell"，保留了原文中修辞手段所传达的意象，译文呈现了"相似性之奇特统一"的特征。再如：

> 例（2）原文：母亲走道儿好象小公鸡啄米粒儿似的，一逗一逗的好看。（老舍《二马》）
>
> 标注：H{SO<真实的 vs. 非真实的（温都太太走道 vs. 小公鸡啄米粒儿）>SI<语言语境>TA<具体的对象（温都太太）>LM<并置>NS<陈述（明喻）>LA<喻词（像）+妙语（小公鸡啄米粒儿似的）>}
>
> 译文：Her mother carried herself daintily, like a graceful chicken. (Jimmerson, J. *Mr. Ma and Son*)
>
> 标注：H{SO<actual vs. non-actual (her mother carried herself daintily vs. a chicken is graceful)>SI<linguistic context>TA<sth concrete (Mrs. Wendell)>LM<juxtaposition>NS<statement (simile)>LA<figurative words (like) + punchline (a graceful chicken)>}

例（2）描写温都太太走路的姿势，一逗一逗像鸡啄米，逼真有趣，令人发笑。"明喻"修辞手段连接两个在真实方面对立的脚本，一个是本体：温都太太走道，另一个是喻体：小公鸡啄米粒儿，突出本体和喻体在"一逗一逗"上的相似，两个脚本同时出现在对温都太太走路的陈述中。作者老舍先生具有丰富的阅历、敏锐的观察力和高超的语言能力，真不愧为幽默大师。译文保留了原文的"明喻"修辞手段，将"一逗一逗像鸡啄米"意译为"like a graceful chicken"，虽然译文没有原文的描述那么生动，但是，译文中"daintily"和"graceful"也有异曲同工之妙，译语读者读到此处也会忍俊不禁，开怀大笑。

> 例（3）原文：他说"very well"二字，声音活像小洋狗在咕噜——"vurry wul"。（钱钟书《围城》）
>
> 标注：H{SO<真实的 vs. 非真实的（张先生说"very well" vs. 小洋狗在咕噜"vurry wul"）>SI<语言语境>TA<具体的对象（张先生）>LM<并置>NS<评论（明喻）>LA<喻词（活像）+妙语（"vurry

wul"）>}

译文：The way he said "very well" sounded just like a dog growling "vurry wul". (Kelly, J. & Mao, N. K. *Fortress Besieged*)

标注：H{SO<actual vs. non-actual (the way he said "very well"vs.a dog growling"vurry wul")>SI<linguistic context>TA<sth concrete (Mr. Zhang)>LM<juxtaposition >NS<comment(simile)>LA<figurative words (like) + punchline ("vurry wul")>}

例（3）的幽默来自形象的比喻，张先生说"very well"被比喻成小洋狗在咕噜"vurry wul"，新颖奇特，出人意料，使读者忍俊不禁。本体是"张先生说 very well"，喻体是"小洋狗在咕噜 vurry wul"，突出发音的共同之处，构成了在真实方面对立的两个脚本，妙语"vurry wul"幽默风趣，体现了钱钟书先生超常的想象能力。译文保留了原文中的修辞手段和参数特征，成功地传递了原文的幽默。

例（4）原文：床边坐着一个人，伸着脖子好象个鸭子……（赵树理《李家庄的变迁》）

标注：H{SO< 真实的 vs. 非真实的（屋里的那个人 vs. 鸭子）>SI< 语言语境 >TA< 具体的对象（屋里的那个人）>LM< 并置 & 夸大 >NS< 评论（明喻 & 夸张）>LA< 喻词（好象）+ 妙语（鸭子）>}

译文：A third man was sitting by the bed, craning his neck like a duck... (Gladys,Yang *Changes in Li Village*)

标注：H{SO<actual vs. non-actual(the man in the room vs. duck)>SI<linguistic context>TA<sth concrete (the man in the room)>LM<juxtaposition & exaggeration>NS<comment(simile & hyperbole)> LA<figurative word(like)+ punchline(a duck)>}

赵树理先生被称为"当代幽默大师"之一，他的幽默来自生活，特别是对农村农民生活的真实写照，贴近生活，诙谐风趣。例（4）在对人物的描写中运用了"明喻"与"夸张"的修辞手段，凸显本体和喻体"长度"的相似点，构成了在真实方面对立的两个脚本，真实的脚本是"人的脖子",非真实的脚本是"鸭子的脖子"。逻辑机制为"并置"和"夸大",即两个脚本同时出现在对屋里那个人进行评论的语境中,但言过其实,与事实不符。妙语"伸着脖子好象个鸭子"为幽默的触发点。译文转换了原文的修辞手段,原文的参数及其特征在译文中没有缺失,也就是说,原文的幽默完整地传递至译文,译语读者也可以从形象的比喻中获得与源语读者同样的愉悦感。

例(5)原文:他像往常一样骑着那辆六十年代生产的大国防牌自行车去上班,……骑车的青年男女投过了好奇的目光后就远远地避开他,像……躲避一辆摇摇晃晃的老式坦克。(莫言《师傅越来越幽默》)

标注:H{SO<真实的 vs. 非真实的(六十年代大国防牌自行车 vs. 老式坦克)>SI<语言语境 & 非语言语境>TA<具体的对象(骑车人)>LM<并置 & 夸大>NS<陈述(明喻 & 夸张)>LA<喻词(像)+妙语(老式坦克)>}

译文:One morning, like all other workday mornings, he rode to the factory on his 1960s Grand Defensive bicycle...Young cyclists, male and female, first gave him curious stares, then steered clear of him, ...gets out of the way of a lumbering tank. (Goldblatt, H. *Shifu, You'll Do Anything for a Laugh*)

标注:H{SO<actual vs. non-actual (1960s Grand Defensive bicycle vs.a lumbering tank)>SI<linguistic context & non-linguistic context>TA<sth concrete (the cyclist)>LM<juxtaposition & exaggeration>NS<statement (metaphor & hyperbole)>LA<punchline (a lumbering tank)>}

莫言的作品有其独特的创作风格和极富想象力的语言表现手法。例(5)中作者把60年代生产的大国防牌自行车比喻成老式坦克,一方面突出那个年代生产的大国防牌自行车外形和老式坦克一样的笨拙和庞大,另一方面也折射出骑车人的狂妄和自大,因为那个年代拥有一辆自行车并非易事。本体和喻体相差甚远,合得更新颖、更有趣。原文将"明喻"和"夸张"的修辞手段相融合，凸显谐趣，而译文将"明喻"转换为"隐喻"，保留了"夸张"的修辞手段，其他的参数与原文参数保持一致，原文的表层参数特征在译文中得以呈现，译文读者能够领悟其幽默所在。

类型二 LM 并置 / 类比→ NS 隐喻← LA 系词 + 妙语

隐喻是比喻的一种，把事物比拟成和它有相似关系的另一事物，常用是、成、就是、成为、变为等词（戈玲玲 2014a：59）。相匹配的逻辑机制有并置和类比。类比指把两个具有相似点的不同事物进行比较，比较两个实体的主要特征（戈玲玲 2014a：61）。

例（6）原文："您说起耗子，我倒想起来了，"小胡道，"他们很可能挖了条地道跑了。"（莫言《师傅越来越幽默》）

标注：H{SO< 真实的 vs. 非真实的（屋子里的男人和女人跑走了 vs. 耗子挖了条地道跑了）>SI< 语言语境 & 非语言语境 >TA< 具体的对象（男人和女人）> LM< 类比 >NS< 对话（隐喻）>LA< 妙语（挖了条地道跑了）>}

译文："Rats, you say. How about this?" Little Hu said. "They tunneled their way out." (Goldblatt, H. *Shifu, You'll Do Anything for a Laugh*)

标注：H{SO<actual vs. non-actual(they ran away vs. they tunneled their way out)>SI<linguistic context & non-linguistic context>TA<sth concrete (the man and woman)>LM<analogy>NS<dialogue (metaphor)>LA<punchline(tunnel their way out)>}

本例中，作者使用了"隐喻"修辞手段来创造幽默。依据上下文，本体是"屋子里的男人和女人跑了"，喻体是"耗子挖了条地道跑了"，构成了在真实方面对立的两个脚本，真实的脚本是"屋子里的男人和女人跑了"，非真实的脚本是"耗子挖了条地道跑了"。逻辑机制为"类比"，即比较两个事物的主要特征：偷偷摸摸、速度之快。老丁师傅万分着急的心情与徒弟诙谐风趣的语气跃然纸上，滑稽可笑。译文既保留了原文的表层参数特征，又将原文的意象传递至译语读者，使其获得与源语读者同样的阅读感受。

例（7）原文：脚在前，仰卧前进，学那翻不过身的小硬盖虫。

（老舍《猫城记》）

标注：{SO< 真实的 vs. 非真实的（我 vs. 小硬盖虫）>SI
< 语言语境 & 非语言语境 >TA< 具体的对象（我）>
LM< 类比 >NS< 陈述（隐喻）>LA< 妙语（翻不过
身的小硬盖虫）>}

译文：... feet foremost, I advanced flat on my back, like a
beetle that has been turned upside down and can't right
itself. (Lyel, William A. *Cat Country*)

标注：H{SO<actual vs. non-actual(I vs. beetle)>SI<linguistic
context&non-linguistic context>TA<sth concrete
(I)>LM<juxtaposition>NS<statement (simile)>
LA<figurative word(like)+ punchline(a beetle that has
been turned upside down and can't right itself)>}

本例描写"我"被绳索五花大绑仰卧前行的状态。原文使用了"隐喻"
修辞手段，本体是"我"，喻体是"小硬盖虫"，构成了在真实方面对立
的两个脚本。逻辑机制为"类比"，即比较"我"和"小硬盖虫"两个脚
本的主要特征：无法翻身。语境为语言语境和非语言语境。语言语境中的
上下文告诉读者"我"被绳索五花大绑，脚在前，仰卧前进，想翻身毫无
办法。非语言语境中的常识让读者明白"小硬盖虫也是翻不过身的"。结
合语境，作者将"我"比喻为"小硬盖虫"目的在于凸显两者之间"无法
翻身"的相似性，妙语为"翻不过身的小硬盖虫"，形象逼真，幽默谐趣。
译文将原文的"隐喻"修辞手段转换为"明喻"，呈现了原文形象的比喻，
参数特征得以保留。

例（8）原文：接家眷，据他看，就是个人的展览会。（老舍
《离婚》）

标注：H{SO< 真实的 vs. 非真实的（接家眷 vs. 个人的展
览会）>SI< 语言语境 >TA< 具体的对象（小赵）>
LM< 并置 >NS< 评论（隐喻）>LA< 系词（是）+
妙语（个人的展览会）>}

译文：The prospect of Mrs. Lee's coming to Peiping was of
great interest to him... (Lao She & Kuo Helena *The
Quest for Love of Lao Lee*)

标注：H{SO<actual vs.non-actual (na)>SI<linguistic context>TA<sth concrete(Xiao Zhao)>LM<na>NS<comment(na)>LA<na>}

例（8）中采用了"隐喻"修辞手段，将"接家眷"比喻成"展览会"，形成了在真实方面对立的两个脚本，真实的脚本是"接家眷"，非真实的脚本是"展览会"，两个脚本同时出现在描写小赵接太太的语境中，通过系词"是"巧妙相连，突出两个脚本"炫耀"的相似点。妙语为"是个人的展览会"。隐喻没有转换至译文，喻体"展览会"所构成的非真实的脚本缺失，表层参数的特征也就随之消失。

类型三　LM夸大（并置/类比）→NS夸张（明喻/隐喻）←LA喻词＋妙语

夸张指用夸大的词语来形容事物，故意言过其实（戈玲玲2014a：59）。逻辑机制为夸大，通过夸大其大小、特点，突出一个脚本中的某一个成分（戈玲玲2014a：61）。"夸张"修辞手段经常和明喻、隐喻融合使用，如例（4）、例（5）。

例（9）原文：他就赶紧逃，连夜爬出城，逃回未庄来了。（鲁迅《阿Q正传》）

标注：H{SO<真实的 vs. 非真实的（逃出城 vs. 爬出城）>SI<语言语境＆非语言语境>TA<具体的对象（阿Q）>LM<夸大>NS<陈述（夸张）>LA<妙语（爬出城）>}

译文：He fled from the town that same night, back to Weichuang. (Gladys,Yang & Yang Xianyi *The True Story of Ah Q*)

标注：H{SO<na>SI<linguistic context>TA<sth concrete (Ah Q)>LM<na>NS<statement(na)>LA<na>}

本例描写阿Q听说要出事了仓促狂奔出城的状态。原文包含两个在真实方面对立的脚本。真实的脚本是"逃出城"，非真实的脚本是"爬出城"。修辞手段为"夸张"。逻辑机制为"夸大"，即言过其实。妙语"爬出城"惟妙惟肖，突出两个脚本"连滚带爬"的主要特征。译文省略了非真实脚本"爬出城"，导致了修辞手段、脚本对立、逻辑机制及妙语的缺失，参数的特征也完全消失。

例（10）原文：大家一听这句话，比响了一颗炸弹还惊人，忙问怎么一回事。（赵树理《李家庄的变迁》）

标注：H{SO<真实的 vs. 非真实的（令人意外的消息 vs. 比响了一颗炸弹还惊人）>SI<语言语境 >TA<具体的对象（铁锁等十多个人）>LM<夸大 >NS<评论（夸张）>LA<妙语（比响了一颗炸弹还惊人）>}

译文：The others were absolutely aghast, and immediately started asking questions. (Gladys, Yang *Changes in Li Village*)

标注：H{SO<na>SI<linguistic context>TA<sth concrete (the others)>LM<na>NS<comment(na)>LA<na>}

本例描写的是铁锁等 10 多个人听到小常被特务活埋的消息后非常惊讶的反应。作者采用了"夸张"修辞手段，将其夸大为"比响了一颗炸弹还惊人"；逻辑机制为"夸大"，即夸大其词；妙语为"比响了一颗炸弹还惊人"。表层参数凸显了"令人意外的消息"与"比响了一颗炸弹还惊人"之间"惊骇"的相似之处，语言直白幽默。译者把妙语"比响了一颗炸弹还惊人"意译为"aghast"，虽然传递了惊骇的语义，但是原文"夸大"的修辞手段和所表达的生动的意象完全消失，表层参数的特征也随之消失。真实的脚本"令人意外的消息"和非真实的脚本"比响了一颗炸弹还惊人"的对立也随着表层参数的缺失而无法形成，因此，我们可以推断出原文的幽默没有传递至译文。

例（11）原文：可那豆腐片黄黄爽爽就香了一个世界了。（阎连科《受活》）

标注：H{SO<真实的 vs. 非真实的（豆腐片很香 vs. 豆腐片香了一整个世界）>SI<语言语境 & 非语言语境 >TA<抽象的对象（豆腐片的香味）>LM<夸大 >NS<评论（夸张）>LA<妙语（香了一整个世界）>}

译文：Those tofu strips were so fragrant that they could be smelled from miles away. (Carlos, R. *Lenin's Kisses*)

标注：H{SO<actual vs. non-actual(tofu strips are fragrant

vs.tofu strips could be smelled from miles away)>SI <linguistic context & non-linguistic context>TA<sth abstract (the smell of tofu strips)>LM<exaggeration> NS<comment(hyperbole)>LA<punchline(smelled from miles away)>}

本例使用了"夸张"修辞手段，逻辑机制为"夸大"，很显然，豆腐片的香味不可能香了一整个世界，妙语"香了一整个世界"超出人们的意料，新奇有味，令人垂涎欲滴。"豆腐片香了一整个世界"为显性脚本，通过显性脚本读者可以很容易获得隐性脚本"豆腐片很香"，它们构成了在真实方面对立的两个脚本。真实的脚本是"豆腐片很香"，非真实的脚本是"豆腐片香了一整个世界"。译文将妙语"香了一整个世界"意译为 "smelled from miles away"，达到异曲同工的效果。原文的修辞手段和其他参数完全在译文中得以保留。

例（12）原文：有人一进去给尘土呛得连打了二十来个喷嚏。
（杨绛《干校六记》）

标注：H{SO< 真实的 vs. 非真实的（给尘土呛得打喷嚏 vs. 给尘土呛得连打了二十来个喷嚏）>SI< 语言语境 >TA< 具体的对象（进去的人）>LM< 夸大 >NS< 陈述（夸张）>LA< 妙语（呛得连打了二十来个喷嚏）>}

译文：As soon as we entered the room, one fellow began to sneeze from all the dust and didn't stop until he had sneezed twenty-odd times. (Goldblatt, H. *Six Chapters from My Life "Downunder"*)

标注：H{SO<actual vs. non-actual(sneeze from all the dust vs.sneeze twenty-odd times)>SI<linguistic context> TA<sth concrete (one fellow)>LM<exaggeration>NS <statement(hyperbole)>LA<punchline(sneeze twenty-odd times)>}

本例描写的是尘土之多使人喷嚏不止的场景。作者使用了"夸张"修辞手段，夸大其词，化虚为实，意象生动风趣。译文保留了原文的修辞手段，呈现了原文的参数特征，使译语读者也能感受到原语言的风趣所在。

下面是"夸张"修辞手段和"明喻"、"隐喻"融合使用的例子。

例（13）原文：圈儿外边围着三五成群的巡警，都是一般儿高，一样的大手大脚，好像伦敦的巡警都是一母所生的哥儿们。（老舍《二马》）

标注：H{SO<真实的 vs. 非真实的（长得一般高大的伦敦巡警 vs. 一母所生的哥儿们）>SI<语言语境>TA<具体的对象（伦敦巡警）>LM<夸大／并置>NS<评论（夸张／明喻）>LA<喻词（好像）＋妙语（一母所生的哥儿们）>}

译文：Policemen were grouped in three and fours around the crowds of people, all of them about the same height, with identically large hands and feet; it was almost as if London's bobbies were all born of the same mother. (Jimmerson, J. *Mr. Ma and Son*)

标注：H{SO<actual vs. non-actual(policemen had the same height with identically large hands and feet vs. London's bobbies were all born of the same mother)>SI<linguistic context>TA<sth concrete(London's bobbies)>LM<exaggeration/juxtaposition>NS<comment(hyperbole/simile)>LA<figurative words (as if) + punchline(all born of the same mother)>}

本例使用了"夸张"和"明喻"的修辞手段，把长得一般高、手脚一样大的伦敦巡警夸大为一母所生的哥儿们，本体与喻体巧妙融合，使三五成群的巡警形象栩栩如生，滑稽幽默。两个脚本"长得一般高大的伦敦巡警"与"一母所生的哥儿们"在真实方面形成对立，真实的脚本是"长得一般高大的伦敦巡警"，非真实的脚本是"一母所生的哥儿们"。只有当读者从两个脚本中体会到作者在夸大两者之间的相似程度，才能领悟到幽默所在。与"夸张"对应的逻辑机制为"夸大"，即言过其实。与"明喻"对应的逻辑机制为"并置"，即两个脚本同时出现在对"伦敦巡警"的描写中。妙语为"一母所生的哥儿们"。译文完全保留了原文的修辞手段，再现了原文的参数特征。

例（14）原文：天大地大，不如老兰的嘴巴大。（莫言《四十一炮》）

标注：H{SO<真实的 vs. 非真实的（天大地大 vs. 不如嘴巴大）>SI<语言语境 & 非语言语境>TA<具体的对象（老兰）>LM<夸大 / 并置>NS<评论（夸张 / 明喻）>LA<喻词（不如）+ 妙语（嘴巴大）>}

译文：The sky is high, the earth is vast, but neither is the equal of Lao Lan's mouth. (Goldblatt, H. *POW!*)

标注：H{SO<actual vs. non-actual (high sky and vast earth vs. neither is the equal of Lao Lan's mouth)>SI<linguistic context & non-linguistic context>TA<sth concrete(Lao Lan)>LM<exaggeration>NS<comment(hyperbole)>LA<but neither is the equal of Lao Lan's mouth>}

本例中"夸张"和"明喻"融合使用，用一个"大"巧妙地把两个相差甚远的事物联系起来，构成了两个重叠又对立的脚本，化实为虚，幽默油然而生，令人哑然失笑。逻辑机制为"夸大"。妙语为"嘴巴大"。译文保留了"夸张"的修辞手段，译语读者能够获得与源语读者同样的感受。

例（15）原文：财政所来了个未堂客，身子是方块，项上顶着个白球，像刚从石灰水里捞出来。（老舍《离婚》）

标注：H{SO<真实的 vs. 非真实的（未堂客身子胖，脸苍白 vs 未堂客身子是方块，项上顶着个白球）>SI<语言语境 & 非语言语境>TA<具体的对象（未堂客）>LM<夸大 / 并置>NS<陈述（夸张 / 隐喻 / 明喻）>LA<妙语（身子是方块，项上顶着个白球，像刚从石灰水里捞出来）>}

译文：The local Finance Bureau had a woman visitor: a thick, square, pale-faced woman. (Lao She & Kuo Helena *The Quest for Love of Lao Lee*)

标注：H{SO<na>SI<linguistic context>TA<sth concrete (a woman visitor)>LM<na>NS<statement(na)>LA<na>}

本例采用了"夸张"修辞手段，将其与"隐喻"和"明喻"融合使用，夸大其词，将吴太太胖胖的身材和苍白的脸刻画得惟妙惟肖，喻体超出了人们的意料，令人捧腹大笑。译文将妙语"身子是方块，项上顶着个白球，像刚从石灰水里捞出来"意译为"a thick, square, pale-faced woman"，失去了本体和喻体的巧妙关联，幽默也随之消失。

类型四　LM 虚假类比→NS 借代←LA 妙语

借代在日常用语中十分常见。因为两者有类似点或两者之间有不可分离的关系，所以这种修辞常常将一物替换成另一物。与之匹配的逻辑机制为虚假类比（false analogy）：a 和 b（可能是多种成分）在 x 方面相似，但是并不是在所有方面，或者 x 不存在，或者 x 只是 a 和 b 的边缘方面，也就是说不是比较两个实体的主要特征（戈玲玲 2014a：61）。

例（16）原文：随着笑声，一段彩虹光芒四射，向前移动。（老舍《正红旗下》）

标注：H{SO<真实的 vs. 非真实的（定大爷 vs. 彩虹）>SI<语言语境>TA<具体的对象（定大爷）>LM<虚假类比>NS<陈述（借代）>LA<妙语（一段彩虹光芒四射）>}

译文：Accompanying this laughter was a rainbow, gleaming brilliantly in every direction, which started moving towards us. (Don J. Cohn *Beneath the Red Banner*)

标注：H{SO<actual vs. non-actual (old Ding vs.rainbow)>SI<linguistic context>TA<sth concrete (Uncle Ding)>LM<false analogy>NS<statement (metonymy)>LA<punchline (a rainbow gleaming brilliantly in every direction)>}

定大爷是晚清的一位王爷，生活奢华，穿绫罗绸缎，全身珠光宝气。老舍运用"借代"修辞手段，来描述穿着五颜六色衣服的定大爷。本体是"穿着五颜六色衣服的定大爷"，借体是"光芒四射的彩虹"。"借代"修辞手段的使用旨在突出本体和借体在颜色上的相似。本体和借体构成了在真实方面对立的两个脚本，真实的脚本是"穿着五颜六色衣服的定大爷"，非真实的脚本是"光芒四射的彩虹"。逻辑机制为"虚假类比"，即比较两个事物的次要特征。妙语"一段彩虹光芒四射，向前移动"，令读者捧腹大笑。原文中"借代"修辞手段转换至译文，使原文的参数特征完全得以保留。再如：

例（17）原文：杜慎卿道："苇兄，小弟最厌的人，开口就是纱帽……"（吴敬梓《儒林外史》）

标注：H{SO< 真实的 vs. 非真实的（官员 vs. 纱帽）>SI< 非语言语境 >TA< 具体的对象（宗先生）>LM< 虚假类比 >NS< 对话（借代）>LA< 妙语（开口就是纱帽）>}

译文："Weixiao," said Du, "nobody irritates me more than these people who can talk about nothing except their official connections..." (Gladys,Yang & Yang Xianyi *The Scholars*)

标注：H{SO<na>SI<na>TA<sth concrete (Mr. Zong)>LM<na>NS<dialogue (na)>LA<official connections>}

本例使用了"借代"修辞手段，用官员戴的纱帽来借代官员，本体"官员"和借体"纱帽"构成了在真实方面对立的两个脚本，真实的脚本是"官员"，非真实的脚本是"纱帽"，"官员"是隐性脚本，要通过非语言语境获得。在中国古代，纱帽是君主、贵族和官员所戴的一种帽子。如果读者不熟知中国文化，也就无从领略幽默所在。原文中借体"纱帽"被意译成"official connections"，原文中"借代"的修辞手段在译文中没有转换，表层参数的特征也就随之消失。

例（18）原文：据探头探脑的调查来的结果，知道那竟是举人老爷的船！（鲁迅《阿 Q 正传》）

标注：H{SO< 真实的 vs. 非真实的（调查人员进行调查 vs. 探头探脑的进行调查）>SI< 语言语境 >TA< 无 >LM< 虚假类比 >NS< 陈述（借代）>LA< 妙语（探头探脑的）>}

译文：Investigation revealed that this boat actually belonged to the successful provincial candidate! (Gladys,Yang & Yang Xianyi *The True Story of Ah Q*)

标注：H{SO<na>SI<linguistic context>TA<na>LM<na>NS<statement(na)>LA<na>}

本例中用调查人员的行为"探头探脑的"借代调查人员，惟妙惟肖，诙谐风趣。真实的脚本是"调查人员进行调查"，非真实的脚本是"探头探脑的进行调查"。修辞手段为"借代"，逻辑机制为"虚假类比"，妙语为"探头探脑的"。译文没有转换原文中的借代修辞手段，导致原文的幽默信息在译文中完全消失。"借代"修辞手段不但可以突出两者之间的类似点，而且还可以突出两者之间不可分离的关系。例如：

例（19）原文：在讲狗史的时候，温都太太用"眉毛"看了看他们父子。（老舍《二马》）

标注：H{SO<真实的 vs.非真实的（眼睛看 vs.眉毛看）>SI<语言语境 >TA<具体对象（温都太太）>LM<虚假类比 >NS<陈述（借代）>LA<妙语（用"眉毛"看了看）>}

译文：As they chattered about Napoleon, Mrs. Wendell eyed Ma and his son through her lashes. (Jimmerson, J. *Mr. Ma and Son*)

标注：H{SO<actual vs. non-actual (eyes vs.lashes)>SI<linguistic context>TA<sth concrete (Mrs. Wendell)>LM<false analogy>NS<statement (metonymy)>LA<punchline (eye...through her lashes)>}

本例采用了"借代"修辞手段，风趣地描写了温都太太生动的表情。本体"眼睛"和借体"眉毛"，有着不可分离的关系。译文中"eyed Ma and his son through her lashes"将本体和借体融为一体，不但保留了原文修辞手段，而且还保留了原文所有的参数，形象地再现了原文的意象，充满了谐趣。

例（20）原文：行者道："老孙只管师傅好歹，你与沙僧，专管行李、马匹。但若怠慢了些儿，孤拐上先是一顿粗棍！"（吴承恩《西游记》）

标注：H{SO<真实的 vs.非真实的（挨打 vs.一顿粗棍）>SI<语言语境 & 非语言语境 >TA<具体对象（猪八戒）>LM<虚假类比 >NS<对话（借代）>LA<妙语（孤拐上先是一顿粗棍）>}

译文："Old Monkey is solely concerned with Master's safety, whereas you and Sha Monk have the special responsibility of looking after the luggage and the horse. If you ever slack off, you'll get a good whipping in the shanks from this huge rod!" responded Pilgrim. (Yu, C. A. *The Journey to the West*)

标注：H{SO<actual vs. non-actual (suffering beating vs.good whipping in the shanks from this huge rod)> SI<linguistic context & non-linguistic context>TA <sth concrete(Eight Rules)>LM<false analogy>NS <dialogue(metonymy)>LA<punchline(get a good whipping in the shanks from this huge rod)>}

本例使用了"借代"修辞手段，本体为"挨打"，借体为"一顿粗棍"，构成了在真实方面对立的两个脚本。借体"一顿粗棍"为显性脚本，只有当读者理解其隐含意义才能解读出隐性脚本"挨打"。译文采取合译的策略（直译加意译）将妙语"孤拐上先是一顿粗棍"翻译成"get a good whipping in the shanks from this huge rod"，既保留了原文的意象，也传递了原文的语义。孙悟空滑稽可爱的对话情景活灵活现地展现在译文中。

类型五 LM 并置 / 无 → NS 引用 ← LA 妙语（本源概念）

文中夹插先前的成语或故事的部分，称为引用。它分两类：一种是明引，即说出它是何处的成语故事；另一种是暗引，即不明说，单将成语故事编入自己文中的。暗引有时候与隐喻、夸张融用。在本语料库中，将成语直接编入文中的暗引被归类为"隐喻"或"夸张"之列；明引归类为"引用"（戈玲玲 2014a：59）。相匹配的逻辑机制为并置或者没有逻辑机制。

例（21）原文："我们没理由，今日为他得罪严老大，'老虎头上扑苍蝇'怎的？"（吴敬梓《儒林外史》）

标注：H{SO< 真实的 vs. 非真实的（得罪严老大 vs. 老虎头上扑苍蝇）>SI< 语言语境 & 非语言语境 >TA < 无 >LM< 并置 >NS< 对话（引用）>LA< 单引号 + 妙语（本源概念：歇后语"老虎头上扑苍蝇"）>}

译文："Why should we offend Senior Licentiate Yan for her sake? Only fools catch flies on a tiger's head."

（Gladys,Yang & Yang Xianyi *The Scholars*）

标注：H{SO<actual vs. non-actual (offend Senior Licentiate Yan vs. catch flies on a tiger's head)>SI<linguistic context & non-linguistic context>TA<na>LM<juxt aposition>NS<dialogue(metaphor)>LA<punchline (only fools catch flies on a tiger's head)>}

本例的修辞手段为"引用"，引用了歇后语"老虎头上扑苍蝇（拍不得）"来形容严老大得罪不起。引用恰到好处，贴切生动，充满谐趣。两个脚本"得罪严老大"与"老虎头上扑苍蝇"在真实方面形成对立，真实的是"得罪严老大"，非真实的是"老虎头上扑苍蝇"。两个脚本同时出现在对话中。妙语为汉语本源概念：歇后语"老虎头上扑苍蝇（拍不得）"。虽然英语文化中没有相对应的歇后语，译者采取合译（直译＋意译）的策略，将歇后语的两个部分"老虎头上扑苍蝇（拍不得）"翻译为"only fools catch flies on a tiger's head"，"引用"修辞手段转换为"隐喻"，保留了原文的意象。译语读者通过语言语境就能理解隐喻的言外之意，感受到汉语言语幽默的魅力所在。

例（22）原文：他最爱花草，每到夏季必以极低的价钱买几棵姥姥不疼、舅舅不爱的五色梅。（老舍《正红旗下》）

标注：H{SO<真实的 vs. 非真实的（低价的五色梅 vs. 姥姥不疼、舅舅不爱的五色梅）>SI<语言语境 & 非语言语境>TA<具体的对象（五色梅）>LM<并置>NS<陈述（引用）>LA<妙语（本源概念：俚语"姥姥不疼、舅舅不爱"）>}

译文：He loved plants and flowers. Every summer, he would buy the rock bottom-priced verbena that even the old grannies and grandpas had no interest in. (Don J. Cohn *Beneath the Red Banner*)

标注：H{SO<actual vs. non-actual (the rock bottom-priced verbena vs.verbena that even the old grannies and grandpas. had no interest in)>SI<linguistic context>TA<sth concrete (verbena)>LM<exaggeration>

NS<statement(hyperbole)>LA<punchline (verbena that even the old grannies and grandpas had no interest in)>}

　　此例引用了俚语"姥姥不疼舅舅不爱",凸显五色梅不受人喜爱,营造一种调侃的愉悦气氛。俚语"姥姥不疼舅舅不爱"指无人关注、无人喜爱。逻辑机制为"并置",两个在真实方面对立的脚本同时出现在陈述中,真实的脚本是"低价的五角梅",非真实的脚本是"姥姥不疼、舅舅不爱的五色梅"。妙语为汉语本源概念:俚语"姥姥不疼、舅舅不爱",幽默风趣。英译本中俚语被意译为"that even the old grannies and grandpas had no interest in",该译文虽然没有将原文的意象呈现出来,但由俚语构成的脚本对立依然存在,原文的参数及特征没有消失,译语读者也能体会其幽默的语义。

　　　　例（23）原文：四周都是狗泪的咸苦味,茅枝婆只道是那"一片伤心画不成"。(阎连科《受活》)

　　　　　　标注：H{SO<真实的 vs. 非真实的（狗流眼泪枝婆伤心 vs. 一片伤心画不成）>SI<语言语境 & 非语言语境 >TA< 无 >LM< 无 >NS< 陈述（引用）>LA<引号＋妙语（诗句：一片伤心画不成）>}

　　　　　　译文：The entire world was filled with the bitter smell of the dogs' tears and she felt endless sad. (Carlos, R. *Lenin's Kisses*)

　　　　　　标注：H{SO<actual VS. non-actual (she felt endless sad vs.the entire world was filled with the bitter smell of the dogs'tears)>SI<linguistic context>TA<na>LM<exaggeration>NS<statement (hyperbole)>LA<punchline (the entire world was filled with the bitter smell of the dogs'tears)>}

　　"一片伤心画不成"出自唐代诗人高蟾的诗《金陵晚望》,这首诗表达了诗人当时登上金陵城头远望的伤心之情。本例讲述枝婆在街上遇到一条流浪狗,想照顾它却无能为力。作者采取"引用"修辞手段,引用该首诗的最后一句"一片伤心画不成",来描写枝婆面对狗泪伤心之深的情景。真实的脚本是"狗流眼泪枝婆伤心",非真实的脚本是"一片伤心画不成"。

作者引用诗句"一片伤心画不成"旨在凸显两个脚本之间"非常伤心"的特征，彰显了幽默话语的情趣。译文将原文"引用"修辞手段转换成"夸张"，将"四周都是狗泪的咸苦味"意译为"the entire world was filled with the bitter smell of the dogs'tears"，保留了原文的谐趣。虽然妙语"一片伤心画不成"被意译为"she felt endless sad"，失去了原文的意象，但是结合上下文，译语读者也能感受"夸张"修辞手段所带来的幽默所在。

例（24）原文：真是近朱者赤，近墨者黑；真是跟着啥人学啥人，跟着巫婆学跳神啊。（莫言《四十一炮》）

标注：H{SO< 真实的 vs. 非真实的（老兰对妈妈的影响 vs. 近朱者赤，近墨者黑；真是跟着啥人学啥人，跟着巫婆学跳神）>SI< 语言语境 & 非语言语境 >TA< 具体对象（妈妈）>LM< 无 >NS< 对话（引用）>LA< 妙语（本源概念：近朱者赤，近墨者黑；真是跟着啥人学啥人，跟着巫婆学跳神俗语）>}

译文：Honestly, a person takes on the colour of his surroundings. You learn from those nearest you. If it's a witch you follow, then you learn the dance of a sorceress. (Goldblatt, H. *POW!*)

标注：H{SO<actual VS. non-actual (learn from those nearest you vs.take on the colour of his surroundings)>SI<linguistic context>TA<sth concrete (mother)>LM<juxtaposition>NS<dialogue (quotation)>LA<punchline(a person takes on the colour of his surroundings. You learn from those nearest you. If it's a witch you follow, then you learn the dance of a sorceress.)>}

本例描写母亲与老兰结交而变得唯利是图。作者运用了"引用"修辞手段，"近朱者赤，近墨者黑；跟着啥人学啥人，跟着巫婆学跳神"使人物描写更加形象生动。译文采取换译策略，用"a person takes on the colour of his surroundings"替换了"近朱者赤，近墨者黑"；将"跟着啥人学啥人"意译为"You learn from those nearest you."，"跟着巫婆学跳神"直译为"If it's a witch you follow, then you learn the dance of a sorceress."。译文采取的不同翻译策略，不但保留了原文的修辞手段，而且将原文的幽默信息成功传递至译语读者，使译语读者能够获得与源语读者同样的阅读感受。

类型六　LM 能力筹划→NS 拟人←LA 妙语

将物拟作人（就是以人比物），称为拟人（戈玲玲 2014a：59）。相匹配的逻辑机制为能力筹划（potency mapping），指将一个脚本的成分筹划到另一个脚本的成分上，一个成分替代另一成分，最突出的是将人拟动物，或反之（戈玲玲 2014a：61）。

例（25）原文：紫藤从伊的手里落了下来，也困顿不堪似的懒洋洋的躺在地面上。（鲁迅《故事新编》）

标注：H{SO< 真实的 vs. 非真实的（紫藤落在地面的状态 vs. 像人一样困顿不堪懒洋洋的状态）>SI< 语言语境 >TA< 无 >LM< 能力筹划 >NS< 陈述（拟人）>LA< 妙语（本源概念"困顿不堪、懒洋洋"）>}

译文：The wistaria fell from her fingers to lie limp and exhausted on the ground. (Gladys, Yang & Yang Xianyi *Old Tales Retold*)

标注：H{SO<actual vs. non-actual (the wistaria cannot be limp and exhausted vs. the wistaria was limp and exhausted)>SI<linguistic context>TA<na>LM<potency mapping>NS<statement (personification)>LA <punchline (limp and exhausted)>}

本例使用了"拟人"修辞手段，将物比作人，突出两者之间的相似之处。真实的脚本是"紫藤落在地面上的状态"，非真实的脚本是"像人一样困顿不堪懒洋洋的状态"，构成了在真实方面对立的两个脚本。逻辑机制为"能力筹划"，将一个脚本（人）的特征放至另一个脚本（紫藤）。妙语"本源概念：困顿不堪、懒洋洋"使紫藤的形象栩栩如生，引人发笑。译文成功保留了拟人的修辞手段，突出了"相似性之奇特统一"的特征。

例（26）原文：许三观说到，"我现在身体好着呢，力气都使不完，全身都是肌肉，一走路，身上的肌肉就蹦蹦跳跳的……"（余华《许三观卖血记》）

标注：H{SO< 真实的 vs. 非真实的（肌肉多 vs. 肌肉蹦蹦跳跳）>SI< 语言语境 >TA< 具体的对象（许三观）>LM< 能力筹划 >NS< 对话（拟人）>LA< 妙语（本源概念：成语"蹦蹦跳跳"）>}

译文：Xu Sanguan said, "I'm as healthy as they come. I've got more energy than I know what to do with. Look at these muscles.When I walk down the street, my muscles practically caper under my shirt." (Andrew, F, Jones. *Chronicle of a Blood Merchant*)

标注：H{SO<(actual vs. non-actual(too many muscles vs. muscles can caper)>SI<linguistic context>TA<sth concrete (Xu Sanguan)>LM<potency mapping>NS<dialogue (personification)>LA<punchline(my muscles practically caper)>}

在本例中，作者余华使用了"拟人"修辞手段，将许三观着急卖血的心理状态描绘得活灵活现。两个脚本在真实方面对立，真实的脚本是"许三观身上肌肉多"，非真实的脚本是"肌肉蹦蹦跳跳"。逻辑机制为"能力筹划"，将描述人的动作词汇"蹦蹦跳跳"移植到物上。妙语为本源概念"成语：蹦蹦跳跳"。描述惟妙惟肖，令读者捧腹大笑。译文保留了"拟人"修辞手段，"my muscles practically caper"形象地传递了原文的意象，幽默跃然纸上。

例（27）原文：说为了她专门去看受活出演的人越来越多了，门票也跟着越来越贵了，县里财政上的钱把银行的肚子都胀鼓得凸凸大大了。(阎连科《受活》)

标注：H{SO< 真实的 vs. 非真实的（银行的财政收入多 vs. 银行的肚子胀鼓得凸凸大大）>SI< 语言语境 >TA< 无 >LM< 能力筹划 >NS< 陈述（拟人）>LA< 妙语（叠词：凸凸大大）>}

译文：Many people went to the troupe's performances simply to see her, and as a result ticket prices kept rising and the county's coffers became increasingly swollen with bills. (Carlos, R. *Lenin's Kisses*)

标注：H｛SO<actual vs. non-actual (too much revenues from the bank vs. the county's coffers became increasingly swollen with bills)>SI<linguistic context>TA<na>LM<potency mapping>NS<statement (personification)>LA<punchline(swollen with bills)>｝

本例采用了"拟人"修辞手段，将"银行"比作"人"，"银行的财政收入多"比拟为"银行的肚子胀鼓得凸凸大大"，形象逼真，幽默风趣。真实的脚本是"银行的财政收入多"，非真实的脚本是"银行的肚子胀鼓得凸凸大大"。相差甚远的两个脚本放在同一语境中旨在突出两者之间"多"的相似性。逻辑机制为"能力筹划"，将一个脚本（人）的特征放至另一个脚本（银行）。妙语为"叠词：凸凸大大"，栩栩如生。译文保留了原文"拟人"修辞手段，将"银行的肚子胀鼓得凸凸大大"意译为"the county's coffers became increasingly swollen with bills"。虽然"swollen with"没有完全保留原文的意象"肚子胀鼓得凸凸大大"，比原文所表达的幽默略有逊色，但是，这并没有影响译文参数及其特征的缺失，也可以说，译文将原文的幽默信息传递至译文读者，译文实现了言后行为的语用等值。

例（28）原文：表弟大幅度地扭动着车把，也难以免除摩托的颠簸，有一次差一丁点就要翻个三轮朝天，把发动机都憋死了。（莫言《师傅越来越幽默》）

标注：H｛SO< 真实的 vs. 非真实的（发动机停止运行 vs. 发动机憋死了）>SI< 语言语境 >TA< 具体的对象（摩托车发动机）>LM< 能力筹划 >NS< 陈述（拟人）>LA< 妙语（憋死）>｝

译文：He skillfully negotiated the course, but couldn't avoid all the hazards. Once, the three-wheeler stalled as they came perilously close to flipping over.（Goldblatt, H. *Shifu, You'll Do Anything for a Laugh*）

标注：H｛SO<na>LM<na>SI<context>TA<sth concrete (three-wheeler)>NS<statement(na)>LA<na>｝

原文将描写人的词语"憋死"来形容"发动机停止运行"的状态，"拟人"修辞手段的运用，触发了幽默的形成。妙语"憋死"形象生动，诙谐有趣。真实的脚本是"发动机停止运行"，非真实的脚本是"发动机憋死了"，逻辑机制为"能力筹划"，将一个脚本（人）的特征放至另一个脚本（发动机）。译文将妙语"憋死"意译为"stalled"，原文的修辞手段不复存在，脚本对立无法构成，译文失去了原文的参数特征，幽默信息没有保留。

类型七　LM 虚假类比/无→ NS 双关← LA 妙语

双关指在言语活动中，利用语音或语义的条件，构成互不相同的两层意义，就表达内容而言，其字面意义与另外的意义有轻重之分，然而，就形式而言，"双"方的意义都必须"关"顾到（胡范铸 1991：195-196）。与之匹配的逻辑机制为虚假类比。

例（29）原文：好在菜园以外的人，并不知道"小趋"原是"小区"。（杨绛《干校六记》）

标注：H{SO< 真实的 vs. 非真实的（小区 vs. 小趋）>SI< 语言语境 >TA< 具体的对象（阿香 & 诗人）>LM< 虚假类比 >NS< 陈述（双关）>LA< 妙语（同音字：趋/区）>}

译文：Fortunately, no one outside our vegetable plot detail knew the significance of the name and its relationship to the poet. (Goldblatt, H. *Six Chapters from My Life "Downunder"*)

标注：H{SO<na>SI<linguistic context>TA<na>LM<na>NS<statement(na)>LA<na>}

本例中，作者使用了"双关"修辞手段。小区与小趋同音，在真实方面形成对立，真实的脚本是"小区"，非真实的脚本是"小趋"。妙语为"同音字：趋/区"。原文的双关没有转换至译文，原文的参数及其特征在译文中完全消失。

例（30）原文：告状人叫做胡赖，告的是医生陈安。（吴敬梓《儒林外史》）

标注：H{SO< 真实的 vs. 非真实的（人名胡赖 vs. 胡赖性格）>SI< 语言语境 & 非语言语境 >TA< 具体的对象（胡赖）>LM< 虚假类比 >NS< 陈述（双关）>LA< 妙语（同音同形词：胡赖）>}

译文：The plaintiff, Hu Lai, was the dead man's elder brother, and the defendant a Dr. Chan An. (Gladys, Yang & Yang Xianyi *The Scholars*)

标注：H{SO<na>SI<linguistic context>TA<na>LM<na>NS <statement(na)>LA<na>}

　　本例使用了"双关"修辞手段。"胡赖"一语双关，一是指"告状人名叫胡赖"，另一个指"告状人是个胡赖之人"，即不讲道理之人，构成在真实方面对立的两个脚本。逻辑机制为"虚假类比"，比较两个脚本的音和形。妙语为"同音同形词：胡赖"。译文采取音译的策略，将"胡赖"翻译成"Hu Lai"，"双关"的修辞手段没有转换，原文中"胡赖"一语双关所构成的脚本对立在译文中不成立，原文的参数特征缺失，译文毫无幽默可言。

例（31）原文：裤裆那个地方敞开着，上面的纽扣都掉光了，里面的内裤看上去花花绿绿的。（余华《许三观卖血记》）

标注：H{SO< 真实的 vs. 非真实的（内裤花花绿绿 vs. 生活花花绿绿）>SI< 语言语境 & 非语言语境 >TA < 具体的对象（李血头）>LM< 虚假类比 >NS < 陈述（双关）>LA< 妙语（叠词：花花绿绿）>}

译文：All the buttons on his fly had fallen off, and a pair of flower-print underwear peeked through the gap between. (Andrew, F, Jones. *Chronicle of a Blood Merchant*)

标注：H{SO<na>SI<linguistic context>TA<Blood Chief Li> LM<na>NS<statement(na)>LA<na>}

　　本例使用了"双关"修辞手段，叠词"花花绿绿"既指李血头内裤的颜色，也暗指他过着灯红酒绿的生活。"内裤花花绿绿"和"生活花花绿绿"构成了在真实方面对立的两个脚本。逻辑机制为"虚假类比"，即比较两个脚本在颜色方面的相似。译文将"花花绿绿"意译为"flower-print"，虽然传达了原文的意义，但是隐含的"一语双关"却没有体现出来，由此构成的"双关"修辞手段消失，脚本对立也无法形成，其他参数也有所变化。

以上表层参数的七种类型充分地论证了"相似性之奇特统一"的汉语言语幽默的特征，也可以说，这一特征触发了幽默的生成，是幽默触发机制之一，它是通过修辞手段（明喻、隐喻、夸张、借代、引用、拟人、双关等）和与这些修辞手段相匹配的逻辑机制（并置、类比、虚假类比、能力筹划等）以及语言参数中的妙语（如本源概念中的成语、歇后语、俚语、俗语等）得以实现的。

二、特征二：语言要素之巧妙转移

"语言要素之巧妙转移"的特征指，语义、结构等语言要素从符合人们语言经验的使用范围巧妙地转移到超常的使用范围，包括语义的转移和结构的变异，这些语言要素的超常使用构成了幽默语言的核心（戈玲玲2014a：94）。这类修辞手段主要有反语、降用、析词、仿拟、倒序、移就、通感、转品、别解、对偶。

类型一　LM 否定→NS 反语←LA 妙语

反语是说话者口头的意思和心里的意思完全相反。反语不但语义相反，而且含有嘲弄讽刺之意（戈玲玲2014a：59）。与之匹配的逻辑机制为否定（negation），即一个脚本被否定（戈玲玲2014a：61）。

例（32）原文：邻居一个人道："胡老爷方才这个嘴巴打的亲切。"（吴敬梓《儒林外史》）

标注：H{SO<正常的 vs. 非正常的（打嘴巴不亲切 vs. 打嘴巴亲切）>SI<语言语境（上下文）>TA<具体的对象（胡屠户）>LM<否定>NS<对话（反语）>LA<妙语（这个嘴巴打的亲切）>}

译文："That was what I call a friendly slap," said one of the neighbors. (Gladys, Yang & Yang Xianyi *The Scholars*)

标注：H{SO<normal vs. abnormal (a slap vs. a friendly slap)>SI<linguistic context>TA<sth concrete (Butcher Hu)>LM<negation>NS<dialogue (irony)>LA<punchline (a friendly slap)>}

本例采用了"反语"修辞手段，正面反说，语义偏离，幽默顿生。两个脚本在正常方面形成对立，正常的脚本是"打嘴巴不亲切"，非正常的脚本是"打嘴巴亲切"。逻辑机制为"否定",即否定前一个显性脚本"打嘴巴亲切",使语言要素的基本意义转移至其反义。只有当读者领悟到基本义的巧妙转移,才能明白幽默所在。译文转换了"反语"修辞手段,保留了原文的所有参数及特征,因此,可以说原文的幽默完全传递至译文,译语读者可以领悟到其中的幽默。

例(33)原文:外部长而狭,墙上画着中国文明史的插画:老头儿吸鸦片,小姑娘裹小脚……(老舍《二马》)

标注:H{SO< 正常的 vs. 非正常的(中国文明史不是老头儿吸鸦片、小姑娘裹小脚 vs. 中国文明史是老头儿吸鸦片、小姑娘裹小脚)>SI< 语言语境 & 非语言语境 >TA< 具体的对象(中国文明史的插画)>LM< 否定 >NS< 陈述(反语)>LA< 妙语(中国文明史的插画:老头儿吸鸦片,小姑娘裹小脚)>}

译文:In the outer, long rectangular space a mural painting lined the wall with motifs of Chinese history and civilization: old men sucking opium pipes, young girls with bound feet. (Jimmerson, J. *Mr. Ma and Son*)

标注:H{SO<normal vs. abnormal (Chinese history and civilization is not old men sucking opium pipes, young girls with bound feet vs.Chinese history and civilization is old men sucking opium pipes, young girls with bound feet)>SI<linguistic context & non-linguistic context>TA<sth concrete (motifs of Chinese history and civilization)>LM<negation>NS <statement (irony) >LA<punchline (motifs of Chinese history and civilization: old men sucking opium pipes, young girls with bound feet)>}

在本例中,作者使用了"反语"修辞手段,逻辑机制为否定,妙语为"中国文明史的插画:老头儿吸鸦片,小姑娘裹小脚"。本例有两个在正常方面对立的脚本,一个是显性脚本,另一个是隐性脚本。显性脚本是"中国文明史是老头儿吸鸦片、小姑娘裹小脚"，只有当这个显性脚本被否定，语义转移至其反义，读者才能获取隐性脚本"中国文明史不是老头儿吸鸦片、小姑娘裹小脚"。正常的脚本是隐性脚本"中国文明史不是老头儿吸鸦片、小姑娘裹小脚"，非正常的脚本是"中国文明史是老头儿吸鸦片、小姑娘裹小脚"。译文保留了原文的所有参数及其特征，将原文中对中国文明史插画的讽刺淋漓尽致地展现给译语读者。

例（34）原文：我们菜园班有一位十分"正确"的老先生。（杨绛《干校六记》）

标注：H{SO<真实的 vs. 非真实的（不正确的老先生 vs. 正确的老先生）>SI<语言语境>TA<具体的对象（老先生）>LM<否定>NS<陈述（反语）>LA<妙语（引号""＋正确）>}

译文：When one of the members of our unit, an old man whose ideology was considered absolutely "correct"... (Goldblatt, Howard. *Six Chapters from My Life "Downunder"*)

标注：H{SO<actual(an old man whose ideology was considered incorrect)vs. non-actual(an old man whose ideology was considered absolutely correct)>SI<linguistic context>TA<sth concrete (an old man)>LM<negation>NS<statement (irony)>LA<punchline(quotation mark ""+ correct)>}

本例描写的是菜园班中有位老先生，总认为自己的看法永远正确。作者称之为"十分'正确'的老先生"，语义相反，讽刺与谐趣并存。真实的脚本是"不正确的老先生"，非真实的脚本是"正确的老先生"。逻辑机制为"否定"，即否定"正确的老先生"这个脚本。妙语为（引号""＋正确）。参数特征为"语言要素之巧妙转移"，特指"十分'正确'的老先生"的语义从符合人们的语言经验巧妙地转移到超常的使用范围，构成了幽默语言的核心。译文保留了"反语"修辞手段，参数及其特征与原文一致，可以说，原文的讽刺和幽默成功转达至译文。

例（35）原文：打扮得也体面：藏青哔叽袍，花驼绒里，青素缎坎肩，襟前有个小袋，插着金夹子自来水笔，向

来没沾过墨水。(老舍《离婚》)

标注：H{SO< 真实的 vs. 非真实的（不体面的打扮 vs. 体面的打扮）>SI< 语言语境 >TA< 具体的对象（张大哥）>LM< 否定 >NS< 评论（反语）>LA< 妙语（插着金夹子自来水笔，向来没沾过墨水）>}

译文：He dressed himself handsomely: navy blue serge gown with camel's-hair lining, topped with a short black stain jacket which had a tiny pocket decorated with a gold-capped fountain pen that had never been dipped in ink... (Lao She & Kuo Helena *The Quest for Love of Lao Lee*)

标注：H{SO<actual(dress unhandsomely)vs. non-actual(dress handsomely)>SI<linguistic context>TA<sth concrete (Brother Zhang)>LM<negation>NS<comment (irony)>LA<punchline (a tiny pocket decorated with a gold-capped fountain pen that had never been dipped in ink)>}

本例是对张大哥穿着打扮的评论，用"体面"二字来取笑张大哥的"不体面"或"假装体面"。从衣着来看，"藏青哔叽袍，花驼绒里，青素缎坎肩"还算体面，但是作者话锋一转，"襟前有个小袋，插着金夹子自来水笔，向来没沾过墨水"，这一妙语把张大哥的伪装彻底撕开，不体面暴露无遗。原文采用"反语"修辞手段，逻辑机制为"否定"，即对"体面"的语义进行否定，从而构成了在真实方面对立的两个脚本。真实的脚本是"不体面的打扮"，非真实的脚本是"体面的打扮"，妙语"襟前有个小袋，插着金夹子自来水笔，向来没沾过墨水"使"体面"的语义偏离，触发了幽默。译文将妙语直译为"a tiny pocket decorated with a gold-capped fountain pen that had never been dipped in ink"，既保留了原文的修辞手段，也保留了原文的参数特征。

类型二　LM 类比（夸大 / 调停脚本 / 错误推理）→ NS 降用（夸张 / 旁逸 / 逻辑飞白）← LA 妙语

有不少语词，其基本义素相同，但在分量上却有轻重、大小之分，将"重"词、"大"词"降级使用"的方法，称为降用（戈玲玲 2014a：59），经常与夸张融用，也有和旁逸、逻辑飞白融用的情况。降用为汉语特有的修辞手段。与之匹配的逻辑机制为类比，即比较两个脚本的主要特征。

例（36）原文：眼圈通红的，恭敬地夸赞了姜汤的力量，谢了那太太的好意之后，这才解决了这一场大纠纷。（鲁迅《故事新编》）

标注：H{SO< 正常的 vs. 非正常的（伯夷与妇人的分歧 vs. 大纠纷）>SI< 语言语境 >TA< 无 >LM< 类比 >NS< 陈述（降用）>LA< 妙语（大纠纷）>}

译文：His eyelids turned red. But he complimented the woman on the potency of her ginger and thanked her once more. Thus he extricated Boyi from this predicament. (Gladys, Yang & Yang Xianyi *Old Tales Retold*)

标注：H{SO<na>SI<na>TA<na>LM<na>NS<statement (na)>LA<predicament>}

本例中，伯夷和妇人为了是否喝姜汤发生了争执，作者将大词小用，把"大纠纷"用于小争执，烘托幽默效果。逻辑机制为类比，突出争执的特征。降用为汉语所特有的修辞手段，没有转换至译文，导致原文中"语言要素之巧妙转移"的特征在译文中消失。

例（37）原文：赶上个星期天，他在家看孩子，太太要大举进攻西四牌楼。（老舍《离婚》）

标注：H{SO< 正常的 vs. 非正常的（李太太购物 vs. 李太太大举进攻西四牌楼）>SI< 语言语境 & 非语言语境 >TA< 具体的对象（李太太）>LM< 类比 / 夸大 >NS< 陈述（降用 / 夸张）>LA< 妙语（大举进攻）>}

译文：That was a Sunday morning. Mrs. Lee immediately dashed off on her half-bound feet to shop, leaving Lao Lee to look after the children. （Lao She & Kuo Helena *The Quest for Love of Lao Lee*）

标注：H{SO<normal vs. abnormal (Mrs. Lee went shopping vs. Mrs. Lee immediately dashed off on her half-

bound feet to shop)>SI<linguistic context & non-linguistic context>TA<sth concrete(Mrs. Lee)>LM <exaggeration>NS<comment(hyperbole)>LA <punchline (immediately dashed off on her half-bound feet to shop)>}

　　本例描述李太太不用照看孩子去购物的情形。作者使用了降用和夸张的修辞手段，将军事战略的术语"大举进攻"（大规模出兵，发动攻势），用于描述李太太疯狂购物的场景，大词小用，夸大其词，生动有趣。正常的脚本是李太太购物，不正常的脚本是李太太大举进攻西四牌楼。逻辑机制为类比和夸大。降用的修辞手段为汉语所特有，译文只保留了原文中夸张的修辞手段，将"李太太大举进攻西四牌楼"意译成"Mrs. Lee immediately dashed off on her half-bound feet to shop"，译文非常形象地再现了裹着脚的李太太心急火燎地去疯狂购物的情境。原文的幽默信息在译文中得以保存。再如：

　　　　例（38）原文："老姑奶奶！"大姐婆婆故意称呼对方一句，先礼后兵，以便进行歼灭战。（老舍《正红旗下》）

　　　　　　标注：H{SO< 正常的 vs. 非正常的（见面打招呼 vs. 见面打招呼是为了吵架）>SI< 语言语境 & 非语言语境 >TA< 具体的对象（大姐婆婆）>LM< 类比 / 夸大 >NS< 评论（降用 / 夸张）>LA< 妙语（先礼后兵，以便进行歼灭战）>}

　　　　　　译文："My dearest auntie!" my sister's mother-in-law deliberately addressed her courteously before marshalling her forces for the final annihilation. (Don J. Cohn *Beneath the Red Banner*)

　　　　　　标注：H{SO<normal vs.abnormal (greet first vs. greet first in order to quarrel)>SI<linguistic context & non-linguistic context>TA<sth concrete(sister's mother-in-law)>LM<exaggeration>NS<comment (hyperbole)>LA<punchline(courteously before marshalling her forces for the final annihilation)>}

　　本例使用了"降用"和"夸张"的修辞手段，大词小用，夸大其词，讽刺中透着幽默。原文的"降用"修辞手段为汉语所特有，译文只保留了原文"夸张"修辞手段，将妙语"先礼后兵，以便进行歼灭战"意译为"courteously before marshalling her forces for the final annihilation"，传递了原文的幽默信息。

> 例（39）原文：……只看见他右下颌一个红包，虽然只有榛子大小，形状却峥嵘险恶……（杨绛《干校六记》）
>
> 标注：H{SO< 正常的 vs. 非正常的（右下巴红包形状难看 vs. 右下巴红包形状峥嵘险恶）>SI< 语言语境 & 非语言语境 >TA< 具体的对象（红包）>LM< 类比 / 夸大 >NS< 评论（降用 / 夸张）>LA< 妙语（形状却峥嵘险恶）>}
>
> 译文：All I remember is that there was a red lump below and to the right of his chin. It had an angry, threatening look about it, even though it was no larger than a hazelnut. (Goldblatt, H. *Six Chapters from My Life "Downunder"*)
>
> 标注：H{SO<normal vs.abnormal (an ugly red lump vs.a red lump with an angry, threatening look about it)>SI<linguistic context & non-linguistic context>TA<sth concrete(a red lump)>LM<potency mapping/exaggeration>NS<comment(personification/hyperbole)>LA<punchline(it had an angry, threatening look about it)>}

本例将"降用"和"夸张"融合使用，描写右下颌一个红包的难看形状。"峥嵘险恶"一般用于描写山势高而险，原文大词小用，夸大红包形状的难看程度，貌似严肃而不乏调侃之趣。译文将妙语"形状却峥嵘险恶"意译为"it had an angry, threatening look about it"，不但保留了原文"夸张"修辞手段，而且将其与"拟人"修辞手段融用，把描写人的特征的词语"angry, threatening"用于对"右下巴红包形状"的描写，生动滑稽，译语读者也能感受其幽默所在。"降用"和"旁逸"有时候也能融用。例如：

> 例（40）原文：大舅妈的访问纯粹是一种外交礼节，只须叫声老姐姐，而后咳嗽一阵，就可以交代过去了。（老

舍《正红旗下》）

标注：H{SO<正常的 vs. 非正常的（去看望老姐姐 vs. 访问老姐姐是一种外交礼节）>SI<语言语境>TA<具体对象（大舅妈）>LM<类比／调停脚本>NS<陈述（降用／旁逸）>LA<妙语（只须叫声老姐姐，而后咳嗽一阵，就可以交代过去了）>}

译文：Aunty's visit to my other aunt was purely a formality; all she needed to do was to greet her, cough for a spell, and her mission could be considered accomplished.（Don J. Cohn *Beneath the Red Banner*）

标注：H{SO<actual vs.non-actual (going to see her sister informally vs.going to visit her sister formally) > SI<linguistic context>TA<sth concrete(her aunt)> LM<negation>NS<statement(irony)>LA<punchline (all she needed to do was to greet her, cough for a spell, and her mission could be considered accomplished)>}

　　本例融合使用了"降用"和"旁逸"修辞手段。原文中，将"访问""外交礼节"等正式外交用语用来描述日常生活中的走亲访友，大词小用，幽默风趣。逻辑机制为"类比"，即比较两个脚本"看"的主要特征。一个脚本是"去看望老姐姐"，另一个脚本是"访问老姐姐是一种外交礼节"，它们在正常方面形成对立。在叙述"看"这一行为之后，作者顺其逻辑方向下"推"一下，话锋一转，插入妙语"只须叫声老姐姐，而后咳嗽一阵，就可以交代过去了"，以凸显大舅妈的可笑之处。逻辑机制为"调停脚本"，指借助第三个脚本"大舅妈的真实言行"，促成两个主要脚本"去看望老姐姐"和"访问老姐姐是一种外交礼节"在正常方面的对立。"降用"和"旁逸"修辞手段巧妙融用，令人捧腹大笑。译文将妙语"只须叫声老姐姐，而后咳嗽一阵，就可以交代过去了"意译为"all she needed to do was to greet her, cough for a spell, and her mission could be considered accomplished"，结合语言语境中的上下文，译语读者也能推断出话语中的隐含意义，获得源语读者同样的幽默信息。原文中汉语所特有的"降用"和"旁逸"修辞手段转换成了"反语"，正话反说，突出嘲弄讽刺之意。

虽然译文中的修辞手段发生了变化，但是原文呈现的"语言要素之巧妙转移"的特征却得以保留。"降用"不但可以和"旁逸"融用，也可以和"逻辑飞白"融用。例如：

例（41）原文：他的学说是：凡尼姑，一定与和尚私通。（鲁迅《阿Q正传》）

标注：H{SO<正常的 vs. 非正常的（阿Q的奇谈怪论不是学说 vs. 阿Q的奇谈怪论是学说）>SI<语言语境 & 非语言语境 >TA<具体的对象（阿Q）>LM<类比/错误推理>NS<陈述（降用/逻辑飞白）>LA<妙语（凡尼姑，一定与和尚私通）>}

译文：His view was, "All nuns must carry on in secrete with monks." (Gladys,Yang & Yang Xianyi *The True Story of Ah Q*)

标注：H{SO<normal vs.abnormal (his view was logical vs. his view was illogical)>SI<linguistic context & non-linguistic context>TA<sth concrete(Ah Q)>LM<faulty reasoning>NS<statement (logical fallacy)>LA<punchline (all nuns must carry on in secrete with monks)>}

本例使用了"降用"和"逻辑飞白"修辞手段，凸显阿Q滑稽可笑的形象。一是"降级"使用学术术语"学说"（学术上系统的观点和理论），大词小用，语义转移。二是阿Q的所谓"学说"完全不合逻辑。正常的脚本是"阿Q的奇谈怪论不是学说"，非正常的脚本是"阿Q的奇谈怪论是学说"。逻辑机制为"类比"，即比较"阿Q的奇谈怪论"和"学说"的主要特征，突出两者之间"观点"的字面意义；"错误推理"即"阿Q的奇谈怪论是学说"逻辑是错误的。"降用"修辞手段为汉语所特有，译文只保留了"逻辑飞白"修辞手段，与"降用"有关的参数在译文中缺失，与之相对应的"语言要素之巧妙转移"的特征也随之消失。但"逻辑飞白"修辞手段所呈现的参数及其特征依然存在于译文，也就是说，译语读者仍然能够理解该修辞手段触发的幽默信息。

类型三　LM 范围限制→NS 析词←LA 妙语

一个多音词是由数个词素组成的，一般不能随便拆开使用，但是为了修辞的需要，临时将多音词或熟语拆开使用的方法，称为析词（戈玲玲2014a：56）。与之匹配的逻辑机制为范围限制（field restriction），指限定使用范围。

例（42）原文：他用尽哲学的脑筋，只是一个没有法。（鲁迅《故事新编》）

标注：H{SO< 正常的 vs. 非正常的（用尽脑筋 vs. 用尽哲学的脑筋）>SI< 语言语境（上下文）>TA< 具体的对象（老子）>LM< 范围限制 >NS< 陈述（析词）>LA< 妙语（只是一个没有法）>}

译文：Hard as he racked his philosopher's brain, he could think of no way out. (Gladys, Yang & Yang Xianyi *Old Tales Retold*)

标注：H{SO<normal vs. abnormal (rack one's brain vs. rack one's philosopher's brain)>SI<linguistic context>TA<sth concrete (Lao Zi)>LM<field restriction>NS<statement (na)>LA<punchline(could think of no way out)>}

本例中，作者使用了"析词"修辞手段，将"用尽脑筋"这一短语拆开，中间插入"哲学的"，构成"用尽哲学的脑筋"，结构发生变化，语义偏离，幽默效果凸显。逻辑机制为"范围限制"。妙语为"只是一个没有法"。"析词"修辞手段为汉语所特有，虽然英语中没有对应的修辞手段，但是译者将"用尽哲学的脑筋"换译成"rack one's philosopher's brain"，将译文中的固定搭配"rack one's brain"从符合译语读者语言经验的使用范围巧妙地转移到超常的使用范围，成功地转换了原文中的幽默信息。

例（43）原文："胡子老官，这事在你作法便了。做成了，少不得'言身寸'。"（吴敬梓《儒林外史》）

标注：H{SO< 正常的 vs. 非正常的（谢 vs. 言身寸）>SI< 语言语境 >TA< 无 >LM< 范围限制 >NS< 对话（析词）>LA< 妙语（言身寸）>}

译文："Handle it as you think best, Whiskers. If you pull it off, I'll not fail to thank you." (Gladys, Yang & Yang Xianyi *The Scholars*)

标注：H{SO<na>SI<linguistic context>TA<na>LM<na>
NS<dialogue (na)>LA<na>}

本例中，作者使用了"析词"修辞手段，将汉语中的"谢"字一分为三，写作"言身寸"，幽默风趣。正常的脚本是"谢"，非正常的脚本是"言身寸"，逻辑机制为"范围限制"，妙语为"言身寸"。析词的修辞手段为汉语所特有，英语没有相对应的修辞手段，因此，译者只是将"言身寸"的隐含意义翻译至译文，这样就导致了参数及特征的缺失，译文也就没有幽默可言。

例（44）原文："……罗大嫂，亲亲的嫂子，我是在拍您的马屁呢……"（莫言《四十一炮》）

标注：H{SO< 正常的 vs. 非正常的（拍马屁 vs. 拍您的马屁）>SI< 语言语境 & 非语言语境 >TA<（无）>LM< 范围限制 >NS< 陈述（析词）LA< 妙语（拍您的马屁）>}

译文："...I mean Elder Sister Luo, my dear Elder Sister, I was just trying to soft-soap you..." (Goldblatt, H. *POW!*)

标注：H{SO<actual vs.non-actual(flatter you vs.soft-soap you)>SI<linguistic context & non-linguistic context> TA<na>LM<analogy>NS<dialogue(metaphor)>LA <punchline (to soft-soap you)>}

"拍马屁"为汉语本源概念，意思是"阿谀奉承"。作者将固定词语"拍马屁"拆开，插入"您的"，巧妙地转移语义，从符合人们语言经验的脚本"拍马屁"，转移至超常的使用范围"拍您的马屁"。"析词"修辞手段的使用促成了两个脚本的形成。正常的脚本是"拍马屁"，非正常的脚本是"拍您的马屁"。逻辑机制为"范围限制"，即限制"拍马屁"的使用范围。妙语为"拍您的马屁"。"语言要素之巧妙转移"的特征使对话风趣幽默。"析词"修辞手段为汉语所特有，译文将"析词"转换为"隐喻"，妙语"拍您的马屁"换译成"to soft-soap you"。原文的参数及其特征虽然有所变化，但是并没有影响原文的幽默在译文中的呈现。

例（45）原文：我们等待着下干校改造，没有心情理会什么离愁别恨，也没有闲暇去品尝那"别是一番"的"滋

味"。(杨绛《干校六记》)

标注：H{SO< 正常的 vs. 非正常的（别是一番滋味vs. "别是一番" 的 "滋味"）>SI< 语言语境 & 非语言语境 >TA<（无）>LM< 范围限制 >NS< 陈述（析词）LA< 妙语（"别是一番" 的 "滋味"）>}

译文：As we awaited our turn to begin our "remolding" at the cadre school, we were in no mood to savor that "other kind of flavor." (Goldblatt, H. *Six Chapters from My Life "Downunder"*)

标注：H{SO<na>SI<linguistic context>TA<na>LM<na>NS<statement (na)>LA<punchline（"other kind of flavor"）>}

作者将固定搭配"别是一番滋味"分开成"'别是一番'的'滋味'"，结构发生变化，语义偏离，风趣幽默。修辞手段为"析词"，逻辑机制为"范围限制"，也就是说，限制"'别是一番'的'滋味'"的使用范围，只是用于对即将下干校劳动改造的分离情景的描述。译文将妙语"'别是一番'的'滋味'"直译为"'other kind of flavor'"，原文的修辞手段没有保留，表层参数的特征在译文中消失，译文没有传递原文的幽默信息。

类型四　LM 虚假类比→NS 仿拟←LA 妙语

仿拟指为了滑稽嘲弄而故意仿拟某种既成形式的修辞格（戈玲玲2014a：59）。与之匹配的逻辑机制为虚假类比。

例（46）原文："咱们打开鼻子说亮话，告诉我一句痛快的，咱们别客气！"（老舍《二马》）

标注：H{SO< 正常的 vs. 非正常的（打开天窗说亮话vs. 打开鼻子说亮话）>SI< 语言语境 & 非语言语境 >TA< 无 >LM< 虚假类比 >NS< 对话（仿拟）>LA< 妙语（打开鼻子说亮话）>}

译文：Let's be frank with each other, Mr. Ma, if you have anything you want to go off your chest, go ahead, let's not let ceremony keep us from being candid with one another! (Jimmerson, J. *Mr. Ma and Son*)

标注：H{SO<na>SI<linguistic context>TA<na>LM<na>NS

<statement (na)>LA<be frank with each other>}

　　本例中，作者根据汉语俗语"打开天窗说亮话"仿造出"打开鼻子说亮话"，本体和仿体构成了两个在正常方面对立的脚本。正常的脚本是"打开天窗说亮话"，非正常的脚本是"打开鼻子说亮话"，只有当读者理解了语言语境和非语言语境，才能领略其幽默所在。逻辑机制为"虚假类比"，不是比较两个事物的主要特征，而是次要特征，使语义出现偏离，当读者发现语义偏离中之和谐，幽默不言而喻。译文将仿体"打开鼻子说亮话"翻译成"be frank with each other, Mr. Ma, if you have anything you want to go off your chest"，该译文虽然传达了原文的意义，但是，构成另一个脚本的汉语俗语"打开天窗说亮话"在译语中完全消失，译语读者无法体会原文中仿拟修辞手段所带来的情趣。原文的参数及其特征在译文中完全消失。

　　例（47）原文："哈哈哈！"酒店里的人也九分得意的笑。(鲁迅《阿 Q 正传》)

　　　　标注：H{SO<正常的 vs. 非正常的（十分得意 vs. 九分得意）>SI<语言语境 & 非语言语境>TA<无>LM<虚假类比>NS<对话（仿拟）>LA<妙语（九分得意）>}

　　　　译文：The men in the tavern joined in, with only a shade less gusto in their laughter. (Gladys, Yang & Yang Xianyi *The True Story of Ah Q*)

　　　　标注：H{SO<na>SI<linguistic context>TA<na>LM<na>NS<statement(na)>LA<a shade less gusto in their laughter>}

　　本例使用了"仿拟"修辞手段，本体是"十分得意"，仿体是"九分得意"，本体和仿体构成了在正常方面对立的两个脚本。符合人们语言经验的是"十分得意"，超出正常使用范围的是"九分得意"。逻辑机制为"虚假类比"，即比较两个事物的次要特征。妙语为"九分得意"，语言要素巧妙转移，幽默风趣。原文的修辞手段在译文中消失，妙语"九分得意"被意译为"a shade less gusto in their laughter"，原文的意象没有完全传递至译文，脚本对立也不成立，"语言要素之巧妙转移"的特征在译文中不复存在。

　　例（48）原文：人熟地灵，衙门又比较阔绰。(老舍《离婚》)

标注：H{SO< 正常的 vs. 非正常的（人杰地灵 vs. 人熟地
灵）>SI< 语言语境 & 非语言语境 >TA< 无 >LM
< 虚假类比 >NS< 陈述（仿拟）>LA< 妙语（人熟
地灵）>}

译文：He knew it better than any other department. Besides,
it was one of the richest offices in the municipal
government. (Lao She & Kuo Helena *The Quest for
Love of Lao Lee*)

标注：H{SO<na>SI<linguistic context>TA<na>LM<na>
NS<statement (na)>LA<he knew it better than any
other department>}

　　本例中，汉语本源概念"人杰地灵"指杰出的人物出生或到过的地方
成为名胜之地。作者根据"人杰地灵"仿造一个词语"人熟地灵"，意思
是"和衙门的人熟悉，办事就方便"，语义偏离，讽刺和幽默顿生。正常
的脚本是"人杰地灵"，非正常的脚本是"人熟地灵"。逻辑机制为"虚假
类比"，即比较两个意义迥异的脚本的次要方面：结构相同。妙语为"人
熟地灵"。译文没有转换原文的"仿拟"修辞手段，妙语"人熟地灵"被
意译为"He knew it better than any other department."，没有将原文中"语
言要素之巧妙转移"的特征传递至译文，译语读者无法感受到原文的幽默
语义。

例（49）原文："我们昨天在那里吃青椒炒肉的时候，你没听见他
们说：'这不是青椒炒肉，这不是青椒少肉吗？'"
（余华《许三观卖血记》）

标注：H{SO< 正常的 vs. 非正常的（青椒炒肉 vs. 青椒少
肉）>SI< 语言语境 & 非语言语境 >TA< 具体的对
象（食堂）>LM< 虚假类比 >NS< 对话（仿拟）>
LA< 妙语（青椒少肉）>}

译文："When we had the green pepper fried pork yesterday,
didn't you hear everyone joking that it was 'green
pepper minus the pork'?" (Andrew, F, Jones.
Chronicle of a Blood Merchant)

标注：H{SO<normal vs. abnormal (green pepper

fried pork vs.green pepper minus the pork)>SI
<linguistic context>TA<sth concrete (canteen)>
LM<false analogy>NS<statement (parody)>
LA<punchline(green pepper minus the pork)>}

"青椒炒肉"是中国湘菜中一道家常菜，原文在此基础上仿造了"青椒少肉"，取笑食堂菜的质量。仿体"青椒少肉"造成了语义偏离，风趣幽默。本体"青椒炒肉"和仿体"青椒少肉"构成了在正常方面对立的两个脚本。逻辑机制为"虚假类比"，即比较两个脚本含有同样的食材，而不是同样食材在数量上的一致。译文将本体"青椒炒肉"和仿体"青椒少肉"分别直译为"green pepper fried pork"和"green pepper minus the pork"，既保持了原文结构一致的特点，也保留了原文"仿拟"修辞手段，原文的表层特征在译文中得以呈现。

类型五　LM 并置→ NS 倒序← LA 妙语

为了达到某种表达效果而作的次序的互相调换，它包括合成词序换、短语序换和句子成分序换，也有称为"序换"（戈玲玲 2014a：59）。

　　例（50）原文：从前大学之道在治国平天下，现在治国平天下在大学之道，并且是一条坦道大道。（钱钟书《围城》）

　　　　　标注：H{SO< 合理的 vs. 不合理的（大学之道在治国平天下 vs. 治国平天下在大学之道）>SI< 语言语境 & 非语言语境 >TA< 具体的对象（高松年）>LM< 并置 >NS< 评论（倒序）>LA< 妙语（并且是一条坦道大道）>}

　　　　　译文：Heretofore, the Way of Great Learning lay in ruling the country and pacifying the land; now ruling the country and pacifying the land lies in the Way of the University (literally, great learning), which in addition is wide and open. (Kelly, J. & Mao, N. K. *Fortress Besieged*)

　　　　　标注：H{SO<plausible vs.implausible (the Way of Great Learning lay in ruling the country and pacifying the land vs. ruling the country and pacifying the land

lies in the Way of the University)>SI<linguistic context & non-linguistic context>TA<sth concrete (Kao Sung-nien)>LM<juxtaposition>NS<comment (reversal)>LA<punchline(which in addition is wide and open)>}

　　作者采取了"倒序"修辞手段，调整句子成分序列，将"大学之道在治国平天下"调整为"治国平天下在大学之道"，嘲讽高松年等人与当时政客之间的钩心斗角和虚伪嘴脸。逻辑机制为"并置"，即两个脚本出现在同一语境中。妙语"一条坦道大道"促成了讽刺中幽默的形成。译文保留了原文的"倒序"修辞手段，其他参数完全一样，表层参数的特征在译文中得以保留。

　　类型六　LM 能力筹划→NS 移就←LA 妙语

　　移就就是把同一句中用来形容甲事物的词语移用到乙事物上（张秀国 2005：193）。这种修辞别出心裁，幽默风趣，具有很强的艺术感染力和丰富的表现力（吕煦 2004：163-164）。一般可分为移人于物、移物于人、移物于物。与之匹配的逻辑机制为能力筹划。

　　　　例（51）原文：那是一双何等毫无道理的眼睛啊！（老舍《正红旗下》）

　　　　　　标注：H{SO<正常的 vs. 非正常的（不讲道理的人 vs. 不讲道理的眼睛）>SI<语言语境 & 非语言语境>TA<具体的对象（大姐婆婆）>LM<能力筹划>NS<评论（移就）>LA<妙语（何等毫无道理的眼睛）>}

　　　　　　译文：First of all I recall her eyes, that pair of immeasurably irrational eyes! (Don J. Cohn *Beneath the Red Banner*)

　　　　　　标注：H{SO<normal vs. abnormal (her eyes vs. immeasurably irrational eyes>SI<linguistic context>TA<sth concrete (elder sister's mother-in-law)>LM<potency mapping>NS<comment (transferred epithet)>LA<punchline(that pair of immeasurably irrational eyes)>}

大姐婆婆不讲道理，喜欢怒目圆睁以势压人。作者将描写人的词语"毫无道理"移就到对人的眼睛的描述，突出人的横行霸道、蛮横不讲理。本例有两个脚本，一个是"不讲道理的人"，另一个是"不讲道理的眼睛"，在正常方面形成对立。逻辑机制为"能力筹划"。妙语为"何等毫无道理的眼睛"。译文保留了"移就"修辞手段，将描写人的形容词短语"immeasurably irrational"用于修饰人的眼睛，将大姐婆婆怒目圆睁、横蛮不讲理的表情描绘得滑稽可笑。原文的参数和特征在译文中得以呈现。

例（52）原文：然而悲惨的皱纹，却也从他的眉头和嘴角出现了。（鲁迅《故事新编》）

标注：H{SO< 正常的 vs. 非正常的（人悲惨 vs. 皱纹悲惨）>SI< 语言语境 >TA< 无 >LM< 能力筹划 >NS< 陈述（移就）>LA< 妙语（悲惨的皱纹）>}

译文：Then lines of sadness appeared on his forehead and at the corners of his mouth. (Gladys,Yang & Yang Xianyi *Old Tales Retold*)

标注：H{SO<normal vs. abnormal (his sadness vs.lines of sadness)>SI<linguistic context>TA<na>LM<potency mapping>NS<statement (transferred epithet)> LA<punchline(lines of sadness)>}

本例使用了"移就"修辞手段，将形容人的词语"悲惨"移用到"皱纹"上，语义偏离，生动有趣。"人悲惨"和"皱纹悲惨"构成了在正常方面对立的两个脚本。逻辑机制为"能力筹划"，将脚本"人悲惨"用于另一个脚本"皱纹悲惨"。妙语为"悲惨的皱纹"。译文将妙语直译为"lines of sadness"，保留了原文"移就"修辞手段，可以说，原文的表层参数特征在译文中依然存在。

类型七　LM 能力筹划 → NS 通感 ← LA 妙语

"通感"修辞手段又称"移觉"，指将本来描写甲感觉的词语移用来表示乙感觉，将人的视觉、嗅觉、味觉、触觉、听觉等不同感觉互相交错，突破语言的局限，丰富审美情趣。与之匹配的逻辑机制为"能力筹划"。

例（53）原文：他还指着头上一块乌青的疙瘩，说是为了回避得太慢一点了，吃了一下官兵的飞石：这就是大臣确已到来的证据。（鲁迅《故事新编》）

标注：H{SO< 真实的 vs. 非真实的（被石头打 vs. 吃石头）>SI< 语言语境 & 非语言语境 >TA< 具体的对象（被飞石打的平民）>LM< 能力筹划 >NS< 陈述（通感）>LA< 妙语（吃了一下官兵的飞石）>}

译文：Indeed he could show a black and blue bump on his head which he explained had been caused by a stone thrown by a guard when he did not get out of the way quickly enough. Here was palpable evidence of the minister's arrival. (Gladys,Yang & Yang Xianyi *Old Tales Retold*)

标注：H{SO<na>SI<na>TA<na>LM<na>NS<statement (na)>LA<na>}

本例使用了"通感"修辞手段，将表示味觉的动词"吃"移用于描写平民"被打"的感觉，味觉与触觉相通，无奈的自嘲跃然纸上。逻辑机制为"能力筹划"，将一个脚本（吃石头）筹划到另一个脚本（被石头打）上。妙语为"吃了一下官兵的飞石"。译文将妙语意译为"had been caused by a stone thrown by a guard"，没有转换原文的修辞手段，与之匹配的逻辑机制和其他参数都在译文中消失。

例（54）原文：他要摸摸那四只小手，四只胖，软，热，有些香蕉味的小手。（老舍《离婚》）

标注：H{SO< 正常的 vs. 非正常的（闻到香蕉味 vs. 摸到香蕉味）>SI< 语言语境 >TA< 无 >LM< 能力筹划 >NS< 陈述:（通感）>LA< 妙语（有些香蕉味的小手）>}

译文：Suddenly, he wanted to touch their four little hands, so soft, so warm, so fat and round, with the lingering flavor of banana candy. (Lao She & Kuo Helena *The Quest for Love of Lao Lee*)

标注：H{SO<normal vs. abnormal (smell the lingering flavor of banana vs.feel the lingering flavor of banana>SI<linguistic context>TA<na>LM<potency mapping>NS<statement (synaesthesia)>LA<punchline

(with the lingering flavor of banana candy)>}

　　本例使用了"通感"修辞手段，形象地描述了老李要摸他孩子小手的情景，从感觉"胖，软，热"的小手，转移至"香蕉味"的小手，触觉和嗅觉相通，可爱的小手完美地呈现在读者的面前。逻辑机制为"能力筹划"，将一个脚本（闻到香蕉味）筹划到另一个脚本（摸到香蕉味）上，语义偏离，幽默油然而生。妙语为"有些香蕉味的小手"。译文将妙语意译为"with the lingering flavor of banana candy"，保留了原文的修辞手段，表层参数的特征没有发生变化。

　　类型八　LM 无→NS 转品←LA 妙语

　　转品即将某一类词转化作别一类词来用（陈望道 1990：186）。这类修辞广泛地运用于诗歌，演讲以及其他文学作品。它没有明显的逻辑机制。

　　例（55）原文：可是，谁想到哥哥竟自作出那么没骨头的事来——狗着洋人，欺负自己人！（老舍《正红旗下》）

　　　　标注：H{SO<真实的 vs. 非真实的（做没骨头的事 vs. 狗着洋人）>SI<语言语境>TA<具体的对象（多老大）>LM<无>NS<独白（转品）>LA<妙语（狗着洋人）>}

　　　　译文：He couldn't imagine Big Duo acting like such a coward—licking a foreigner's boots and turning against his own people. (Don J. Cohn *Beneath the Red Banner*)

　　　　标注：H{SO<actual vs. non-actual (acting like such a coward vs.licking a foreigner's boots)>SI<linguistic context>TA<sth concrete (Big Duo)>LM<analogy>NS<monologue(metaphor)>LA<punchline (licking a foreigner's boots)>}

　　此例中"狗"不再是一个名词，而是转为动词，讽刺多老大对外国人的趋炎附势，形象逼真。这种修辞手段称为"转品"它使语言描述幽默诙谐。本例有两个脚本，一个是"做没骨头的事"，另一个是"狗着洋人"，在真实方面形成对立。无明显的逻辑机制。妙语为"狗着洋人"。译文将"转品"转换成"隐喻"修辞手段，将"做没骨头的事""狗着洋人"意译

为 "acting like such a coward" "licking a foreigner's boots"，保留了原文中幽默生动的描述。原文的参数虽然有变化，但是，参数没有缺失，特征完全转换至译文。

类型九　LM 范围限制→NS 别解←LA 妙语

别解，是一种在特定语境下临时赋予某一词语其固有词义中不曾有的新语义来表情达意的修辞。这类修辞多用突破常规的语义来引起读者的注意，使其在心理上产生落差从而获得一种反逻辑的微妙的愉悦感（吴礼权2012：218）。与之匹配的逻辑机制为范围限制。

例（56）原文：论文化，他是"满汉全席"。（老舍《正红旗下》）

标注：H{SO< 真实的 vs. 非真实的（福海吸收了汉族满族的文化 vs. 福海是满汉全席）>SI< 语言语境 &非语言语境 >TA<（具体的对象（二哥福海）>LM< 范围限制 >NS< 陈述（别解）>LA< 妙语（本源概念：满汉全席）>}

译文：Culturally he combined the best Manchu and Han attainments. (Don J. Cohn *Beneath the Red Banner*)

标注：H{SO<na>SI<na>TA<na>LM<na>NS<statement (na)>LA<combined the best Manchu and Han attainments>}

"满汉全席"原指为庆祝康熙生辰而准备的 108 道菜式，集满族和汉族菜肴之精华。福海满族和汉族文化底蕴深厚，作者巧妙地转移了概念，带来了幽默风趣的审美享受，让人思量之余不禁笑不可抑。真实的脚本是"福海吸收了汉族满族的文化"，非真实的脚本是"福海是'满汉全席'"。修辞手段为"别解"，将"满汉全席"的意义转移至突破常规的语义"福海吸收了汉族满族的文化"，读者顿悟其幽默所在。逻辑机制为"范围限制"，即限制了"满汉全席"的使用范围。妙语为汉语本源概念：满汉全席。本源概念"满汉全席"为汉语文化所特有，译文将其翻译成"Manchu and Han attainments"，没有将其文化隐含意义传递至译文，导致参数及其特征在译文中不复存在。

例（57）原文：她的刚柔相济，令人啼笑皆非。（老舍《正红旗下》）

标注：H{SO< 真实的 vs. 非真实的（又哭又笑 vs. 刚柔

相济）>SI< 语言语境 & 非语言语境 >TA<（具体的对象（大姐婆婆）>LM< 范围限制 >NS< 评论（别解）>LA< 妙语（本源概念：啼笑皆非）>}

译文：That admixture of toughness and tenderness left people not knowing whether to laugh or cry. (Don J. Cohn *Beneath the Red Banner*)

标注：H{SO<actual vs. non-actual (the admixture of laugh and cry vs.the admixture of toughness and tenderness)>SI<linguistic context>TA<sth concrete (sister's mother-in-law)>LM<analogy>NS<comment (metaphor)>LA<punchline (not knowing whether to laugh or cry)>}

本例使用了"别解"修辞手段，将"刚柔相济"的意义转移至突破常规的语义"又哭又笑"，最后让人哭笑不得，大姐婆婆滑稽的举止可见一斑。逻辑机制为"范围限制"，即限制了"刚柔相济"的使用范围，只用来描述大姐婆婆又哭又笑的情景。妙语为汉语本源概念：啼笑皆非。译文将妙语意译为"not knowing whether to laugh or cry"，将原文的修辞手段"别解"转换为"隐喻"，本体"the admixture of laugh and cry（又哭又笑）"和喻体"the admixture of toughness and tenderness（刚柔相济）"构成了两个在真实方面对立的脚本。与"隐喻"对应的逻辑机制为"类比"，突出两个脚本的"刚和柔"。原文的其他参数没有变化，表层参数的特征依然存在于译文中。

类型十　LM 平行→ NS 对偶← LA 妙语

"对偶"修辞手段指用对称的字句，加强语言的幽默效果。与之匹配的逻辑机制为平行。

例（58）原文：我们创造了一种独具风格的生活方式：有钱的真讲究，没钱的穷讲究。（老舍《正红旗下》）

标注：H{SO< 真实的 vs. 非真实的（有钱没钱的人 vs. 有钱没钱的人都讲究）>SI< 语言语境 >TA< 抽象的对象（一种生活方式）>LM< 平行 >NS< 陈述（对偶）>LA< 妙语（有钱的真讲究，没钱的穷讲究）>}

译文：We evolved a unique style of living. Those with money wanted the best of everything; so did those without in spite of their poverty. (Don J. Cohn *Beneath the Red Banner*)

标注：H{SO<actual vs. non-actual (those with and without money vs.those with and without money wanted the best of everything)>SI<linguistic context>TA<sth abstract (a style of living)>LM<parallelism>NS <statement(antithesis)>LA<punchline (Those with money wanted the best of everything; so did those without in spite of their poverty.)>}

本例使用了"对偶"修辞手段，字数相同，结构相同，两种意义互相映衬，渲染了谑笑的气氛。逻辑机制为"平行"，指并列结构造成强制性的语义平行，也就是说句式平行蕴含了语义平行。译文保留了原文的修辞手段和逻辑机制，妙语"有钱的真讲究，没钱的穷讲究"被意译为"Those with money wanted the best of everything; so did those without in spite of their poverty."，原文的幽默信息得以保留。

以上 10 种类型呈现出"语言要素之巧妙转移"的表层参数特征，通过语义、结构变异的修辞手段，如反语、降用、析词、仿拟、倒序、移就、通感、转品、别解、对偶，和与之相匹配的逻辑机制（否定、类比、夸大、并置、虚假类比、能力筹划、范围限制、平行）以及含有本源概念的妙语来传递幽默信息。

三、特征三：不和谐逻辑间之和谐

"不和谐逻辑间之和谐"的特征指，利用逻辑与旧逻辑之间的不和谐创造和谐，使人们从符合逻辑方式的思维方向，转向不合逻辑甚至是错误逻辑的方向，顿时发现不和谐逻辑间之和谐，这种和谐出乎意料却在情理之中，幽默应运而生（戈玲玲 2014a：99）。这些修辞手段有旁逸、杂混、衬跌、起跌、逻辑飞白和矛盾修辞法。

类型一　LM 调停脚本→NS 旁逸←LA 妙语

旁逸：有两种情况，或在叙述讨论时间、空间、社会层次等距离较远的主题时，突然插进此时、此地与彼时、彼地的比较，有意识地离开主题；或者在叙述了一种言行后，顺其逻辑方向再上"溯"或下"推"一下，以凸现可笑之处（戈玲玲 2014a：56）。与之匹配的逻辑机制为调停脚本。

例（59）原文：就凭这一片卖糖的声音，那么洪亮，那么急切，胆子最大的鬼也不敢轻易出来，更甭说那些胆子不大的了——据说，鬼也有胆量很小很小的。（老舍《正红旗下》）

标注：H{SO<合理的 vs. 不合理的（洪亮的卖糖声音 vs. 洪亮的卖糖声音吓到鬼）>SI<语言语境 & 非语言语境 >TA<抽象的对象（鬼）>LM<夸大/调停脚本 >NS<评论（夸张/旁逸）>LA<妙语（胆子最大的鬼也不敢轻易出来/鬼也有胆量很小很小的）>}

译文：It was on account of these candy peddlers'loud and eager cries that even the most courageous ghosts were reluctant to set out on their rounds, not to mention the more timid of the species—which is to say that some ghosts are not very courageous. (Don J. Cohn *Beneath the Red Banner*)

标注：H{SO<reasonable vs. unreasonable (candy peddlers'loud and eager cries vs.candy peddlers'loud and eager cries scare ghosts)>SI<linguistic context & non-linguistic context>TA<sth abstract (ghosts)>LM<exaggeration>NS<comment (hyperbole)>LA<punchline (even the most courageous ghosts were reluctant to set out on their rounds/some ghosts are not very courageous)>}

本例将"夸张"和"旁逸"的修辞手段相融合，夸大小贩的叫卖声大得能吓到鬼，接着，话锋一转，插入妙语"鬼也有胆量很小很小的"。这一超常的语言结构转换使描述生动有趣。逻辑机制为夸大和调停脚本。调停脚本指借助第三个脚本，促成两个主要脚本的对立（戈玲玲 2014a：100）。合理的脚本是"洪亮的卖糖声音，不合理的脚本是"洪亮的卖糖声音吓到鬼"。妙语为"胆子最大的鬼也不敢轻易出来 / 鬼也有胆量很小很小的"。"旁逸"修辞手段为汉语所特有,因此,译文只转换了"夸张"修辞手段。译文将引发"旁逸"修辞手段的妙语"鬼也有胆量很小很小的"翻译成"some ghosts are not very courageous",即使该修辞手段在英语中不存在,由妙语触发的幽默仍然可以传递至译文,译语读者也能体会到幽默的语义。

例(60)原文:然而祸不单行,掉在井里面的时候,上面偏又来了块大石头。(鲁迅《故事新编》)

标注:H{SO<真实的 vs. 非真实的(寻找食物却又遇难事 vs. 祸不单行)>SI<语言语境 & 非语言语境>TA<具体的对象(叔齐和伯夷)>LM<调停脚本>NS<评论(旁逸)>LA<妙语(掉在井里面的时候,上面偏又来了块大石头)>}

译文:But troubles never come singly. When you fall into the well, a big stone nearby is sure to drop on your head. (Gladys,Yang & Yang Xianyi *Old Tales Retold*)

标注:H{SO<actual vs. non-actual (looking for food and having other troubles vs.troubles never come singly)>SI<linguistic context & non-linguistic context>TA<sth concrete (the third person: Shuqi and Boyi)>LM<analogy>NS<comment (metaphor)>LA<punchline (when you fall into the well, a big stone nearby is sure to drop on your head)>}

本例使用了"旁逸"修辞手段。作者在陈述中插入评论,似乎"跑题",超出常规,却增加了几分谐趣。妙语"掉在井里面的时候,上面偏又来了块大石头"促成了脚本"寻找食物却又遇难事"和"祸不单行"在真实方面形成对立。逻辑机制为"调停脚本"。译者将妙语"掉在井里面的时候,上面偏又来了块大石头"直译为"when you fall into the well, a big stone nearby is sure to drop on your head",保留了原文生动的意象。"旁逸"修辞手段为汉语所特有,译文将其转换为"隐喻",虽然参数有所变化,但原文的幽默信息还是在译文中有所呈现。

例(61)原文:父亲道:……——好像苏小姐是砖石一样的硬东

西，非鸵鸟或者火鸡的胃消化不掉的。（钱钟书《围城》）

标注：H{SO< 真实的 vs. 非真实的（鸿渐管不住苏小姐 vs. 苏小姐是砖石一样的硬东西）SI< 语言语境 >TA< 具体的对象（鸿渐的父亲）>LM< 调停脚本 >NS< 评论（旁逸）>LA< 妙语（非鸵鸟或者火鸡的胃消化不掉的）>}

译文：His father remarked:...as though Miss Sue were some sort of hard object like a brick which would take the stomach of an ostrich or turkey to digest. (Kelly, J.& Mao, N. K. *Fortress Besieged*)

标注：H{SO<actual vs. non-actual (Hung-chien couldn't manage Miss Sue vs. Miss Su is some sort of hard object like a brick)>SI<linguistic context & non-linguistic context>TA<sth concrete (Hung-chien's father)>LM<juxtaposition>NS<comment (simile)>LA<figurative word (like) + punchline (which would take the stomach of an ostrich or turkey to digest)>}

鸿渐和父亲在谈论苏小姐，作者笔锋一转，插入对苏小姐的评论，突显鸿渐的父亲对鸿渐和苏小姐之间关系的担忧。"旁逸"修辞手段使不和谐逻辑之间达到和谐，细细品味，别具谐趣。逻辑机制为"调停脚本"，即借助第三个脚本"苏小姐是砖石一样的硬东西"促成两个主要脚本在真实方面的对立。妙语为"非鸵鸟或者火鸡的胃消化不掉的"。译文将原文"旁逸"修辞手段转换成"明喻"，本体"Hung-chien couldn't manage Miss Sue"和喻体"Miss Su is some sort of hard object like a brick"构成了在真实方面对立的两个脚本。逻辑机制为"并置"，即两个脚本出现在对苏小姐评论的语境中。虽然原文的参数和表层参数特征发生了变化，但是译语读者仍然能从字里行间感受其幽默所在。

类型二　LM 平行→ NS 杂混← LA 妙语

杂混指风马牛不相及的概念的不和谐并列，它违反了语词组合的形式逻辑，因而显得不伦不类（戈玲玲 2014a：56）。与之匹配的逻辑机制为平行（parallelism），指并列结构造成强制性的语义平行，也就是说句式平行蕴含了语义平行，不兼容的并列成分属于局部对立脚本（戈玲玲 2014a：61-62）。

例（62）原文：这证明姑娘的确是赔钱货，不但出阁的时候须由娘家赔送四季衣服、金银首饰，乃至箱柜桌椅，和鸡毛掸子。(老舍《正红旗下》)

标注：H{SO< 事情期待的 vs. 事情不期待的（好的 vs. 坏的）>SI< 语言语境 & 非语言语境 >TA< 无 >LM < 平行 >NS< 陈述（杂混）>LA< 妙语（乃至箱柜桌椅，和鸡毛掸子）>}

译文：A bride's family had to provide her with clothes for the four seasons, gold and silver jewelry, trunks, wardrobes, tables, chairs and feather dusters... (Don J. Cohn *Beneath the Red Banner*)

标注：H{SO<expected state of affairs vs. unexpected state of affairs(good vs. bad)>SI<linguistic context & non-linguistic context>TA<na>LM<parallelism>NS<statement (parallelism)>LA<punchline (wardrobes, tables, chairs and feather dusters)>}

按照中国传统，嫁女儿要陪嫁妆，包括衣服、首饰、桌椅等，但最后提到嫁妆中还有鸡毛掸子，出人意料，令人发笑。不同词语的组合排列不合逻辑，但读者从不合逻辑中发现和谐之处，幽默顿生。逻辑机制为"平行"，指并列结构造成了强制性的语义平行。译文将原文中"杂混"修辞手段转换为"parallelism（排比）"。本研究中我们将作为英语修辞手段的"parallelism"翻译成"排比"，指用一连串结构类似的句子成分或句子来表示强调，增强语言的效果；将逻辑机制中的"parallelism"根据其内涵翻译成"平行"，即结构平行形成了强制性的语义平行。译文将妙语"乃至箱柜桌椅，和鸡毛掸子"直译为"wardrobes, tables, chairs and feather dusters"，使并列结构造成了强制性的语义平行，保留了原文中的参数特征，译语读者可以从译文中感受到不合逻辑中的谐趣。

例（63）原文：奇肱国的飞车已经来过八回，读过松树身上的文字的木排居民，十个里面有九个生了脚气病，治

水的新官却还没有消息。(鲁迅《故事新编》)

标注：H{SO< 合理的 vs. 不合理的（居民生脚气病与新官上任无关 vs. 居民生脚气病与新官上任有关）> SI< 语言语境 >TA< 具体的对象（治水的新官）> LM< 平行 >NS< 陈述（杂混）>LA< 妙语（飞车来过八回，居民生了脚气病，新官还没有消息）>}

译文：The flying chariot from the Kingdom of Marvellous Artisans had come eight times, and nine out of ten of the raft-dwellers who had read the writing on the pines had beriberi; but there was still no word of the new official charged with curding the flood. (Gladys, Yang & Yang Xianyi *Old Tales Retold*)

标注：H{SO<reasonable vs. unreasonable (...the raft-dwellers ...who had beriberi has nothing to do with the new official vs. ...the raft-dwellers ...who had beriberi has something to do with the new official)>SI<linguistic context>TA<sth concrete (the new official charged with curding the flood)>LM <parallelism>NS<statement (na)>LA<...the raft-dwellers ...who had beriberi ...>}

　　本例使用的修辞手段是"杂混"，将不相关的概念不和谐地排列，不伦不类，趣味横生。这里描述的是百姓们盼着治水新官到来的情境，将"奇肱国的飞车来过八回""木排居民十个有九个生脚气病"，和"新官没消息"排在一起，居民生脚气病和新官上任没有任何关系，这样的组合滑稽可笑。"杂混"为汉语所特有，译文将"杂混"转换为"排比"，将原文中不相关的概念不和谐地排列出来，成功保留了原文中的幽默信息，使译语读者也能从这些概念的不和谐中顿悟其和谐。"不和谐逻辑间之和谐"的特征在译文中得以保留。

类型三　LM 平行→ NS 衬跌← LA 妙语

　　例（64）原文：辛楣冷笑道："……可是他看破了教育，看破了政治，看破了一切，哼！我也看破了你！……"（钱钟书《围城》）

标注：H{SO< 事情期待的 vs. 事情不期待的（抽象的概念 vs. 具体的人）>SI< 语言语境 >TA< 具体的对象（方鸿渐）>LM< 平行 >NS< 对话（衬跌）>LA< 妙语（我也看破了你）>}

译文：Hsin-mei remarked sarcastically,"...yet he sees through education, he sees through politics, he sees through everything. Humph! Well, I see through you..." (Kelly, J.& Mao, N. K. *Fortress Besieged*)

标注：H{SO<expected state of affairs vs. unexpected state of affairs(sth abstract vs. sth concrete)>SI<linguistic context>TA<sth concrete (Hung-chien)>LM <parallelism>NS<statement (parallelism)>LA <punchline (I see through you)>}

本例原文使用了汉语所特有的"衬跌"修辞手段。译文将连串排列的动宾结构直译为"sees through education, sees through politics, sees through everything，see through you"，保留了原文的动宾结构，汉语所特有的"衬跌"修辞手段被转换为英语的"parallelism（排比）"修辞手段。如前文所言，本研究中我们将作为英语修辞手段的"parallelism"翻译成"排比"，指用一连串结构类似的句子成分或句子来表示强调，增强语言的效果；将逻辑机制中的"parallelism"根据其内涵翻译成"平行"，即结构平行形成了强制性的语义平行。虽然修辞手段发生了变化，但是译文却成功保留了其他参数，原文的参数特征也传递至译文。

类型四　LM 否定→ NS 起跌← LA 妙语

例（65）原文：现在万里回乡，祖国的人海里，泡沫也没起一个——不，承那王主任笔下吹嘘，自己也被吹成一个大肥皂泡，未破时五光十色，经不起人一拥就不知去向。（钱钟书《围城》）

标注：H{SO< 真实的 vs. 非真实的（鸿渐被吹捧 vs. 鸿渐被吹成一个大肥皂泡）>SI< 语言语境 >TA< 具体的对象（王主任）>LM< 否定 >NS< 评论（起跌）>LA< 妙语（经不起人一拥就不知去向）>}

译文：His return home from thousands miles away hadn't

raised a single fleck of froth on the sea of his fellow countrymen. Now thanks to all the blather spewing out of Chief-secretary Wang's pen, he had been blown up into a big soap bubble, bright and colorful while it lasted but gone at a single jab. (Kelly, J.& Mao, N. K. *Fortress Besieged*)

标注：H{SO<actual vs. non-actual (Hung-chien was flattered vs. Hung-chien was blown up into a big soap bubble)>SI<linguistic context>TA<sth concrete (Chief-secretary Wang)>LM<analogy>NS<comment (metaphor)>LA<punchline (it lasted but gone at a single jab)>}

本例的修辞手段为"起跌"。逻辑机制为"否定"，即起句"泡沫也没起一个"构成的脚本被否定，意义转向完全相反的另一个脚本——跌句"也被吹成一个大肥皂泡"，最后"经不起人一拥就不知去向"，描写跌宕起伏，令人愉悦。译文将"起跌"修辞手段转换为"隐喻"，本体为"Hung-chien was flattered"，喻体为"Hung-chien was blown up into a big soap bubble"，构成了在真实方面对立的两个脚本。逻辑机制转换为"类比"，即比较两个脚本的主要特征"it lasted but gone at a single jab"。

类型五　LM 错误推理 / 错误前提推理→NS 逻辑飞白←LA 妙语

飞白指"明知其错故意仿效"，逻辑飞白不是利用对语言各要素本身的飞白，而是利用逻辑上的错误（戈玲玲 2014a：60）。与之匹配的逻辑机制为错误推理（faulty reasoning）或错误前提推理（reasoning from the faulty premise）。错误推理指推理是错误的或不符合逻辑的，而错误前提推理指推理链不符合逻辑，因为前提是错误的（戈玲玲 2014a：61）。

例（66）原文："据联合国研究，地球上的动物，智商最高的，除了人，就是猪……"（莫言《师傅越来越幽默》）

标注：H{SO< 合理的 vs. 不合理的（人智商高 vs. 猪的智商仅次于人）>SI< 非语言语境（常识）>TA< 具体的对象（猪）>LM< 错误推理 >NS< 对话（逻辑飞白）>LA< 妙语（智商最高的，除了人，就是猪）>}

译文：" A United Nations study has proved that the only animals smarter than pigs are people." (Goldblatt, H. *Shifu, You'll Do Anything for a Laugh*)

标注：H{SO<plausible vs.implausible (people are smart vs. only animals smarter than pigs are people)>SI<non-linguistic context(common sense)>TA<sth concrete (pig)>LM<faulty reasoning>NS<dialogue (logical fallacy)>LA<punchline(the only animals smarter than pigs are people)>}

常识告诉我们，人的智商高，猪的智商低。本例中，话语逻辑与正常逻辑发生矛盾冲突，构成了在合理上对立的两个脚本"人智商高"和"猪的智商仅次于人"，合理的脚本是"人智商高"，不合理的脚本是"猪的智商仅次于人"，话语逻辑与正常逻辑发生矛盾冲突。只有当读者把这种矛盾冲突放置于非真诚的信息交际模式中去理解，才会发现这两个不和谐的脚本是用来突出对猪贩子夸大其词的讽刺。修辞手段为"逻辑飞白"。逻辑机制为"错误推理"，指推理是错误的或不符合逻辑的。译文完整地表达了原文的幽默语义，传递了原文的参数特征。

例（67）原文：他私下嘀咕说：挖井不用女人，有女人就不出水。（杨绛《干校六记》）

标注：H{SO<合理的 vs. 不合理的（女人与挖井出水没有关系 vs. 女人与挖井出水有关系）>SI<非语言语境（常识）>TA<具体的对象（阿香）>LM<错误前提推理 >NS<独白（逻辑飞白）>LA<妙语（有女人就不出水）>}

译文：He mumbled that there was no place for women in well-digging, that water wouldn't make an appearance as long as there were women around. (Goldblatt, H. *Six Chapters from My Life "Downunder"*)

标注：H{SO<plausible vs.implausible (having no close relation between women and well-digging vs.having a close relation between women and well-digging)>SI<non-linguistic context(common sense)>

TA<sth concrete (A Xiang)>LM<faulty reasoning>
NS<monologue (logical fallacy)>LA<punchline
(water wouldn't make an appearance as long as there
were women around)>}

　　本例使用了"逻辑飞白"修辞手段，话语逻辑与正常逻辑发生冲突。根据正常逻辑，挖井出不出水与女人挖井没有关系，合理的脚本是"女人与挖井出水没有关系"，不合理的脚本是"女人与挖井出水有关系"。逻辑机制为"错误前提推理"，指推理链不符合逻辑，因为前提是错误的。因为有女人就不出水，所以挖井不用女人。很明显，前提"有女人就不出水"是错误的，因此，推理链不符合逻辑。译文保留了原文中的修辞手段，原文的参数及其特征在译文中没有任何变化，也就是说，译语读者能够完全理解原文中的幽默所在。

　　例（68）原文：可是，她会瞪眼与放炮，于是她就懂了一切。
　　　　　　　　　（老舍《正红旗下》）

　　　　标注：H{SO<合理的 vs. 不合理的（瞪眼与放炮和懂了一切无关 vs. 瞪眼与放炮和懂了一切有关）>SI<语言语境 & 非语言语境 >TA< 具体的对象（大姐婆婆）>LM< 错误前提推理 >NS< 评论（逻辑飞白）>LA< 妙语（懂了一切）>}

　　　　译文：Yet, knowing how to glower at people and how to shout her mouth off made her feel she knew everything. (Don J. Cohn *Beneath the Red Banner*)

　　　　标注：H{SO<plausible vs.implausible (glowering at people and shouting her mouth off have no close relation with her knowing everything vs. glowering at people and shouting her mouth off have a close relation with her knowing everything)>SI<linguistic context&non-linguistic context>TA<sth concrete (sister's mother-in-law)>LM<faulty reasoning>NS<comment (logical fallacy)>LA<punchline (knew everything)>}

　　本例中的话语逻辑"瞪眼与放炮和懂了一切有关"和正常逻辑"瞪眼与放炮和懂了一切无关"相悖，作者采用了"逻辑飞白"修辞手段，凸显大姐婆婆的做人之道。逻辑机制为"错误前提推理"，前提是"她会瞪眼与放炮"，所以她就懂了一切。也就是说，推理链不符合逻辑，因为前提是错误的。只有当读者将不符合逻辑的脚本放在非真诚交际模式下，才能领悟其"不和谐逻辑间之和谐"、讽刺中透着诙谐的魅力。译文成功保留了原文修辞手段，表层参数的特征也没有变化。

类型六　LM 自损 / 夸大→NS 矛盾修辞法 / 夸张←LA 妙语

矛盾修辞法指把两个意思截然相反的词放在一起，并使他们在对立中突出所要表达的思想，从而到达特殊的修辞效果（戈玲玲 2014a：60）。与之匹配的逻辑机制为自损，即自相矛盾。矛盾修辞法有时候也与夸张融用。

例（69）原文：按照那时代的科学说法，这叫作"鬼打墙"。（老舍《正红旗下》）

标注：H{SO<合理的 vs. 不合理的（鬼打墙不是科学说法 vs. 鬼打墙是科学说法）>SI<语言语境 & 非语言语境 >TA< 无 >LM< 自损 >NS< 陈述（矛盾修辞法）>LA< 妙语（按照那时代的科学说法，这叫作"鬼打墙"）>}

译文：The scientific term of the day for this phenomenon was "ghost-built mazes". (Don J. Cohn *Beneath the Red Banner*)

标注：H{SO<plausible vs.implausible (the scientific term was "ghost-built mazes" vs. the scientific term wasn't "ghost-built mazes")>SI<linguistic context vs. non-linguistic context>TA<na>LM<self-undermining>NS<statement (oxymoron)>LA<punchline (the scientific term of the day for this phenomenon was "ghost-built mazes")>}

"鬼打墙"是中国一个古老的迷信说法，与"科学说法"相悖。作者将科学说法与鬼打墙联系在一起，构成两个对立的脚本，合理的脚本是"鬼打墙不是科学说法"，不合理的脚本是"鬼打墙是科学说法"。鬼打墙和科学说法是一对矛盾体。逻辑机制为自损，自相矛盾。译者将原文中"矛盾修辞法"转换至译文，保留了原文的参数和特征。

例（70）原文：沙僧道："好呆子啊！师父教你化斋，许你在此睡

觉的?"（吴承恩《西游记》）

标注：H{SO<合理的 vs. 不合理的（该去化斋却偷懒睡觉的呆子不好 vs. 该去化斋却偷懒睡觉的呆子好）>SI<语言语境>TA<具体的对象（猪八戒）>LM<自损>NS<对话（矛盾修辞法）>LA<妙语（好呆子啊）>}

译文：Sha Monk cried,"Dear Idiot! Master told you to beg for food. Did he give you permission to sleep here?"(Yu,C.A.*The Journey to the West*)

标注：H{SO<plausible vs.implausible (idiot is not considered as a good man to sleep instead of begging for food vs.idiot is considered as a good man to sleep instead of begging for food)>SI<linguistic context>TA<sth concrete (Eight Rules)>LM<self undermining>NS<dialogue (oxymoron)>LA<punchline (Dear Idiot)>}

　　唐僧让猪八戒去化斋，他却睡觉了。看着呼呼大睡的猪八戒，沙僧又生气又好笑又无奈。妙语"好呆子"既表达了沙僧矛盾的心理，又将猪八戒可笑的形象刻画得入木三分。修辞手段为"矛盾修辞法"，与之匹配的逻辑机制为"自损"，"好（正面）"与"呆子（负面）"自相矛盾，当读者从自相矛盾的逻辑中发现不和谐逻辑间之和谐，就能顿悟猪八戒的滑稽和可笑。译文将妙语"好呆子"翻译成"Dear Idiot"，既转换了原文的修辞手段，又保留了原文的参数及其"不和谐逻辑间之和谐"的表层特征。

　　例（71）原文：让我走在大街上，冬天曝日头一照晒死我，夏天落雪冻死我。（阎连科《受活》）

标注：H{SO<合理的 vs. 不合理的（夏天曝日头，冬天落雪 vs. 冬天曝日头，夏天落雪）>SI<语言语境 & 非语言语境>TA<具体的对象（天气）>LM<自损/夸大>NS<独白（矛盾修辞法/夸张）>LA<妙语（冬天曝日头一照晒死我，夏天落雪冻死我）>}

译文：You can leave me to wander the streets, burning

up when the sun shines in the winter and freezing to death when it snows in the summer. (Carlos, R. *Lenin's Kisses*)

标注：H{SO<plausible vs.implausible (the sun shines in the summer and snows in the winter vs. the sun shines in the winter and snows in the summer)>SI<linguistic context & non-linguistic context>TA<sth concrete (weather)>LM<self-undermining/exaggeration> NS<monologue (oxymoron/hyperbole)>LA<punchline (burning up when the sun shines in the winter and freezing to death when it snows in the summer)>}

本例中"矛盾修辞法"与"夸张"修辞手段融用。常识告诉我们，冬天不会曝日头一照晒死人，夏天不会落雪冻死人。作者超出常规的描述，出人意料，令人顿悟后开怀大笑。逻辑机制为"自损"和"夸大"，独白自相矛盾，夸大其词。妙语为"冬天曝日头一照晒死我，夏天落雪冻死我"，译文将其直译为"burning up when the sun shines in the winter and freezing to death when it snows in the summer"，保留了原文的修辞手段，原文的参数及其特征也没有发生变化。

以上六种类型充分地论证了"不和谐逻辑间之和谐"的表层参数特征，这一特征通过旁逸、杂混、衬跌、起跌、逻辑飞白、矛盾修辞法等修辞手段和与之匹配的逻辑机制（调停脚本、平行、否定、错误推理、错误前提推理、自损）以及妙语得以呈现。

第二节　深层参数的特征与英译

深层参数呈现出三大特征，反映了现实与经验、话语现实与语言经验、话语逻辑与正常逻辑的矛盾冲突（戈玲玲，何元建 2012b：41）。

一、特征一：现实与经验的矛盾冲突

现实与经验的矛盾冲突，即现实没有反映存在的状态，它所反映的与人们的经验不相容。它通过超常思维寻找在真实方面对立的两个脚本

的共性，使它们的相似点达到奇特的统一，从而产生幽默（戈玲玲 2014a：103）。

　　例（72）原文：小小一只床分拆了几部，就好比兵荒马乱中的一家人，只怕一出家门就彼此失散，再也聚不到一处去。（杨绛《干校六记》）

　　标注：H{SO< 真实的 vs. 非真实的（被拆分的一只床 vs. 兵荒马乱中走失的一家人）>SI< 语言语境 >TA< 无 >LM< 并置 >NS< 评论（明喻）>LA< 喻词（好比）＋妙语（兵荒马乱中的一家人）>}

　　译文：That little bed of ours in its dismantled state reminded me of a family during a time of war who was fearful that the moment they left their home they would be scattered to the four winds, never to be reunited. (Goldblatt, H. *Six Chapters from My Life "Downunder"*)

　　标注：H{SO<actual vs. non-actual (a little bed of ours in its dismantled state vs. a family during a time of war)>SI<linguistic context>TA<na>LM<juxtaposition>NS<comment (metaphor)>LA<punchline (reminded me of a family during a time of war)>}

　　本例的深层参数特征为现实与经验的矛盾冲突，即真实的与非真实的脚本对立，真实的脚本是"被拆分的一只床"，非真实的脚本是"兵荒马乱中走失的一家人"。本例运用了"明喻"修辞手段，本体是"被拆分的一只床"，喻体"兵荒马乱中走失的一家人"，它们构成了在真实方面对立的两个脚本，突出本体和喻体"被强行分开"的相似点，新颖有趣。逻辑机制为"并置"，即两个脚本同时出现在同一语境中。语境为"语言语境"。本例中无取笑对象。对象参数为可选参数，也就是说并不是所有幽默都有取笑对象的。英译本中，原文中的"明喻"转换成了"隐喻"，喻词省略了，但是，这并没有影响译文中表层参数"相似性之奇特统一"特征的保留，深层参数的特征也在译文中得以呈现。真实的脚本是"a little bed of ours in its dismantled state"，非真实的脚本是"a family during a time of war"，两个脚本形成对立，体现了现实和经验的矛盾冲突，译语读者也能体会到译文的幽默所在。

例（73）原文："她也许不是你理想中的人儿，可是她是你的夫人，一个真人，没有您那些'聊斋志异'！"（老舍《离婚》）

标注：H{SO<真实的 vs. 非真实的（虚幻的事情 vs. 聊斋志异）>SI<非语言语境>TA<具体的对象（老李）>LM<无>NS<对话（引用）>LA<妙语（本源概念：聊斋志异）>}

译文："She may not be your ideal woman, but she is your wife: as a real woman, not like the ones in your dreams." (Lao She & Kuo Helena *The Quest for Love of Lao Lee*)

标注：H{SO<actual vs.non-actual (na)>SI<na>TA<sth concrete(Lao Li)>LM<na>NS<dialogue(na)>LA<not like the ones in your dreams>}

本例的深层参数特征为现实与经验的矛盾冲突，即真实的与非真实的脚本对立。《聊斋志异》是中国清代著名小说家蒲松龄的代表作，后来演变成汉语成语，意指一切虚幻的东西。真实的脚本是"虚幻的事情"，不真实的脚本是"聊斋志异"。语境为"非语言语境"，只有了解汉语本源概念，才能从文化语境中获得该成语的内涵，也才能体会其幽默所在。取笑对象为"老李"，笑话老李总是认为自己的妻子不如人家的好。汉语本源概念"聊斋志异"被意译为"like the ones in your dreams"，典故的引用在译语文化中不存在，因此，由此产生的幽默也无法传达至译文。脚本对立没有形成，深层参数的特征也随之消失。

例（74）原文：嘴要是小一点颇象刚出窝的小家雀。（老舍《二马》）

标注：H{SO<真实的 vs. 非真实的（嘴不是家雀 vs. 嘴是家雀）>SI<非语言语境>TA<具体的对象（伊牧师）>LM<并置>NS<陈述（明喻）>LA<喻词（象）＋妙语（刚出窝的小家雀）>}

译文：If only his mouth were a bit smaller, it would look just like a newly-hatched sparrow. (Jimmerson, J. *Mr. Ma and Son*)

标注：H{SO<actual vs. non-actual (his mouth was not a newly-hatched sparrow vs. his mouth was a newly-hatched sparrow)>SI<non-linguistic context>TA<sth concrete (the Evans)>LM<juxtaposition>NS<statement (simile)>LA<figurative word (like) + punchline (a newly-hatched sparrow)>}

本例的深层参数特征为现实与经验的矛盾冲突，即真实的与非真实的脚本对立。真实的脚本是"嘴不是家雀"，非真实的脚本是"嘴是家雀"，语境为"非语言语境"，即常识告诉我们嘴不是家雀。对象为"伊牧师"。译文保留了所有参数的特征。

以上例句反映了深层参数的特征：现实与经验的矛盾冲突，它是通过真实的与非真实的脚本对立、语言语境和非语言语境得以展现，它与表层参数的"相似性之奇特统一"的特征相对应，构成了言语幽默的参数特征一。

二、特征二：话语现实与语言经验的矛盾冲突

话语现实与语言经验的矛盾冲突，指话语现实不是人们语言经验所期待的状态，它所反映的超出了语言体系的规约性。它是通过语义、结构等语言要素从正常的符合人们的语言经验的使用范围巧妙地转移到超常的使用范围，在非真诚信息交际模式下这些语言要素的超常使用构成了幽默语言的核心（戈玲玲 2014a：103），它通过正常与非正常的脚本对立得以呈现。

例（75）原文："照着家法，挽回家声。"（鲁迅《故事新编》）

标注：H{SO< 正常的 vs. 非正常的（家族治水的方法 / 名声 vs. 家法 / 家声）>SI< 语言语境 & 非语言语境 >TA< 具体的对象（胖官员）>LM< 虚假类比 >NS< 对话（仿拟）>LA< 妙语（挽回家声）>}

译文："Restore the family name by the old family method." (Gladys, Yang & Yang Xianyi *Old Tales Retold*)

标注：H{SO<na>SI<linguistic context&non-linguistic context>TA<sth concrete (the fat official)>LM<na>NS<dialogue (na)>LA<na>}

本例中，家族治水的方法被戏称为固定语词"家法"，仿照"名声"

造一个"家声"，语义、结构发生变化，违背了语言规约，幽默应运而生。根据语言语境和非语言语境，我们可以得出正常的脚本（语言经验）是"家族治水的方法／名声"，非正常脚本是"家法／家声"，取笑的对象是"胖官员"。正常脚本为隐性脚本，非正常脚本为显性脚本。只有当读者从不和谐中体会到和谐，才会领略其幽默风趣所在。译文采取直译的方法，"仿拟"修辞手段完全消失，导致话语现实与语言经验的矛盾冲突在译文中不复存在。

> 例（76）原文："……你就挥金如土，我几时看见你金子，几时看见你的土！"（吴敬梓《儒林外史》）
>
> 标注：H{SO<正常的 vs. 非正常的（挥金如土 vs. 看见金子看见土）>SI<语言语境＆非语言语境>TA<无>LM<范围限制>NS<对话（析词）>LA<妙语（看见你金子，看见你的土）>}
>
> 译文："When did I ever have money from you? I've never seen you spending money like water! " (Gladys,Yang & Yang Xianyi *The Scholars*)
>
> 标注：H{SO<na>SI<linguistic context>TA<na>LM<na>NS<dialogue (na)>LA<na>}

正常的语词是汉语本源概念"挥金如土"，被拆分成"看见金子看见土"，超出了人们的语言习惯和想象，形成了在合理方面对立的两个脚本。符合语言经验的是"挥金如土"，超出语言经验的是"看见金子看见土"。逻辑机制为"范围限制"，即限制在这个对话中，将"挥金如土"拆开使用，不和谐中达到和谐，诙谐风趣。汉语特有的修辞手段——"析词"在英语中缺失，因此，译者采取意译的策略将原文的隐含意义翻译至译文，但是脚本对立却在译文中消失，原文的参数及其特征也在译文中荡然无存。

以上例句反映了深层参数的特征：话语现实与语言经验的矛盾冲突，它通过正常的与非正常的脚本对立、语言语境和非语言语境得以展现，它与表层参数的"语言要素之巧妙转移"的特征相对应，构成了言语幽默的参数特征二。

三、特征三：话语逻辑与正常逻辑的矛盾冲突

话语逻辑与正常逻辑的矛盾冲突，指话语逻辑不是人们能按照正常的

逻辑思维而获得的，它所反映的是超出人们心里期待的一种不可能的状态。只有当人们从符合逻辑思维的真诚信息交际模式，转向不合逻辑甚至是错误逻辑的非真诚信息交际模式，发现逻辑间不和谐中的和谐，幽默才会产生（戈玲玲 2014a：103-104）。

例（77）原文：假如人人有个满意的妻子，世界上自然不会闹共产党；没有共产党自然不会闹共妻。（老舍《离婚》）

标注：H{SO< 合理的 vs. 不合理的（共产党与共妻无关 vs. 共产党与共妻有关）>SI< 语言语境 & 非语言语境 >TA< 无 >LM< 错误推理 >NS< 陈述（逻辑飞白）>LA< 妙语（没有共产党自然不会闹共妻）>}

译文：If everybody had a satisfactory wife, there would be no Communism in this world. And if there was no Communism, there would never be any communal wife like that of a communistic society. (Lao She & Kuo Helena *The Quest for Love of Lao Lee*)

标注：H{SO<plausible vs.implausible (Communism has no relation with any communal wife vs. Communism has relation with any communal wife)>SI<linguistic context & non-linguistic context>TA<na>LM<faulty reasoning>NS<statement (logical fallacy)>LA <punchline (if there was no Communism, there would never be any communal wife like that of a communistic society)>}

本例有两个在合理方面对立的脚本，合理的脚本是"共产党与共妻无关"，不合理的脚本是"共产党与共妻有关"。话语逻辑与正常逻辑发生冲突。修辞手段为"逻辑飞白"，逻辑机制为"错误推理"。译文成功保留了原文的所有参数，深层参数的特征也随之传递至译文。

例（78）原文：我睁着眼继续做我自己的梦，低头只看着前人的脚跟走。（杨绛《干校六记》）

标注：H{SO< 合理的 vs. 不合理的（闭上眼睛做梦 vs. 睁

着眼睛做梦）>SI<语言语境 & 非语言语境 >TA
<具体的对象（杨绛）>LM< 自损 >NS< 陈述（矛
盾修辞法）>LA< 妙语（睁着眼继续做我自己的
梦）>}

> 译文：One night as we were returning to the dormitory after
> watching a movie, I continued my woolgathering,
> fixing my gaze on the feet of the person ahead of me
> as I walked along. (Goldblatt, H. *Six Chapters from
> My Life"Downunder"*)

> 标注：H{SO<na>SI<na>TA<na>LM<na>NS<statement
> (na)>LA<na>}

　　按照正常的逻辑，人只有闭上眼睛睡觉才做梦。本例中"睁着眼继续
做我自己的梦"明显不符合正常逻辑，只有当读者从符合逻辑的真诚信息
交际模式转向不合逻辑甚至是错误逻辑的非真诚信息交际模式，发现逻辑
间不和谐中的和谐，幽默才会产生。合理的脚本是"闭上眼睛做梦"，不
合理的脚本是"睁着眼睛做梦"。逻辑机制为"自损"，即自相矛盾。修辞
手段为"矛盾修辞法"，妙语为"睁着眼继续做我自己的梦"。译文没有保
留原文的修辞手段，触发"矛盾修辞法"的妙语"睁着眼继续做我自己的
梦"被意译成"I continued my woolgathering"，脚本对立完全消失，其他
参数及其特征也不复存在，译文毫无幽默可言。

　　例（79）原文：她收入的多，开销的少——白住我们的房子，又
有弟媳妇作义务女仆。（老舍《正红旗下》）

> 标注：H{SO< 合理的 vs. 不合理的（收入多开销多 vs.
> 收入多开销少）>SI< 语言语境 & 非语言语境 >TA
> <具体的对象（姑母）>LM<调停脚本 >NS< 陈
> 述（旁逸）>LA< 妙语（白住我们的房子，又有
> 弟媳妇作义务女仆）>}

> 译文：She had a generous income and few expenses—she
> paid no rent for living with us and had my mother
> available to act as her voluntary maidservant. (Don J.
> Cohn *Beneath the Red Banner*)

> 标注：H{SO<plausible vs.implausible (a generous income

and expenses vs. a generous income and few expenses>SI<linguistic context & non-linguistic context>TA<sth concrete (aunt)>LM<mediating script>NS<statement (na)>LA<punchline (she paid no rent for living with us and had my mother available to act as her voluntary maidservant)>}

本例描述姑母白住白喝的情景。按常理，收入多开销多，读者乍一读姑母收入多开销少，原以为姑母非常节俭，但是作者突然使用破折号插入事实真相，使读者顿悟，从不合理的逻辑中体会到其合理之处，不免会意而笑。取笑对象为"姑母"。修辞手段为"旁逸"。逻辑机制为"调停脚本"，即借助第三个脚本"白住我们的房子，又有弟媳妇作义务女仆"促成前面两个脚本在合理方面形成对立。妙语为第三个脚本。汉语所特有的修辞手段——"旁逸"在译文中缺失，但是，触发"旁逸"的妙语"白住我们的房子，又有弟媳妇作义务女仆"被翻译成"she paid no rent for living with us and had my mother available to act as her voluntary maidservant"，促成了脚本的对立。原文深层参数及其特征在译文中得以保留。

以上例句反映了深层参数的特征：话语逻辑与正常逻辑的矛盾冲突，它通过合理的与不合理的脚本对立、语言语境和非语言语境得以展现，它与表层参数的"不和谐逻辑间之和谐"的特征相对应，构成了言语幽默的参数特征三。

本节阐述了深层参数的三大特征，"现实与经验的矛盾冲突（真实的与非真实的脚本对立）"、"话语现实与语言经验的矛盾冲突"（正常的与非正常的脚本对立）、"话语逻辑与正常逻辑的矛盾冲突"（合理与不合理的脚本对立）。

第三节　小结

本章首先阐述了汉语言语幽默生成的参数特征，包括表层参数的三大特征和深层参数的三大特征，他们一一对应又相互补充。每个特征中又分不同的类型。表层参数的类型与修辞手段有关，不同的修辞手段影响着逻辑机制和妙语的类型。深层参数的类型与脚本对立有关，脚本对立的形成不但与语言语境和非语言语境有关，而且还与表层参数的类型相关联。汉语言语幽默的表层参数与深层参数构成了汉语言语幽默生成的理论参数。

基于对语料库中语料的分析，汉语言语幽默具有三大表层参数特征和三大深层参数特征，他们基本呈现一一对应的关系，即表层参数的"相似性之奇特统一"对应深层参数的"现实与经验的矛盾冲突（真实的与非真实的脚本对立）、表层参数的"语言要素之巧妙转移"对应"话语现实与语言经验的矛盾冲突"（正常的与非正常的脚本对立）、表层参数"不和谐逻辑间之和谐"对应深层参数的"话语逻辑与正常逻辑的矛盾冲突"（合理与不合理的脚本对立）。但是，也有例外。原因有二，一是有些言语幽默比较复杂，其具体的幽默组织形式不是一种修辞手段，有时会出现两种，我们将两种都予以标注；二是即使是同一修辞手段，因为语言的复杂性，所反映出来的深层参数的特征也会有不同。但是这些因素并不影响言语幽默的生成，也不会对言语幽默的理解和判断造成影响。

基于以上的分析，我们发现在翻译言语幽默时，解码的三条准则和编码的两条准则至关重要。解码的三条准则是言语幽默理解的基础。真诚性准则为第一准则，没有该准则，就无法理解幽默。相似性准则和和谐性准则互为补充，相互依赖。真诚性准则是基础，是根本。相似性准则和和谐性准则是理解汉语言语幽默的出发点和落脚点，对汉语言语幽默翻译起到的作用不可小觑。编码的两条准则包括非真诚交际的四大准则和语用等值准则。下一章我们在讨论英译策略时，将会涉及言语幽默翻译中解码的三条准则和编码的两条准则。

第六章 汉语言语幽默的英译策略

言语幽默的生成有其特殊的规律，汉语言语幽默也是如此。就言语幽默而言，具有四个必要参数或两个选择参数是言语幽默的生成特征。汉语言语幽默的生成特征，涵盖三个表层参数、三个深层参数，表层参数的核心是修辞手段，深层参数的核心是脚本对立。在翻译中，如何判断原文与译文的相似度取决于表层参数和深层参数构成的汉语言语幽默相似度测量系统。在对语料库中的语料进行分析时，我们发现处于最底层的语言参数妙语中的本源概念、叙述策略中的修辞手段对最高层的脚本对立的形成至关重要，因此，能否在翻译中成功转换本源概念和修辞手段直接影响到原文的幽默是否传递至译文。本章的第一节阐述本源概念的英译策略，第二节探讨修辞手段的英译策略，第三节讨论汉语言语幽默的英译分析准则，第四节为本章小结。

第一节 本源概念的英译策略

通过对语料库中的语料进行对比分析，我们发现本源概念的英译策略有五种：直译、意译、换译、省译、合译。下面分别举例分析。

一、直译

直译指只翻译本源概念的字面意义（又称直指），直译可以加注，也可以不加（何元建 2010：212）。音译也归属于此类。

例（1）原文：把个赵氏在屏风后急得像热锅上蚂蚁一般。（吴敬梓《儒林外史》）

标注：H{SO< 真实的 vs. 非真实的（赵氏 vs. 蚂蚁）>SI< 语言语境 & 非语言语境 >TA< 具体的对象（赵氏）>LM< 并置 >NS< 评论（明喻）>LA< 喻词

（像……一般）＋妙语（本源概念：歇后语"热锅上蚂蚁"）>}

译文：This made the widow behind the screen as frantic as an ant on a hot furnace. (Gladys,Yang & Yang Xianyi *The Scholars*)

标注：H{SO<actual vs. non-actual (the widow vs. an ant)>SI<linguistic context & non-linguistic context>TA<sth concrete (the widow)>LM<juxtaposition>NS<comment(simile)>LA<figurative word (as...as)+punchline (an ant on a hot furnace)>}

本例包含汉语本源概念——歇后语"热锅上蚂蚁——团团转"，比喻非常着急。译文将其直译为"an ant on a hot furnace"，保留了原文的意象，脚本对立在译文中成立，其他五个参数完全保留，原文的风趣幽默在译文中得以呈现，因此，译文读者可以获得与原文读者同样的情趣。

　　例（2）原文："她是破罐子破摔，我也是死猪不怕开水烫了。"（余华《许三观卖血记》）

标注：H{SO<真实的 vs. 非真实的（许玉兰 / 说话人 vs. 破罐子 / 死猪）>SI<语言语境 & 非语言语境 >TA<具体的对象（许玉兰）>LM<并置 >NS<对话（引用）>LA<妙语（本源概念：俗语"破罐子破摔、死猪不怕开水烫"）>}

译文："She's like a broken pot that's not afraid of shattering, and I'm a dead pig who no longer minds that the water's coming to a boil." (Andrew, F. Jones *Chronicle of a Blood Merchant*)

标注：H{SO<actual vs. non-actual (Xu Yunlan/the speaker vs. pot/pig)>SI<linguistic context>TA<sth concrete(Xu Yulan)>LM<juxtaposition>NS<dialogue (simile/metaphor)>LA<punchline (a broken pot that's not afraid of shattering/a dead pig who no longer minds that the water's coming to a boil)>}

　　本例中，俗语"破罐子破摔、死猪不怕开水烫"被直译为"a broken

pot that's not afraid of shattering/a dead pig who no longer minds that the water's coming to a boil"，虽然在译文中原文"引用"修辞手段转变成了"明喻"和"隐喻"，但是原文的意象还是没变，译文读者即使不知道原文的典故是何意，也能通过语言语境来理解原文中所隐含的幽默语义。

例（3）原文："俗语说得好：'死知府不如一个活老鼠。'那个理他？而今人情是势利的！"（吴敬梓《儒林外史》）

标注：H{SO<真实的 vs. 非真实的（胡三先生 vs. 死知府）>SI<语言语境 & 非语言语境 >TA<具体的对象（老李）>LM<并置 >NS<对话（引用）>LA<妙语（本源概念：谚语"死知府不如一个活老鼠"）>}

译文："'A dead prefect is not as good as a live rat.' Who's afraid of Mr. Hu? Men nowadays fawn upon the rich and powerful!" (Gladys, Yang & Yang Xianyi *The Scholars*)

标注：H{SO<actual vs. non-actual (Mr. Hu vs. A dead prefect)>SI<linguistic context>TA<sth concrete (Mr. Hu)>LM<juxtaposition>NS<dialogue (quotation)>LA<punchline (A dead prefect is not as good as a live rat.)>}

谚语"死知府不如一个活老鼠"指的是下了台的官员不起作用，译者将其直译为"A dead prefect is not as good as a live rat"，保留了汉语谚语的意象，译语读者也能从上下文领略到讽刺中的幽默。

例（4）原文：我吃饭少，力气小，干的活儿很轻，而工资却又极高，可说是占尽了"社会主义优越性"的便宜，而使国家吃亏不小。（杨绛《干校六记》）

标注：H{SO<真实的 vs. 非真实的（没占社会主义优越性的便宜 vs. 占尽了社会主义优越性的便宜）>SI<语言语境 & 非语言语境 >TA<具体的对象（杨绛）>LM<否定 >NS<陈述（反语）>LA<妙语（本源概念："社会主义优越性"）>}

译文：I didn't eat much, had little strength, and performed only light tasks, but I was paid a very high wage.

I guess this could be characterized as taking full advantage of the"superiority of socialism", even though the cost to the nation was considerable. (Goldblatt, H. *Six Chapters from My Life "Downunder"*)

标注：H{SO<actual vs. non-actual (take no advantage of the superiority of socialism vs. take full advantage of the superiority of socialism)>SI<linguistic context & non-linguistic context>TA<sth concrete (Yang Jiang)>LM <negation>NS<statement(irony)>LA<punchline (the superiority of socialism)>}

汉语本源概念"社会主义优越性"为中国所特有，原文作者将自己"吃饭少，力气小，干的活儿很轻，而工资却又极高"自嘲为"占尽了社会主义优越性的便宜"，将"少、小、轻"和"极高"进行对比，然后顺势一转，"可说是占尽了'社会主义优越性'的便宜，而使国家吃亏不小"，自嘲中充满了谐趣。译文将汉语本源概念"社会主义优越性"意译为"the superiority of socialism"，传递了原文的语义，保留了原文的参数特征，译语读者也能感受到自嘲中的谐趣。

二、意译

意译指翻译本源概念的象征意义（又称转指）（何元建 2010：212）。

例（5）原文：阿 Q 在百忙中，"无师自通"的说出半句从来不说的话。（鲁迅《阿 Q 正传》）

标注：H{SO< 真实的 vs. 非真实的（意外发言 vs. 无师自通）>SI< 语言语境 & 非语言语境 >TA< 具体的对象（阿 Q）>LM< 否定 >NS< 陈述（反语）>LA< 妙语（本源概念：成语"无师自通"）>}

译文：In his agitation Ah Q uttered half a saying which he had picked up for himself but never used before. (Gladys,Yang & Yang Xianyi *The True Story of Ah Q*)

标注：H{SO<actual vs. non-actual (utter half a saying unexpectedly vs. pick up for himself)>SI<linguistic context>TA<sth concrete (Ah Q)>LM<negation>NS

<comment(irony)>LA<punchline (uttered half a saying which he had picked up for himself but never used before)>}

　　本例中，原文的汉语本源概念"无师自通"被意译成"he had picked up for himself"，原作者的意图和原文的意象似乎没有在译文中体现，但是，根据上下文，原文的修辞手段还是得以保留。虽然六个参数中语境参数有所不同，但是，本源概念的意译使其他几个参数与原文完全一致，可以说，译文还是成功转换了原文的幽默。

　　　　　　例（6）原文：老李偷眼看着太太，心中老有点"刘姥姥进大观园"的恐怖。(老舍《离婚》)

　　　　　　标注：H{SO< 真实的 vs. 非真实的（偷眼看着太太 vs. 刘姥姥进大观园）>SI< 语言语境 & 非语言语境 >TA< 具体的对象（老李）>LM< 并置 >NS< 陈述（引用）>LA< 妙语（本源概念：刘姥姥进大观园）>}

　　　　　　译文：Lao Lee stole a glance at his wife. He was constantly fearful lest she behave like a country bumpkin and embarrass him.（Lao She & Kuo Helena *The Quest for Love of Lao Lee*)

　　　　　　标注：H{SO<actual vs. non-actual (na)>SI<na>TA<sth concrete (Lao Lee)>LM<na>NS<statement>LA<punchline (lest she behave like a country bumpkin and embarrass him)>}

　　本例中的"刘姥姥进大观园"属于汉语本源概念，比喻没有见过世面的人来到新奇的世界，既好奇又害怕，也比喻见识短浅、孤陋寡闻的人。本例引用这一典故，来描述老李极度恐惧的心理状态，生怕妻子给他丢脸。译者将该本源概念意译为"behave like a country bumpkin and embarrass him"，没有将原文栩栩如生的意象传递到译文，原文的幽默没有保留。译文没有提供任何有关"刘姥姥"这一人物形象的背景知识，译语读者无法从"a country bumpkin and embarrass him"领略到原文的幽默。构成脚本之一的本源概念"刘姥姥进大观园"被意译后，妙语发生了变化，"引用"修辞手段消失，逻辑机制和脚本对立也完全消失，可以说，意译本源概念没有将原文的幽默传递至译文。

例（7）原文：将快死去的人还有个回光返照，将快寿终的文明
不必是全无喧嚣热闹的。（老舍《猫城记》）

标注：H{SO<真实的 vs. 非真实的（灭亡前的喧嚣热闹
vs. 回光返照）>SI<语言语境 & 非语言语境>TA
<抽象的对象（猫国文明）>LM<类比>NS<陈述
（隐喻）>LA<妙语（本源概念：成语"回光返照"）>}

译文：The life of a man, like a candle, seems to glow
again with its former brilliance just before going
out; similarly, an entire civilization on the point of
extinction is not without a final, ephemeral splendor.
(Lyel, William A. *Cat Country*)

标注：H{SO<actual vs. non-actual (a final, ephemeral
splendor before extinction of an entire civilization
vs.the life of a man,like a candle, seems to glow
again with its former brilliance just before going
out)>SI<linguistic context>TA<sth abstract (Cat
Country's civilization)>LM<analogy>NS<statement
(metaphor)>LA<punchline (like a candle, seems to
glow again with its former brilliance)>}

汉语成语"回光返照"，比喻人将死时神志忽然清醒或短暂的兴奋，
也比喻旧事物灭亡前表面上的短暂繁荣。作者将"猫国文明灭亡前的喧嚣
热闹"比喻成"人死前的回光返照"，突出两者之间"短暂"的特征，构
成在真实方面对立的两个脚本。"回光返照"被意译为"like a candle, seems
to glow again with its former brilliance"，使译文的描述更加生动。原文的参
数特征在译文中得以保留，译语读者也能领悟到译文的讽刺和幽默所在。

例（8）原文：杜慎卿道："苇兄，小弟最厌的人，开口就是纱
帽……"（吴敬梓《儒林外史》）

标注：H{SO<真实的 vs. 非真实的（官员 vs. 纱帽）>SI
<非语言语境>TA<具体的对象（宗先生）>LM<虚
假类比>NS<对话（借代）>LA<妙语（本源概念：
纱帽）>}

译文："Weixiao," said Du, "nobody irritates me more than these people who can talk about nothing except their official connections..." (Gladys,Yang & Yang Xianyi *The Scholars*)

标注：H{SO<na>SI<na>TA<sth concrete (Mr. Zong)> LM<na>NS<dialogue (na)>LA<official connections>}

在中国古代，纱帽是君主、贵族和官员所戴的一种帽子。本例使用了"借代"修辞手段，用官员戴的纱帽来借代官员，本体"官员"和借体"纱帽"构成了在真实方面对立的两个脚本。原文中借体"纱帽"被意译成"official connections"，原文中"借代"修辞手段在译文中没有转换，参数的特征也就随之消失。

例（9）原文：他最爱花草，每到夏季必以极低的价钱买几棵姥姥不疼、舅舅不爱的五色梅。（老舍《正红旗下》）

标注：H{SO< 真实的 vs. 非真实的（低价的五色梅 vs. 姥姥不疼、舅舅不爱的五色梅）>SI<语言语境 & 非语言语境 >TA< 具体的对象（五色梅）>LM< 并置 >NS< 陈述（引用）>LA< 妙语（本源概念：俚语"姥姥不疼、舅舅不爱"）>}

译文：He loved plants and flowers. Every summer, he would buy the rock bottom-priced verbena that even the old grannies and grandpas had no interest in. (Don J. Cohn *Beneath the Red Banner*)

标注：H{SO<actual vs. non-actual (the rock bottom-priced verbena vs.verbena that even the old grannies and grandpas had no interest in)>SI<linguistic context> TA<sth concrete (verbena)>LM<exaggeration>NS <statement(hyperbole)>LA<punchline (verbena that even the old grannies and grandpas had no interest in)>}

本例使用了汉语俚语"姥姥不疼舅舅不爱"，译者将其意译为"that even the old grannies and grandpas had no interest in"，该译文虽然没有将原文的意象呈现出来，但由俚语构成的脚本对立依然存在，原文的参数及其特征没有消失，译语读者也能体会其幽默的语义。

三、换译

换译指将中文典故换成英文典故（何元建 2010：212），也可以指将中文本源概念换成英文本源概念。

例（10）原文："怪不得人说你们'诗云子曰'的人难讲话！"（吴敬梓《儒林外史》）

标注：H{SO< 真实的 vs. 非真实的（马二先生 vs. 诗云子曰）>SI< 语言语境 & 非语言语境 >TA< 具体的对象（马二先生）>LM< 虚假类比 >NS< 对话（借代）>LA< 妙语（本源概念：成语"诗云子曰"）>}

译文："No wonder they say you bookworms are hard to deal with..." (Gladys,Yang & Yang Xianyi *The Scholars*)

标注：H{SO<actual vs. non-actual (Mr. Ma vs. bookworm)> SI<linguistic context & non-linguistic context> TA<sth concrete (Mr. Ma)>LM<analogy>NS<dialogue (metaphor)>LA<punchline (indigenous concept: bookworms)>}

本例中，汉语本源概念"诗云子曰"泛指儒家言论或经典著作，这里指代读书人。译文将其换译成英文的概念"bookworms"，达到异曲同工之妙。虽然修辞手段从"借代"转换成"隐喻"，但换译却完整地保留了原文中对立的两个脚本，虽然其他五个参数有所变化，但并没有影响原文幽默的传递。

例（11）原文：我心里说：这酥饸饸式的墙也许另有种作用。（老舍《猫城记》）

标注：H{SO< 真实的 vs. 非真实的（不结实的墙 vs. 酥饸饸式的墙）>SI< 语言语境 & 非语言语境 >TA< 具体的对象（墙）>LM< 类比 >NS< 独白（隐喻）>LA< 妙语（本源概念：酥饸饸）>}

译文：I thought to myself that perhaps this cracker-crisp wall had some other use that I was as yet unaware of. (Lyel, William A. *Cat Country*)

标注：H{SO<actual vs. non-actual (thin wall vs. cracker-crisp wall) >SI<linguistic context & non-linguistic context>TA<sth concrete (wall)>LM<analogy>NS<monologue(metaphor)>LA<punchline (indigenous concept: cracker-crisp)>}

"酥饽饽"为汉语本源概念，指的是面粉和油加糖制成的松而易碎的点心。译文采用换译的翻译策略，用 cracker-crisp 替代"酥饽饽"，保留了原文中本体与喻体的特征，原文的参数及其特征在译文中没有变化。

例（12）原文："老天爷饿不死瞎家雀，一点不错！"（老舍《二马》）

标注：H{SO< 真实的 vs. 非真实的（李子荣坚信自己的能力 vs. 老天爷饿不死瞎家雀）>SI< 语言语境 & 非语言语境 >TA< 具体的对象（李子荣）>LM < 类比 >NS< 对话（隐喻）>LA< 妙语（本源概念：谚语"老天爷饿不死瞎家雀"）>}

译文：If there is a will, thus there is a way—it sure is true. (Jimmerson, J. *Mr. Ma and Son*)

标注：H{SO<normal vs. abnormal (where there is a will, there is a way vs. if there is a will, thus there is a way)>SI<linguistic context & non-linguistic context>TA<sth concrete (Li Zirong)>LM<false analogy>NS<dialogue(parody)>LA<punchline (if there is a will, thus there is a way)>}

"老天饿不死瞎家雀"为汉语谚语，指即使是瞎眼的麻雀，上天也不会让它饿死，比喻人的生活能力再怎么差，也有办法生存下来。译者采取换译的翻译策略，依据英语的谚语 "where there is a will, there is a way" 仿照出 "if there is a will, thus there is a way" 来替代"老天饿不死瞎家雀"，虽然原文"隐喻"修辞手段在译文中转换成"仿拟"，逻辑机制和脚本对立也有所变化，但是，原文的幽默信息还是在译文中得以呈现。

例（13）原文："……罗大嫂，亲亲的嫂子，我是在拍您的马屁呢……"（莫言《四十一炮》）

标注：H{SO< 正常的 vs. 非正常的（拍马屁 vs. 拍您的马

屁）>SI<语言语境 & 非语言语境 >TA<（无）>
LM<范围限制 >NS<陈述（析词）LA<妙语（拍
您的马屁）>}

译文："...I mean Elder Sister Luo, my dear Elder Sister,
I was just trying to soft-soap you..." (Goldblatt, H.
POW!)

标注：H{SO<actual vs.non-actual (flatter you vs.soft-soap
you)>SI<linguistic context & non-linguistic context>
TA<na>LM<analogy>NS<dialogue(metaphor)>LA
<punchline (to soft-soap you)>}

"拍马屁"为汉语本源概念，意思是"阿谀奉承"，妙语为"拍您的马屁"。译文将妙语"拍您的马屁"换译成"to soft-soap you"，"析词"修辞手段被转换为"隐喻"，原文的参数及其特征发生了变化，但是并没有影响原文幽默的传递。

四、省译

省译就是在译文中不出现（何元建 2010：212）。

例（14）原文：因为替她使劲，自己的汗越发川流不息。（老舍
《离婚》）

标注：H{SO< 真实的 vs. 非真实的（汗出得多 vs. 汗川
流不息）>SI< 语言语境 & 非语言语境 >TA<具体
的对象（老李）>LM< 夸大 >NS< 陈述（夸张）>
LA< 妙语（本源概念：成语"川流不息"）>}

译文：He didn't say a word. He just perspired. (Lao She &
Kuo Helena *The Quest for Love of Lao Lee*)

标注：H{SO<na>SI<na>TA<sth concrete (Lao Li)>LM<na>
NS<statement(na)>LA<he just perspired>}

本例中原文的幽默来自汉语本源概念——成语"川流不息"，译文将其省去没译，因此，构成对立的两个脚本之一的"汗川流不息"完全消失。"夸张"修辞手段和对应的逻辑机制"夸大"也不复存在。原文的幽默信息在译文中完全没有体现出来。

例（15）原文：马威冷笑了一声，看准茅先生的脸，左右开花，

奉送了两个嘴巴。(老舍《二马》)

标注: H{SO< 真实的 vs. 非真实的（打耳光 vs. 左右开
花）>SI< 语言语境 & 非语言语境 >TA< 具体的
对象（茅先生）>LM< 类比 >NS< 陈述（隐喻）>
LA< 妙语（本源概念: 左右开花, 奉送了两个嘴
巴）>}

译文: Ma Wei sneered, focused on Mao's face, and
delivered a couple of slugs in the chap's mouth.
(Jimmerson, J. *Mr. Ma and Son*)

标注: H{SO<na>SI<na>TA<sth concrete (Mrs. Mao)>LM
<na>NS<statement(na)>LA<delivered a couple of
slugs in the chap's mouth>}

本例中汉语本源概念"左右开花"在译文中被省略了，没有翻译出来。
因此，构成在真实方面对立的两个脚本之一在译文中不存在，也就没有脚
本对立可言，"类比"逻辑机制、"隐喻"修辞手段以及妙语也都随之消失。

例（16）原文: 要钱没有，要命舍不得，我的生意做赔了，
你看看有什么值钱的东西就拿走吧。(莫言
《四十一炮》)

标注: H{SO< 正常的 vs. 非正常的（要钱没有，要命一
条 vs. 要钱没有，要命舍不得）>SI< 语言语境 &
非语言语境 >TA< 无 >LM< 虚假类比 >NS< 对话
（仿拟）>LA< 妙语（要钱没有，要命舍不得）>}

译文: My business failed, and if you see anything worth
taking then please do so. (Goldblatt, H.*POW!*)

标注: H{SO<na>SI<na>TA<na>LM<na>NS<dialogue
(na)>LA<na>}

"要钱没有，要命一条"为汉语俗语，指赖账不给钱，自己没有钱，随
便对方怎么样都可以。作者仿造"要钱没有，要命一条"造出"要钱没有，
要命舍不得"，仿体结构与本体相同，语义却完全相反，"舍不得"出人意
料，让人忍俊不禁。本体和仿体构成了两个在正常方面对立的脚本。译文
采用了省略的翻译策略。仿体"要钱没有，要命舍不得"被省略，也就不
可能联想到本体"要钱没有，要命一条"，本体和仿体构成的两个脚本在

翻译后消失，幽默无法传递至译文。

五、合译

合译是指两种或两种以上翻译策略的合用（戈玲玲 2011：118）。

例（17）原文：我和妹妹闪到大门的两边，宛如金童玉女，迎接
着黄豹。（莫言《四十一炮》）

标注：H{SO<真实的 vs. 非真实的（我和妹妹 vs. 金童玉
女）>SI<语言语境 & 非语言语境 >TA<（无）>
LM< 并置 >NS< 陈述（明喻）LA< 喻词（宛如）+
妙语（本源概念：成语"金童玉女"）>}

译文：We took our places on either side of the gate to
welcome him like Golden Boy and Jade Girl, the
Taoist attendants. (Goldblatt, H. *POW!*)

标注：H{SO<actual vs. non-actual (my sister and I vs.
Golden Boy and Jade Girl)>SI<linguistic context &
non-linguistic context>TA<na>LM<juxtaposition>
NS<statement(simile)>LA<figurative word
(like)+punchline (Golden Boy and Jade Girl, the
Taoist attendants)>}

本例中，译者使用合译（直译＋意译）将汉语本源概念所承载的幽默
信息传递到译文，保留了原文的修辞手段和脚本对立。译语读者可以根据
语境，推断出汉语本源概念的内涵。原文的六个参数在译文中成功保留。

例（18）原文：张大嫂对天真有点怕，母亲对长子理当如是，况
且是这么个漂亮的，新式吕洞宾似的大儿子。
（老舍《离婚》）

标注：H{SO< 真实的 vs. 非真实的（儿子天真 vs. 儿子
吕洞宾）>SI< 语言语境 & 非语言语境 >TA< 具
体的对象（张大嫂）>LM< 并置 >NS< 评论（明
喻）>LA< 喻词（似的）＋妙语（本源概念：吕洞
宾）>}

译文：Actually Mrs. Chang was a little afraid of Celestial
Truth. Mothers were often like that toward their

eldest sons, especially when the son was as handsome as Lu Tung-pin, the handsomest of the Taoist saints. (Lao She & Kuo Helena *The Quest for Love of Lao Lee*)

标注：H{SO<actual vs. non-actual (Celestial Truth vs.Lu Tung-pin)>SI<linguistic context & non-linguistic context> TA<sth concrete (Mrs. Chang)>LM<juxtaposition> NS<comment (simile)>LA<figurative word (as...as)+punchline (Lu Tung-pin, the handsomest of the Taoist saints)>}

　　本例中汉语本源概念吕洞宾为汉族民间传说中八仙之一，亦为中国历史上最有名的道教祖师之一。译者采用直译（音译）加意译的策略，把本体和喻体构成的在真实方面对立的两个脚本传递至译文。本体为张大嫂的儿子天真，喻体为吕洞宾。如果译者只是直译人物姓名，不熟悉中国文化的译语读者就无法产生联想，也就无法领略其风趣所在。译者采取合译策略，原文所呈现的六个参数完全保留，因此，可以说，译文成功转换了原文的幽默信息。

　　例（19）原文：迟衡山道："少卿妙论，令我闻之如饮醍醐。"（吴敬梓《儒林外史》）

　　　　标注：H{SO< 真实的 vs. 非真实的（听了少卿妙论 vs. 如饮醍醐）>SI< 语言语境 & 非语言语境 >TA< 无 >LM< 并置 >NS< 对话（明喻）>LA< 妙语（本源概念：成语"如饮醍醐"）>}

　　　　译文："Listening to Shaoqing's conversation is like drinking elixir." said Chi Hengshan. (Gladys,Yang & Yang Xianyi *The Scholars*)

　　　　标注：H{SO<actual vs. non-actual (listening to Shaoqing's conversation vs. drinking elixir)>SI<linguistic context> TA<na>LM<juxtaposition>NS<dialogue(simile)>LA <punchline (like drinking elixir)>}

　　汉语成语"如饮醍醐"比喻使人思想上突然觉悟。"醍醐"指古时从牛奶中提炼出来的精华，佛教比喻最高的佛法。译文采取合译的策略（直

译 + 换译）将"如饮醍醐"翻译为"like drinking elixir"。"醍醐"被换译为"elixir（an imaginary liquid which scientists once hoped would change other metals into gold,or make life last for ever）"。译文转换了原文的参数特征，保留了原文的幽默信息。

例（20）原文：柳县长在这一夜想了很多的事，他听着乡长和秘书在另一个屋里热暖烘烘的鼻鼾声，像听着乡间的老二胡的弦子声，嗡嗡啦啦的。(阎连科《受活》)

标注：H{SO<真实的 vs. 非真实的（乡长和秘书的鼻鼾声 vs. 乡间的老二胡的弦子声）>SI<语言语境 & 非语言语境 >TA<具体的对象（乡长）>LM<并置 >NS<陈述（明喻）>LA<喻词（像）+ 妙语（本源概念：老二胡的弦子声，嗡嗡啦啦的）>}

译文：He had thought about many things that night, as he listened to the township chief and Secretary Shi snoring away in the next room like an old erhu melody. (Carlos, R. *Lenin's Kisses*)

标注：H{SO<actual vs. non-actual (snore of the township chief and Secretary Shi vs. melody of an old erhu)>SI<linguistic context & non-linguistic context>TA<sth concrete (the township chief)>LM <juxtaposition>NS<statement(simile)>LA<figurative word(like) + punchline (an old erhu melody)>}

"二胡"为中国的一种乐器，声音低沉圆润。作者别出心裁，将"乡长和秘书的鼻鼾声"比喻成"乡间的老二胡的弦子声"，突出"嗡嗡啦啦"的特点，令人捧腹大笑。译文采取合译（直译 + 意译）的策略，将"老二胡的弦子声，嗡嗡啦啦的"翻译成"an old erhu melody"，给译语读者留出了足够的想象空间。当译语读者将"snore of the township chief and Secretary Shi"和"melody of an old erhu"联系在一起时，顿悟其幽默所在，肯定会开怀大笑的。译文完全保留了原文的参数及其特征，原文的幽默也在译文中得以呈现。

例（21）原文："有点痛，但是不严重，对我这样一个垃圾孩子，忍受这样一点痛苦，简直就是张飞吃豆芽儿——
小菜一碟。"（莫言《四十一炮》）

标注：H{SO< 真实的 vs. 非真实的（有点痛 vs. 张飞吃
豆芽儿）>SI< 语言语境 & 非语言语境 >TA< 无 >
LM< 并置 >NS< 对话（引用）>LA< 妙语（本源
概念：歇后语 "张飞吃豆芽儿——小菜一碟"）>}

译文："For a worthless child like me, that sort of pain is like
the powerful Zhang Fei snacking on bean sprouts,
easy as one, two, three." (Goldblatt, H. *POW!*)

标注：H{SO<actual vs. non-actual (that sort of pain vs.
the powerful Zhang Fei snacking on bean sprouts)>
SI<linguistic context>TA<na>LM<juxtaposition>
NS<dialogue(simile)>LA<punchline (like the powerful
Zhang Fei snacking on bean sprouts, easy as one,
two, three)>}

本例的本源概念为歇后语 "张飞吃豆芽儿——小菜一碟"，意指微不
足道的很小的一件事情，或轻而易举就能对付的小事情。译文采取合译
（直译＋意译）的翻译策略，将歇后语 "张飞吃豆芽儿——小菜一碟" 翻
译成 "like the powerful Zhang Fei snacking on bean sprouts, easy as one, two,
three"，转换了原文的修辞手段，保留了歇后语的意象，译语读者虽然不
知道张飞是何许人也，但也能结合语言语境获得原文的幽默信息。

例（22）原文：真是近朱者赤，近墨者黑；真是跟着啥人学啥
人，跟着巫婆学跳神啊。（莫言《四十一炮》）

标注：H{SO< 真实的 vs. 非真实的（老兰对妈妈的影响
vs. 近朱者赤，近墨者黑；真是跟着啥人学啥人，
跟着巫婆学跳神）>SI< 语言语境 & 非语言语境 >
TA< 具体对象（妈妈）>LM< 无 >NS< 对话（引
用）>LA< 妙语（本源概念：近朱者赤，近墨者
黑；真是跟着啥人学啥人，跟着巫婆学跳神）>}

译文：Honestly, a person takes on the colour of his
surroundings. You learn from those nearest you. If
it's a witch you follow, then you learn the dance of a

　　　　　　　　sorceress. (Goldblatt, H. *POW!*)

标注：H{SO<actual VS. non-actual (learn from those nearest you vs.take on the colour of his surroundings)>SI<linguistic context>TA<sth concrete (mother)>LM<juxtaposition>NS<dialogue (quotation)>LA<punchline (a person takes on the colour of his surroundings. You learn from those nearest you. If it's a witch you follow, then you learn the dance of a sorceress)>}

　　本例使用了汉语本源概念"近朱者赤，近墨者黑；跟着啥人学啥人，跟着巫婆学跳神"，译文采取合译（换译＋意译＋直译）的翻译策略，用"a person takes on the colour of his surroundings"替换了"近朱者赤，近墨者黑"；将"跟着啥人学啥人"意译为"you learn from those nearest you"，"跟着巫婆学跳神"直译为"if it's a witch you follow, then you learn the dance of a sorceress"，不但保留了原文的修辞手段，而且将原文的幽默信息成功传递至译语读者。

　　以上分析了语料库中本源概念的五种英译策略，这五种英译策略的使用频率呈现出直译＞意译＞换译＞省译＞合译的趋势。理论上讲，换译是最理想的英译策略，用译语的本源概念取代源语的本源概念，虽然意象发生了变化，但是内涵是一致的，译语读者可以获得与源语读者同样的阅读感受。合译次之，当译语无法找到匹配的本源概念来替代，采取两个以上策略来准确传递原文的信息也是适宜的英译策略。直译在语料库中出现最多，原因在于直译可以完整地保留原文的意象，虽然在译语中这些意象可能不存在或者所承载的意义不同，但是，依据语言语境，特别是上下文，读者可以感受到其中的内涵，也能领略到源语中所传递的幽默信息。如果语言语境无法提供相关信息，非语言境所提供的信息又不存在于译语中，译语读者可能会不知所云，也就无法获得与源语读者同样的感受。意译占的比例仅次于直译，意译虽然将源语的本源概念的意思传递至译语，但是意象完全消失，由此触发的幽默信息也就有可能消失。省译是没办法的选择，如果根据语言语境，能够不影响幽默信息的传递，也是可行的。无论采取什么策略，只要不影响脚本对立的形成或修辞手段的保留，都是行之有效的英译策略。

第二节　修辞手段的英译策略

通过检索分析语料库，我们发现修辞手段的英译策略主要采取三种转换模式，分别是同类转换模式、异类转换模式、零类转换模式。

一、同类转换模式

同类转换模式，顾名思义，指汉英使用相同的修辞手段，即将汉语中的修辞手段转换成英语中相同的修辞手段（戈玲玲，何元建 2012b：109）。能够同类转换的有明喻、隐喻、夸张、借代、引用 / 明喻、拟人、反语、仿拟、倒序、移就、通感、逻辑飞白、矛盾修辞法、对偶十四种修辞手段。

（一）明喻

例（23）原文：他说"very well"二字，声音活像小洋狗在咕噜——"vurry wul"。（钱钟书《围城》）

标注：H{SO< 真实的 vs. 非真实的（张先生说"very well" vs. 小洋狗在咕噜"vurry wul"）>SI< 语言语境 >TA< 具体的对象（张先生）>LM< 并置 >NS< 评论（明喻）>LA< 喻词（活像）+ 妙语（"vurry wul"）>}

译文：The way he said "very well"sounded just like a dog growling"vurry wul". (Kelly, J. & Mao, N. K. *Fortress Besieged*)

标注：H{SO<actual vs. non-actual (the way he said "very well" vs.a dog growling"vurry wul")>SI<linguistic context>TA<sth concrete (Mr. Zhang)>LM<juxtaposition>NS<comment(simile)>LA<figurative words (like) + punchline ("vurry wul")>}

本例原文使用了"明喻"修辞手段，本体是"张先生说"very well"，喻体是"小洋狗在咕噜'vurry wul'，突出发音的共同之处，构成了在真实方面对立的两个脚本。译文保留了原文"明喻"的修辞手段和参数特征，成功地传递了原文的幽默。

例（24）原文：母亲走道儿好象小公鸡啄米粒儿似的，一逗一逗
　　　　　　的好看。(老舍《二马》)

标注：H{SO<真实的 vs. 非真实的（温都太太走道
vs. 小公鸡啄米粒儿）>SI<语言语境>TA<具体
的对象（温都太太）>LM<并置>NS<陈述（明
喻）>LA<喻词（像）+妙语（小公鸡啄米粒儿似
的）>}

译文：Her mother carried herself daintily, like a graceful
chicken. (Jimmerson, J. *Mr. Ma and Son*)

标注：H{SO<actual vs. non-actual (her mother carried
herself daintily vs.a chicken is graceful)>SI<linguistic
context>TA<sth concrete (Mrs. Wendell)>LM
<juxtaposition>NS<statement(simile)>LA<figurative
words (like) + punchline (a graceful chicken)>}

　　原文采用了"明喻"修辞手段，本体为"温都太太走道"，喻体为
"小公鸡啄米粒儿"，译文将"一逗一逗像鸡啄米"意译为"like a graceful
chicken"，成功保留了原文的"明喻"修辞手段，传递了原文的幽默信息。

例（25）原文：那藤便拖泥带水的在地上滚，像一条给沸水烫伤
　　　　　　了的赤练蛇。(鲁迅《故事新编》)

标注：H{SO<真实的 vs. 非真实的（紫藤挥舞的状态
vs.因沸水烫伤的赤练蛇滚动的状态）>LM<并置>
SI<语言语境>TA<无>NS<陈述（明喻）>LA
<喻词（像）+妙语（一条给沸水烫伤了的赤练
蛇）>}

译文：It(the wistaria) twitched on the ground like a coral
snake scalded by boiling water. (Gladys,Yang & Yang
Xianyi *Old Tales Retold*)

标注：H{SO<actual vs. non-actual (the wistaria twitched on
the ground vs. a coral snake scalded by boiling water)>
LM<juxtaposition>SI<context>TA<na>NS<statement
(simile)>LA<figurative word (like)+ punchline (a
coral snake scalded by boiling water)>}

原文使用了"明喻"修辞手段，本体是藤，喻体是赤练蛇。译文将原文直译过来，传递的意象和原文相同，喻词"like"将本体和喻体连接起来，保留了原文的修辞手段。

例（26）原文：……报纸仿佛在油里面浸过似的，被窗户外进来的阳光一照，就像是一张透明的玻璃纸了。（余华《许三观卖血记》）

标注：H{SO<真实的 vs. 非真实的（报纸 vs. 玻璃纸）>SI<语言语境>TA<具体的对象（报纸）>LM<并置>NS<评论（明喻）>LA<喻词（就像……）+妙语（透明的玻璃纸）>}

译文：...The paper looked as if it had been soaked in oil, because it was almost like a glass paper that shone through the window and into the room. (Andrew, F, Jones. *Chronicle of a Blood Merchant*)

标注：H{SO<actual vs. non-actual (newspaper vs. a glass paper)>SI<linguistic context>TA<sth concrete (newspaper)>LM<juxtaposition>NS<comment (simile)>LA<figurative word (like...)+ punchline (like a glass paper)>}

本例中，作者使用了"明喻"修辞手段，本体是报纸，喻体是玻璃纸，喻词将本体和喻体连接起来，构成了在真实方面对立的两个脚本。译文保留了原文的修辞手段，成功地保留了原文的所有参数。

例（27）原文：床边坐着一个人，伸着脖子好象个鸭子……（赵树理《李家庄的变迁》）

标注：H{SO<真实的 vs. 非真实的（屋里的那个人 vs. 鸭子）>SI<语言语境>TA<具体的对象（屋里的那个人）>LM<并置&夸大>NS<评论（明喻&夸张）>LA<喻词（好象）+妙语（鸭子）>}

译文：A third man was sitting by the bed craning his neck like a duck... (Gladys, Yang *Changes in Li Village*)

标注：H{SO<actual vs. non-actual(the man in the room vs. duck)>SI<linguistic context>TA<sth

concrete(the man in the room)>LM<juxtaposition & exaggeration>NS<comment(simile & hyperbole)>LA<figurative word(like)+ punchline (a duck)>}

　　本例运用了"明喻"与"夸张"的修辞手段，凸显本体"屋里的那个人"和喻体"鸭子"在"长度"上的相似点，构成了在真实方面对立的两个脚本。译文转换了原文"明喻"与"夸张"的修辞手段，原文的参数及其特征在译文中得以保留。

　　（二）隐喻

　　　　例（28）原文："您说起耗子，我倒想起来了，"小胡道，"他们很可能挖了条地道跑了。"（莫言《师傅越来越幽默》）

　　　　　　标注：H{SO<真实的 vs. 非真实的（屋子里的男人和女人跑走了 vs. 耗子挖了条地道跑了）>SI<语言语境 & 非语言语境>TA<具体的对象（男人和女人）>LM<类比>NS<对话（隐喻）>LA<妙语（挖了条地道跑了）>}

　　　　　　译文："Rats, you say. How about this?"Little Hu said, "They tunneled their way out." (Goldblatt, H. *Shifu, You'll Do Anything for a Laugh*)

　　　　　　标注：H{SO<actual vs. non-actual(they ran away vs. they tunneled their way out)>SI<linguistic context & non-linguistic context>TA<sth concrete (the man and woman)>LM<analogy>NS<dialogue (metaphor)>LA<punchline (tunnel their way out)>}

　　本例中，作者使用了"隐喻"修辞手段来创造幽默，本体是"屋子里的男人和女人跑了"，喻体是"耗子挖了条地道跑了"，构成了在真实方面对立的两个脚本。译文成功保留了原文的"隐喻"修辞手段和所有参数及其特征。

　　　　例（29）原文：在小学里，他是同学们玩笑的目标，因为这样庞大的箭垛子，放冷箭没有不中的道理。（钱钟书《围城》）

标注：H{SO< 真实的 vs. 非真实的（高大的辛楣 vs. 庞大的箭垛子）>SI< 语言语境 & 非语言语境 >TA< 具体的对象（辛楣）>LM< 类比 >NS< 评论（隐喻）>LA< 妙语（放冷箭没有不中的道理）>}

译文：In grade school he was the butt of his classmates jokes,for with such a target, no shot could ever miss the mark. (Kelly, J.& Mao, N. K. *Fortress Besieged*)

标注：H{SO<actual vs. non-actual (Big Hsin-mei vs. a big target)>SI<linguistic context & non-linguistic context>TA<sth concrete (Hsin-mei)>LM <analogy>NS<comment (metaphor)>LA<punchline (no shot could ever miss the mark)>}

　　本例使用了"隐喻"修辞手段，本体是"高大的辛楣"，喻体是"庞大的箭垛子"，突出两者之间"大"的主要特征，构成了在真实方面对立的两个脚本。译文成功保留了原文的修辞手段，也保留了原文的参数及其特征。

　　（三）夸张

　　例（30）原文：可那豆腐片黄黄爽爽就香了一个世界了。（阎连科《受活》）

标注：H{SO< 真实的 vs. 非真实的（豆腐片很香 vs. 豆腐片香了一整个世界）>SI< 语言语境 & 非语言语境 >TA< 抽象的对象（豆腐片的香味）>LM < 夸大 >NS< 评论（夸张）>LA< 妙语（香了一整个世界）>}

译文：Those tofu strips were so fragrant that they could be smelled from miles away. (Carlos, R. *Lenin's Kisses*)

标注：H{SO<actual vs. non-actual(tofu strips are fragrant vs.tofu strips could be smelled from miles away)>SI<linguistic context & non-linguistic context>TA<sth abstract (the smell of tofu strips)> LM<exaggeration>NS<comment(hyperbole)>LA<punchline (smelled from miles away)>}

本例使用了"夸张"修辞手段，将"豆腐片的香味"夸大为"豆腐片香了一整个世界"，译文将妙语"香了一整个世界"意译为"smelled from miles away"，原文的修辞手段和其他参数完全在译文中得以保留。

例（31）原文：有人一进去给尘土呛得连打了二十来个喷嚏。
（杨绛《干校六记》）

标注：H{SO< 真实的 vs. 非真实的（给尘土呛得打喷嚏 vs. 给尘土呛得连打了二十来个喷嚏）>SI< 语言语境 >TA< 具体的对象（进去的人）>LM< 夸大 >NS< 陈述（夸张）>LA< 妙语（呛得连打了二十来个喷嚏）>}

译文：As soon as we entered the room, one fellow began to sneeze from all the dust and didn't stop until he had sneezed twenty-odd times. (Goldblatt, H. *Six Chapters from My Life "Downunder"*)

标注：H{SO<actual vs. non-actual(sneeze from all the dust vs.sneeze twenty-odd times)>SI<linguistic context>TA<sth concrete (one fellow)>LM <exaggeration>NS<statement (hyperbole)>LA <punchline (sneeze twenty-odd times)>}

本例使用了"夸张"修辞手段来描述打喷嚏的情景。作者夸大其词，化虚为实。译文将妙语"呛得连打了二十来个喷嚏"翻译成"sneeze twenty-odd times"，成功保留了原文的修辞手段，呈现了原文的参数及其特征。

（四）借代

例（32）原文：在讲狗史的时候，温都太太用"眉毛"看了看他们父子。（老舍《二马》）

标注：H{SO< 真实的 vs. 非真实的（眼睛看 vs. 眉毛看）>SI< 语言语境 >TA< 具体对象（温都太太）>LM< 虚假类比 >NS< 陈述（借代）>LA< 妙语（用"眉毛"看了看）>}

译文：As they chattered about Napoleon, Mrs. Wendell eyed Ma and his son through her lashes. (Jimmerson,

J. *Mr. Ma and Son*)

标注：H{SO<actual vs. non-actual (eyes vs.lashes)>SI<linguistic context>TA<sth concrete(Mrs. Wendell)>LM<false analogy>NS<statement (metonymy)>LA<punchline (eye...through her lashes)>}

　　本例采用了"借代"修辞手段，本体"眼睛"和借体"眉毛"，构成了在真实方面对立的两个脚本。译文将妙语"用'眉毛'看了看"翻译成"eyed Ma and his son through her lashes"，将本体和借体融为一体，不但保留了原文的修辞手段，而且还保留了原文所有的参数及其特征。

　　例（33）原文：行者道："老孙只管师傅好歹，你与沙僧，专管行李、马匹。但若怠慢了些儿，孤拐上先是一顿粗棍！"（吴承恩《西游记》）

标注：H{SO<真实的 vs.非真实的（挨打 vs.一顿粗棍）>SI<语言语境＆非语言语境>TA<具体对象（猪八戒）>LM<虚假类比>NS<对话（借代）>LA<妙语（孤拐上先是一顿粗棍）>}

译文："Old Monkey is solely concerned with Master's safety, whereas you and Sha Monk have the special responsibility of looking after the luggage and the horse. If you ever slack off, you'll get a good whipping in the shanks from this huge rod!" responded Pilgrim. (Yu,C.A. *The Journey to the West*)

标注：H{SO<actual vs. non-actual (suffering beating vs.good whipping in the shanks from this huge rod)>SI<linguistic context & non-linguistic context>TA<sth concrete(Eight Rules)>LM<false analogy>NS<dialogue (metonymy)>LA<punchline (get a good whipping in the shanks from this huge rod)>}

　　本例使用了"借代"修辞手段，本体为"挨打"，借体为"一顿粗棍"，构成了在真实方面对立的两个脚本。译文采取合译的策略（直译加意译），将妙语"孤拐上先是一顿粗棍"翻译成"get a good whipping in the shanks from this huge rod"，既保留了原文的意象，也保留了原文的修辞手段。

（五）引用 / 明喻

例（34）原文：烤山薯这东西，本来像中国习语里的私情男女，"偷着不如偷不着"，香味比滋味好。（钱钟书《围城》）

标注：H{SO< 真实的 vs. 非真实的（烤山薯 vs. 私情男女）>SI< 语言语境 & 非语言语境 >TA< 无 >LM< 并置 >NS< 评论（引用 / 明喻）>LA< 妙语（本源概念：习语"偷着不如偷不着"）>}

译文：Roasted sweet potatoes are like illicit sex in the old Chinese saying, "Having it isn't as good as not having it." The smell is better than the taste. (Kelly, J.& Mao, N. K. *Fortress Besieged*)

标注：H{SO<actual vs. non-actual (roasted sweet potatoes vs.illicit sex)>SI<linguistic context & non-linguistic context>TA<na>LM<juxtaposition>NS<comment (quotation/simile)>LA<punchline ("having it isn't as good as not having it")>}

本例将"引用"和"明喻"融合使用，将"烤山薯"的"香味比滋味好"比喻成"私情男女"的"偷着不如偷不着"。译文保留了原文的修辞手段，传递了原文的幽默信息。

（六）拟人

例（35）原文：紫藤从伊的手里落了下来，也困顿不堪似的懒洋洋的躺在地面上。（鲁迅《故事新编》）

标注：H{SO< 真实的 vs. 非真实的（紫藤落在地面的状态 vs. 像人一样困顿不堪懒洋洋的状态）>SI< 语言语境 >TA< 无 >LM< 能力筹划 >NS< 陈述（拟人）>LA< 妙语（本源概念："困顿不堪、懒洋洋"）>}

译文：The wistaria fell from her fingers to lie limp and exhausted on the ground. (Gladys,Yang & Yang Xianyi *Old Tales Retold*)

标注：H{SO<actual vs. non-actual (the wistaria cannot be limp and exhausted vs. the wistaria was limp and exhausted)>SI<linguistic context>TA<na>LM<potency mapping>NS<statement (personification)>LA<punchline (limp and exhausted)>}

　　本例使用了"拟人"修辞手段，将"紫藤落在地面上的状态"比作"像人一样困顿不堪懒洋洋的状态"，构成了在真实方面对立的两个脚本。妙语"困顿不堪、懒洋洋"被意译为"limp and exhausted"，译文成功保留了拟人的修辞手段。

　　例（36）原文：许三观说到，"我现在身体好着呢，力气都使不完，全身都是肌肉，一走路，身上的肌肉就蹦蹦跳跳的……"（余华《许三观卖血记》）

　　标注：H{SO<真实的 vs. 非真实的（肌肉多 vs. 肌肉蹦蹦跳跳）>SI<语言语境>TA<具体的对象（许三观）>LM<能力筹划>NS<对话（拟人）>LA<妙语（本源概念：成语"蹦蹦跳跳"）>}

　　译文：Xu Sanguan said, "I'm as healthy as they come. I've got more energy than I know what to do with. Look at these muscles.When I walk down the street, my muscles practically caper under my shirt." (Andrew, F, Jones. *Chronicle of a Blood Merchant*)

　　标注：H{SO<(actual vs. non-actual(too many muscles vs. muscles can caper)>SI<linguistic context>TA<sth concrete (Xu Sanguan)>LM<potency mapping>NS<dialogue (personification)>LA<punchline (my muscles practically caper)>}

　　本例使用了"拟人"修辞手段，将描述人的动作词汇"蹦蹦跳跳"移植到"肌肉"上。译文将"肌肉蹦蹦跳跳"翻译成"my muscles practically caper"，保留了原文的"拟人"修辞手段。

　　例（37）原文：说为了她专门去看受活出演的人越来越多了，门票也跟着越来越贵了，县里财政上的钱把银行的

肚子都胀鼓得凸凸大大了。（阎连科《受活》）

标注：H{SO< 真实的 vs. 非真实的（银行的财政收入多 vs. 银行的肚子胀鼓得凸凸大大）>SI< 语言语境 >TA< 无 >LM< 能力筹划 >NS< 陈述（拟人）>LA< 妙语（叠词：凸凸大大）>}

译文：Many people went to the troupe's performances simply to see her, and as a result ticket prices kept rising and the county's coffers became increasingly swollen with bills. (Carlos, R. *Lenin's Kisses*)

标注：H{SO<actual vs. non-actual (too much revenues from the bank vs. the county's coffers became increasingly swollen with bills)>SI<linguistic context>TA<na>LM<potency mapping>NS<statement (personification)>LA<punchline (swollen with bills)>}

本例将"银行"比作"人"，"银行的财政收入多"比拟为"银行的肚子胀鼓得凸凸大大"，突出两者之间"多"的相似性。译文将"银行的肚子胀鼓得凸凸大大"意译为"the county's coffers became increasingly swollen with bills"，保留了原文"拟人"修辞手段。

（七）反语

例（38）原文：于是，她的几十套单、夹、棉、皮、纱衣服，与冬夏的各色首饰，就都循环地出入当铺，当了这件赎那件，博得当铺的好评。（老舍《正红旗下》）

标注：H{SO< 正常的 vs. 非正常的（买衣服 vs. 当 / 赎衣服）>SI< 语言语境 & 非语言语境 >TA< 具体的对象（大姐婆婆）>LM< 否定 >NS< 陈述（反语）>LA< 妙语（循环出入当铺，博得当铺的好评）>}

译文：Her dozens of lined, unlined, cotton, fur and silk garments, along with their matching accessories possible for each season, were pawned and redeemed in turn, in a sequence much approved by the pawnbrokers. (Don J. Cohn *Beneath the Red Banner*)

标注：H{SO<normal vs.abnormal (buy clothes vs.pawn and redeem clothes in turn)>SI<linguistic context & non-linguistic context >TA<sth concrete (eldest sister's mother-in-law)>LM<negation>NS<statement (irony)>LA<punchline (pawned and redeemed in turn, in a sequence much approved by the pawnbrokers)>}

　　本例中，原文使用了"反语"修辞手段。译文采用合译（直译＋意译）的策略，把原文修辞手段传递的幽默信息完全保留。译文的六个参数与原文完全相同。

　　　　例（39）原文：邻居一个人道："胡老爷方才这个嘴巴打的亲切。"（吴敬梓《儒林外史》）

　　　　　　标注：H{SO< 正常的 vs. 非正常的（打嘴巴不亲切 vs. 打嘴巴亲切）>SI< 语言语境（上下文）>TA< 具体的对象（胡屠户）>LM< 否定 >NS< 对话（反语）>LA< 妙语（这个嘴巴打的亲切）>}

　　　　　　译文："That was what I call a friendly slap," said one of the neighbors. (Gladys,Yang & Yang Xianyi *The Scholars*)

　　　　　　标注：H{SO<normal vs. abnormal (a slap vs. a friendly slap)>SI<linguistic context>TA<sth concrete (Butcher Hu)>LM<negation>NS<dialogue (irony)>LA<punchline (a friendly slap)>}

　　本例采用了"反语"修辞手段，将"这个嘴巴打的亲切"的基本意义转移至其反义。译文转换了"反语"修辞手段，保留了原文的所有参数及其特征，可以说原文的幽默完全传递至译文。

　　　　例（40）原文：外部长而狭，墙上画着中国文明史的插画：老头儿吸鸦片，小姑娘裹小脚……（老舍《二马》）

　　　　　　标注：H{SO< 正常的 vs. 非正常的（中国文明史不是老头儿吸鸦片、小姑娘裹小脚 vs. 中国文明史是老头儿吸鸦片、小姑娘裹小脚）>SI< 语言语境 &

非语言语境 >TA< 具体的对象（中国文明史的插画）>LM< 否定 >NS< 陈述（反语）>LA< 妙语（中国文明史的插画：老头儿吸鸦片，小姑娘裹小脚）>}

译文：In the outer, long rectangular space a mural painting lined the wall with motifs of Chinese history and civilization: old men sucking opium pipes, young girls with bound feet. (Jimmerson, J. *Mr. Ma and Son*)

标注：H{SO<normal vs. abnormal (Chinese history and civilization is not old men sucking opium pipes, young girls with bound feet vs.Chinese history and civilization is old men sucking opium pipes, young girls with bound feet)>SI<linguistic context & non-linguistic context>TA<sth concrete (motifs of Chinese history and civilization)>LM<negation>NS <statement (irony)>LA<punchline (motifs of Chinese history and civilization: old men sucking opium pipes, young girls with bound feet)>}

在本例中，作者使用了"反语"修辞手段，将"中国文明史是老头儿吸鸦片，小姑娘裹小脚"语义转移至其反义，是对中国文明史插画的极大讽刺。译文保留了原文的修辞手段、所有参数及其特征。

例（41）原文：我们菜园班有一位十分"正确"的老先生。（杨绛《干校六记》）

标注：H{SO< 真实的 vs. 非真实的（不正确的老先生 vs. 正确的老先生）>SI< 语言语境 >TA< 具体的对象（老先生）>LM< 否定 >NS< 陈述（反语）>LA < 妙语（引号""＋正确）>}

译文：When one of the members of our unit, an old man whose ideology was considered absolutely "correct"... (Goldblatt, Howard. *Six Chapters from My Life "Downunder"*)

标注：H{SO<actual (an old man whose ideology was considered incorrect) vs. non-actual（an old man whose ideology was considered absolutely correct)>SI<linguistic context>TA<sth concrete (an old man)>LM<negation>NS<statement (irony)>LA<punchline (quotation mark ""+ correct)>}

　　本例描写的是一位"十分'正确'的老先生"，反话正说，"反语"修辞手段将语义从符合人们语言经验的使用范围巧妙地转移到超常的使用范围。译文保留了"反语"修辞手段，参数及其特征与原文一致，可以说，原文的讽刺和幽默成功转达至译文。

　　例（42）原文：打扮得也体面：藏青哔叽袍，花驼绒里，青素缎坎肩，襟前有个小袋，插着金夹子自来水笔，向来没沾过墨水。（老舍《离婚》）

　　　　标注：H{SO< 真实的 vs. 非真实的（不体面的打扮 vs. 体面的打扮）>SI< 语言语境 >TA< 具体的对象（张大哥）>LM< 否定 >NS< 评论（反语）>LA< 妙语（插着金夹子自来水笔，向来没沾过墨水）>}

　　　　译文：He dressed himself handsomely: navy blue serge gown with camel's-hair lining, topped with a short black stain jacket which had a tiny pocket decorated with a gold-capped fountain pen that had never been dipped in ink... (Lao She & Kuo Helena *The Quest for Love of Lao Lee*)

　　　　标注：H{SO<actual (dress unhandsomely) vs. non-actual (dress handsomely)>SI<linguistic context>TA<sth concrete (Brother Zhang)>LM<negation>NS<comment (irony)>LA<punchline (a tiny pocket decorated with a gold-capped fountain pen that had never been dipped in ink)>}

　　本例用"体面"二字来取笑张大哥的"不体面"或"假装体面"。原文采用"反语"修辞手段，造成"体面"的语义偏离，从而触发了幽默。

译文将妙语"插着金夹子自来水笔，向来没沾过墨水"直译为"a tiny pocket decorated with a gold-capped fountain pen that had never been dipped in ink"，既保留了原文的修辞手段，也保留了原文的参数及其特征。

（八）仿拟

例（43）原文："我们昨天在那里吃青椒炒肉的时候，你没听见他们说：'这不是青椒炒肉，这不是青椒少肉吗？'"（余华《许三观卖血记》）

标注：H{SO< 正常的 vs. 非正常的（青椒炒肉 vs. 青椒少肉）>SI< 语言语境 & 非语言语境 >TA< 具体的对象（食堂）>LM< 虚假类比 >NS< 对话（仿拟）> LA< 妙语（青椒少肉）>}

译文："When we had the green pepper fried pork yesterday, didn't you hear everyone joking that it was 'green pepper minus the pork'?" (Andrew, F, Jones. *Chronicle of a Blood Merchant*)

标注：H{SO<normal vs. abnormal (green pepper fried pork vs.green pepper minus the pork)>SI <linguistic context>TA<sth concrete (canteen)> LM<false analogy>NS<statement (parody)> LA<punchline(green pepper minus the pork)>}

本例使用了"仿拟"修辞手段，本体为"青椒炒肉"，仿体为"青椒少肉"。译文将本体和仿体分别直译为"green pepper fried pork"和"green pepper minus the pork"，既保留了原文"仿拟"修辞手段，又成功转换了原文的参数及其特征。

（九）倒序

例（44）原文：从前大学之道在治国平天下，现在治国平天下在大学之道，并且是一条坦道大道。（钱钟书《围城》）

标注：H{SO< 合理的 vs. 不合理的（大学之道在治国平天下 vs. 治国平天下在大学之道）>SI< 语言语境 & 非语言语境 >TA< 具体的对象（高松年）>LM < 并置 >NS< 评论（倒序）>LA< 妙语（并且是一

条坦道大道）>}

译文：Heretofore, the Way of Great Learning lay in ruling the country and pacifying the land; now ruling the country and pacifying the land lies in the Way of the University (literally, great learning), which in addition is wide and open. (Kelly, J.& Mao, N. K. *Fortress Besieged*)

标注：H{SO<plausible vs.implausible (the Way of Great Learning lay in ruling the country and pacifying the land vs. ruling the country and pacifying the land lies in the Way of the University)>SI<linguistic context & non-linguistic context>TA<sth concrete (Kao Sung-nien)>LM<juxtaposition>NS<comment (reversal)>LA<punchline(which in addition is wide and open)>}

作者采取了"倒序"修辞手段，调整句子成分序列，将"大学之道在治国平天下"调整为"治国平天下在大学之道"，妙语"一条坦道大道"促成了讽刺中幽默的形成。译文成功保留了原文的修辞手段和所有参数以及参数特征。

（十）移就

例（45）原文：那是一双何等毫无道理的眼睛啊！（老舍《正红旗下》）

标注：H{SO< 正常的 vs. 非正常的（不讲道理的人 vs. 不讲道理的眼睛）>SI< 语言语境 & 非语言语境 >TA< 具体的对象（大姐婆婆）>LM< 能力筹划 >NS< 评论（移就）>LA< 妙语（何等毫无道理的眼睛）>}

译文：First of all I recall her eyes, that pair of immeasurably irrational eyes! (Don J. Cohn *Beneath the Red Banner*)

标注：H{SO<normal vs. abnormal (her eyes vs. immeasurably irrational eyes>SI<linguistic

context>TA<sth concrete (elder sister's mother-in-law)>LM<potency mapping>NS<comment (transferred epithet) >LA<punchline (that pair of immeasurably irrational eyes)>}

本例将描写人的词语"毫无道理"移就到对人的眼睛的描述，妙语为"何等毫无道理的眼睛"。译文将妙语"何等毫无道理的眼睛"翻译成"that pair of immeasurably irrational eyes"，保留了原文的"移就"修辞手段，原文的参数和特征在译文中也得以呈现。

例（46）原文：然而悲惨的皱纹，却也从他的眉头和嘴角出现了。(鲁迅《故事新编》)

标注：H{SO<正常的 vs. 非正常的（人悲惨 vs. 皱纹悲惨）>SI<语言语境>TA<无>LM<能力筹划>NS<陈述（移就）>LA<妙语（悲惨的皱纹）>}

译文：Then lines of sadness appeared on his forehead and at the corners of his mouth. (Gladys,Yang & Yang Xianyi *Old Tales Retold*)

标注：H{SO<normal vs. abnormal (his sadness vs.lines of sadness>SI<linguistic context>TA<na>LM<potency mapping>NS<statement (transferred epithet)>LA<punchline (lines of sadness)>}

本例使用了"移就"修辞手段，将形容人的词语"悲惨"移用到"皱纹"上。译文将妙语"悲惨的皱纹"直译为"lines of sadness"，保留了原文"移就"修辞手段，因此，原文的参数特征在译文中依然存在。

（十一）通感

例（47）原文：他要摸摸那四只小手，四只胖，软，热，有些香蕉味的小手。(老舍《离婚》)

标注：H{SO<正常的 vs. 非正常的（闻到香蕉味 vs. 摸到香蕉味）>SI<语言语境>TA<无>LM<能力筹划>NS<陈述（通感）>LA<妙语（有些香蕉味的小手）>}

译文：Suddenly, he wanted to touch their four little hands, so soft, so warm, so fat and round, with the lingering flavor of banana candy. (Lao She & Kuo Helena *The Quest for Love of Lao Lee*)

标注：H{SO<normal vs. abnormal (smell the lingering flavor of banana vs.feel the lingering flavor of banana>SI<linguistic context>TA<na>LM<potency mapping>NS<statement (synaesthesia) >LA <punchline (with the lingering flavor of banana candy)>}

本例使用了"通感"修辞手段，将触觉转移至嗅觉，造成语义偏离，幽默油然而生。妙语为"有些香蕉味的小手"。译文将妙语意译为"with the lingering flavor of banana candy"，保留了原文的修辞手段，参数及其特征没有发生变化。

（十二）逻辑飞白

例（48）原文："据联合国研究，地球上的动物，智商最高的，除了人，就是猪……"（莫言《师傅越来越幽默》）

标注：H{SO<合理的 vs. 不合理的（人智商高 vs. 猪的智商仅次于人）>SI<非语言语境（常识）>TA<具体的对象（猪）>LM<错误推理>NS<对话（逻辑飞白）>LA<妙语（智商最高的，除了人，就是猪）>}

译文："A United Nations study has proved that the only animals smarter than pigs are people." (Goldblatt, H. *Shifu, You'll Do Anything for a Laugh*)

标注：H{SO<plausible vs.implausible (people are smart vs. the only animals smarter than pigs are people)>SI<non-linguistic context (common sense)>TA<sth concrete (pig)>LM<faulty reasoning>NS<dialogue (logical fallacy)>LA<punchline (the only animals smarter than pigs are people)>}

本例使用了"逻辑飞白"修辞手段，妙语为"智商最高的，除了人，就是猪"。译文将妙语意译为"the only animals smarter than pigs are people"，完整地表达了原文的幽默语义，保留了原文的参数及其特征。

例（49）原文：他私下嘀咕说：挖井不用女人，有女人就不出水。（杨绛《干校六记》）

标注：H{SO<合理的 vs.不合理的（女人与挖井出水没有关系 vs.女人与挖井出水有关系）>SI<非语言语境（常识）>TA<具体的对象（阿香）>LM<错误前提推理>NS<独白（逻辑飞白）>LA<妙语（有女人就不出水）>}

译文：He mumbled that there was no place for women in well-digging, that water wouldn't make an appearance as long as there were women around. (Goldblatt, H. *Six Chapters from My Life "Downunder"*)

标注：H{SO<plausible vs.implausible (women and well-digging have no close relation vs. women and well-digging have a close relation)>SI<non-linguistic context (common sense)>TA<sth concrete (A Xiang)>LM<faulty reasoning>NS<monologue (logical fallacy)>LA<punchline (water wouldn't make an appearance as long as there were women around)>}

本例使用了"逻辑飞白"的修辞手段，话语逻辑与正常逻辑发生冲突。译文将原文的妙语"有女人就不出水"意译为"water wouldn't make an appearance as long as there were women around"，保留了原文中的修辞手段。原文的参数及其特征在译文中没有任何变化。

例（50）原文：可是，她会瞪眼与放炮，于是她就懂了一切。（老舍《正红旗下》）

标注：H{SO<合理的 vs.不合理的（瞪眼与放炮和懂了一切无关 vs.瞪眼与放炮和懂了一切有关）>SI<语言语境＆非语言语境>TA<具体的对象（大姐婆婆）>LM<错误前提推理>NS<评论（逻辑飞白）>LA<妙语（懂了一切）>}

译文：Yet, knowing how to glower at people and how to shout her mouth off made her feel she knew everything. (Don J. Cohn *Beneath the Red Banner*)

标注：H{SO<plausible vs.implausible (glowering at people and shouting her mouth off have no close relation with her knowing everything vs. glowering at people and shouting her mouth off have a close relation with her knowing everything)>SI<linguistic context & non-linguistic context>TA<sth concrete (sister's mother-in- law)>LM<faulty reasoning>NS<comment (logical fallacy)>LA<punchline (knew everything)>}

　　本例中作者采用了"逻辑飞白"修辞手段，话语逻辑"瞪眼与放炮和懂了一切有关"和正常逻辑"瞪眼与放炮和懂了一切无关"发生了冲突，妙语为"懂了一切"，讽刺中透着诙谐。译文成功保留了原文修辞手段，参数及其特征也没有变化。

　　（十三）矛盾修辞法

　　　　例（51）原文：按照那时代的科学说法，这叫作"鬼打墙"。（老舍《正红旗下》）

　　　　标注：H{SO<合理的 vs. 不合理的（鬼打墙不是科学说法 vs. 鬼打墙是科学说法）>SI<语言语境 & 非语言语境 >TA< 无 >LM< 自损 >NS< 陈述（矛盾修辞法）>LA< 妙语（按照那时代的科学说法，这叫作"鬼打墙"）>}

　　　　译文：The scientific term of the day for this phenomenon was "ghost-built mazes". (Don J. Cohn *Beneath the Red Banner*)

　　　　标注：H{SO<plausible vs.implausible (the scientific term was "ghost-built mazes" vs. the scientific term wasn't "ghost-built mazes")>SI<linguistic context vs.non-linguistic context>TA<na>LM<self-undermining>NS<statement (oxymoron)>LA<punchline (the scientific term of the day for this phenomenon was "ghost-built mazes")>}

　　本例使用了"矛盾修辞法"，凸显鬼打墙和科学说法之间的自相矛盾。

译文成功转换了原文的"矛盾修辞法",保留了原文的参数及其特征。

例（52）原文：沙僧道："好呆子啊！师父教你化斋，许你在此睡觉的？"（吴承恩《西游记》）

标注：H{SO<合理的 vs. 不合理的（该去化斋却偷懒睡觉的呆子不好 vs. 该去化斋却偷懒睡觉的呆子好）>SI<语言语境>TA<具体的对象（猪八戒）>LM<自损>NS<对话（矛盾修辞法）>LA<妙语（好呆子啊）>}

译文：Sha Monk cried, "Dear Idiot! Master told you to beg for food. Did he give you permission to sleep here?" (Yu, C. A. *The Journey to the West*)

标注：H{SO<plausible vs.implausible (idiot is not considered as a good man to sleep instead of begging for food vs.idiot is considered as a good man to sleep instead of begging for food)>SI<linguistic context>TA<sth concrete (Eight Rules)>LM<self-undermining>NS<dialogue (oxymoron)>LA<punchline (Dear Idiot)>}

本例的修辞手段为"矛盾修辞法"，与之匹配的逻辑机制为"自损"，"好（正面）"与"呆子（负面）"自相矛盾。译文将妙语"好呆子"翻译成"Dear Idiot"，既转换了原文的修辞手段，又保留了原文的参数及其特征。

例（53）原文：让我走在大街上，冬天曝日头一照晒死我，夏天落雪冻死我。（阎连科《受活》）

标注：H{SO<合理的 vs. 不合理的（夏天曝日头，冬天落雪 vs.冬天曝日头，夏天落雪）>SI<语言语境&非语言语境>TA<具体的对象（天气）>LM<自损/夸大>NS<独白（矛盾修辞法/夸张）>LA<妙语（冬天曝日头一照晒死我，夏天落雪冻死我）>}

译文：You can leave me to wander the streets, burning up when the sun shines in the winter and freezing to death when it snows in the summer.(Carlos, R. *Lenin's Kisses*)

标注：H{SO<plausible vs.implausible (the sun shines in the summer and snows in the winter vs. the sun shines in the winter and snows in the summer)>SI<linguistic context & non-linguistic context>TA<sth concrete (weather)>LM<self-undermining/exaggeration> NS<monologue (oxymoron/hyperbole)>LA <punchline (burning up when the sun shines in the winter and freezing to death when it snows in the summer)>}

本例中"矛盾修辞法"与"夸张"修辞手段融用。妙语为"冬天曝日头一照晒死我，夏天落雪冻死我"，译文将其直译为"burning up when the sun shines in the winter and freezing to death when it snows in the summer"，保留了原文的修辞手段，原文的参数及其特征也没有变化。

（十四）对偶

例（54）原文：我们创造了一种独具风格的生活方式：有钱的真讲究，没钱的穷讲究。（老舍《正红旗下》）

标注：H{SO<真实的 vs. 非真实的（有钱没钱的人 vs. 有钱没钱的人都讲究）>SI<语言语境 >TA< 抽象的对象（一种生活方式）>LM< 平行 >NS< 陈述（对偶）>LA< 妙语（有钱的真讲究，没钱的穷讲究）>}

译文：We evolved a unique style of living. Those with money wanted the best of everything; so did those without in spite of their poverty. (Don J. Cohn *Beneath the Red Banner*)

标注：H{SO<actual vs. non-actual (those with and without money vs.those with and without money wanted the best of everything) >SI<linguistic context>TA<sth abstract (a style of living)>LM<parallelism>NS<stat ement (antithesis)>LA<punchline (Those with money

> wanted the best of everything; so did those without in
> spite of their poverty.)>}

本例使用了"对偶"修辞手段，妙语"有钱的真讲究，没钱的穷讲究"被意译为"those with money wanted the best of everything; so did those without in spite of their poverty"，译文不但保留了原文的修辞手段和逻辑机制，也保留了原文的参数特征及其幽默信息。

以上阐述了十四种修辞手段的同类转换模式，包括明喻、隐喻、夸张、借代、引用/明喻、拟人、反语、仿拟、倒序、移就、通感、逻辑飞白、矛盾修辞法、对偶，这些修辞手段为汉英两种语言所共享。

二、异类转换模式

异类转换模式是和同类转换模式相对而言的，是指译文用不同的修辞手段替换原文的修辞手段，即将汉语中的修辞手段转换成英语中不相同的修辞手段（戈玲玲，何元建 2012b：109），譬如，"明喻"转换成"metaphor"（隐喻），"隐喻"转换成"simile"（明喻），"引用"转换成"simile/metaphor/hyperbole"（明喻/隐喻/夸张），"降用"转换成"irony"（反语），"析词"转换成"metaphor/irony"（隐喻/反语），"转品"转换成"metaphor"（隐喻），"别解"转换成"metaphor"（隐喻），"旁逸"转换成"simile/metaphor"（明喻/隐喻），"杂混"转换成"parallelism"（排比），"衬跌"转换成"parallelism"（排比），"起跌"转换成"metaphor"（隐喻）等，下面归纳为七类进行分析。

（一）明喻/转品/别解/起跌 ⇒ 隐喻

例（55）原文：鸿渐知道她不是装娇样的女人，在宴会上把嘴收束得像眼药水瓶那样的小。（钱钟书《围城》）

标注：H{SO< 真实的 vs. 非真实的（女人的嘴 vs. 眼药水瓶）>SI< 语言语境 & 非语言语境 >TA< 无 >LM< 并置 >NS< 陈述（明喻）>LA< 喻词（像）+ 妙语（眼药水瓶那样的小）>}

译文：He knew she wasn't one of those dainty women who will screw their mouth up to size of the tip of an eyedropper at a dinner party. (Kelly, J.& Mao, N. K.

Fortress Besieged)

标注：H{SO<actual vs. non-actual (a woman's mouth vs. an eyedropper)>SI<linguistic context & non-linguistic context>TA<na>LM<juxtaposition>NS<statement (metaphor)>LA<punchline (screw their mouth up to size of the tip of an eyedropper)>}

本例中原文采用了"明喻"修辞手段，将"女人的嘴"比喻成"眼药水瓶"，妙语为"眼药水瓶那样的小"。译文中原文"明喻"的喻词（像）被省译，"明喻"被转换成"metaphor（隐喻）"，但是，原文的参数特征依然存在于译文中。

例（56）原文：可是，谁想到哥哥竟自作出那么没骨头的事来——狗着洋人，欺负自己人！（老舍《正红旗下》）

标注：H{SO<真实的 vs. 非真实的（做没骨头的事 vs. 狗着洋人）>SI<语言语境>TA<具体的对象（多老大）>LM<无>NS<独白（转品）>LA<妙语（狗着洋人）>}

译文：He couldn't imagine Big Duo acting like such a coward—licking a foreigner's boots and turning against his own people. (Don J. Cohn *Beneath the Red Banner*)

标注：H{SO<actual vs. non-actual (acting like such a coward vs.licking a foreigner's boots) >SI <linguistic context>TA<sth concrete (Big Duo) > LM<analogy>NS<monologue (metaphor)> LA<punchline (licking a foreigner's boots)>}

本例使用了"转品"修辞手段，"狗"不再是一个名词，而是转为动词。妙语为"狗着洋人"。译文将"转品"转换成"隐喻"修辞手段，将妙语"狗着洋人"意译为"licking a foreigner's boots"，原文的参数虽然有变化，但是，参数没有缺失，其特征完全转换至译文。

例（57）原文：她的刚柔相济，令人啼笑皆非。（老舍《正红旗下》）

标注：H{SO< 真实的 vs. 非真实的（又哭又笑 vs. 刚柔相济）>SI< 语言语境 & 非语言语境 >TA< 具体的对象（大姐婆婆）>LM< 范围限制 >NS< 评论（别解）>LA< 妙语（本源概念：啼笑皆非）>}

译文：That admixture of toughness and tenderness left people not knowing whether to laugh or cry. (Don J. Cohn *Beneath the Red Banner*)

标注：H{SO<actual vs. non-actual (the admixture of laugh and cry vs.the admixture of toughness and tenderness)>SI<linguistic context>TA<sth concrete (sister's mother-in-law)>LM<analogy>NS<comment (metaphor)>LA<punchline (not knowing whether to laugh or cry)>}

本例使用了"别解"修辞手段，将"刚柔相济"的意义转移至突破常规的语义"又哭又笑"，妙语为汉语本源概念：啼笑皆非。译文将原文的修辞手段"别解"转换为"隐喻"，本体"又哭又笑"和喻体"刚柔相济"被意译为"the admixture of laugh and cry"和"the admixture of toughness and tenderness"。虽然原文的修辞手段和对应的逻辑机制发生了变化，但是原文的参数特征在译文中依然存在。

例（58）原文：现在万里回乡，祖国的人海里，泡沫也没起一个——不，承那王主任笔下吹嘘，自己也被吹成一个大肥皂泡，未破时五光十色，经不起人一拥就不知去向。(钱钟书《围城》)

标注：H{SO< 真实的 vs. 非真实的（鸿渐被吹捧 vs. 鸿渐被吹成一个大肥皂泡）>SI< 语言语境 >TA< 具体的对象（王主任）>LM< 否定 >NS< 评论（起跌）>LA< 妙语（经不起人一拥就不知去向）>}

译文：His return home from thousands miles away hadn't raised a single fleck of froth on the sea of his fellow countrymen. Now thanks to all the blather spewing out of Chief-secretary Wang's pen, he had been blown up into a big soap bubble, bright and colorful

while it lasted but gone at a single jab. (Kelly, J.&
Mao, N. K. *Fortress Besieged*)

标注：H{SO<actual vs. non-actual (Hung-chien was
flattered vs.Hung-chien was blown up into a big
soap bubble)>SI<linguistic context>TA<sth concrete
(Chief-secretary Wang)>LM<analogy>NS<comment
(metaphor)>LA<punchline (it lasted but gone at a
single jab)>}

　　本例的修辞手段为"起跌"，妙语为"经不起人一拥就不知去向"。
译文将"起跌"转换为"隐喻"修辞手段，本体为"Hung-chien was
flattered"，喻体为"Hung-chien was blown up into a big soap bubble"，妙语
"经不起人一拥就不知去向"被意译为"it lasted but gone at a single jab"。
虽然译文的修辞手段和逻辑机制发生了变化，但是译语读者还是可以从语
言语境中顿悟原文的幽默所在。

　　（二）隐喻 ⇒ 明喻

　　　　例（59）原文：脚在前，仰卧前进，学那翻不过身的小硬盖虫。
　　　　　　　　　　（老舍《猫城记》）

　　　　　　标注：{SO< 真实的 vs. 非真实的（我 vs. 小硬盖虫）>
　　　　　　　　　SI< 语言语境 & 非语言语境 >TA< 具体的对象
　　　　　　　　　（我）>LM< 类比 >NS< 陈述（隐喻）>LA< 妙语
　　　　　　　　　（翻不过身的小硬盖虫）>}

　　　　　　译文：... feet foremost, I advanced flat on my back, like a
　　　　　　　　　beetle that has been turned upside down and can't
　　　　　　　　　right itself. (Lyel, William A. *Cat Country*)

　　　　　　标注：H{SO<actual vs. non-actual (I vs. beetle)>SI
　　　　　　　　　<linguistic context & non-linguistic context>TA<sth
　　　　　　　　　concrete (I)>LM<juxtaposition>NS<statement
　　　　　　　　　(simile)>LA<figurative word (like)+ punchline (a
　　　　　　　　　beetle that has been turned upside down and can't
　　　　　　　　　right itself)>}

　　原文使用了"隐喻"修辞手段，本体是"我"，喻体是"小硬盖虫"，
构成了在真实方面对立的两个脚本。妙语为"翻不过身的小硬盖虫"，形

象逼真，幽默谐趣。译文将妙语"翻不过身的小硬盖虫"意译为"like a beetle that has been turned upside down and can't right itself"，添加了喻词"like"。虽然原文的"隐喻"修辞手段转换为"明喻"，但是译文却生动地呈现了原文形象的比喻，参数特征也得以保留。

（三）引用 ⇒ 明喻 / 隐喻 / 夸张

例（60）原文："她是破罐子破摔，我也是死猪不怕开水烫了。"
（余华《许三观卖血记》）

标注：H{SO< 真实的 vs. 非真实的（许玉兰 / 说话人 vs. 破罐子 / 死猪）>SI< 语言语境 & 非语言语境 >TA< 具体的对象（许玉兰）>LM< 并置 >NS< 对话（引用）>LA< 妙语（本源概念：俗语"破罐子破摔、死猪不怕开水烫"）>}

译文："She's like a broken pot that's not afraid of shattering, and I'm a dead pig who no longer minds that the water's coming to a boil." (Andrew, F. Jones *Chronicle of a Blood Merchant*)

标注：H{SO<actual vs. non-actual (Xu Yunlan/the speaker vs. pot/pig)>SI<linguistic context>TA<sth concrete (Xu Yulan)>LM<juxtaposition>NS<dialogue (simile/metaphor)>LA<punchline (a broken pot that's not afraid of shattering/a dead pig who no longer minds that the water's coming to a boil)>}

本例中，原文使用了"引用"修辞手段，译文将原文的典故直译过来，将"引用"转变成了"明喻"和"隐喻"。修辞手段发生了变化，但是引用所承载的意象完全转至译文，原文的参数特征也得以保留。

例（61）原文："我们没理由，今日为他得罪严老大，'老虎头上扑苍蝇'怎的？"（吴敬梓《儒林外史》）

标注：H{SO< 真实的 vs. 非真实的（得罪严老大 vs. 老虎头上扑苍蝇）>SI< 语言语境 & 非语言语境 >TA< 无 >LM< 并置 >NS< 对话（引用）>LA< 单引号 + 妙语（本源概念：歇后语"老虎头上扑苍蝇"）>}

译文："Why should we offend Senior Licentiate Yan for

her sake? Only fools catch flies on a tiger's head."

(Gladys,Yang & Yang Xianyi *The Scholars*）

标注：H{SO<actual vs. non-actual (offend Senior Licentiate Yan vs. catch flies on a tiger's head)>SI<linguistic context & non-linguistic context>TA<na>LM<juxtaposition>NS<dialogue (metaphor)>LA<punchline (only fools catch flies on a tiger's head)>}

　　本例的修辞手段为"引用"，妙语为汉语本源概念：歇后语"老虎头上扑苍蝇"。译文采取合译（直译＋意译）的翻译策略，将歇后语的两个部分"老虎头上扑苍蝇（拍不得）"全部翻译至译文。虽然"引用"修辞手段被转换为"隐喻"，但是"only fools catch flies on a tiger's head"不但保留了原文的意象，而且隐喻的言外之意也能被译语读者所理解。

　　例（62）原文：他最爱花草，每到夏季必以极低的价钱买几棵姥姥不疼、舅舅不爱的五色梅。（老舍《正红旗下》）

　　　　标注：H{SO<真实的 vs. 非真实的（低价的五色梅 vs. 姥姥不疼、舅舅不爱的五色梅）>SI<语言语境 & 非语言语境>TA<具体的对象（五色梅）>LM<并置>NS<陈述（引用）>LA<妙语（本源概念：俚语"姥姥不疼、舅舅不爱"）>}

　　　　译文：He loved plants and flowers. Every summer, he would buy the rock bottom-priced verbena that even the old grannies and grandpas had no interest in. (Don J. Cohn *Beneath the Red Banner*)

　　　　标注：H{SO<actual vs. non-actual (the rock bottom-priced verbena vs.verbena that even the old grannies and grandpas had no interest in)>SI<linguistic context>TA<sth concrete (verbena)>LM<exaggeration>NS<statement (hyperbole)>LA<punchline (verbena that even the old grannies and grandpas had no interest in)>}

此例引用了俚语"姥姥不疼、舅舅不爱"，比喻低价的五色梅无人关注、无人喜爱。英译本中俚语被意译为 "that even the old grannies and grandpas had no interest in"，原文的 "引用" 修辞手段被转换成了 "夸张" 修辞手段。译文虽然没有将原文的意象呈现出来，但由俚语构成的脚本对立依然存在，原文的参数及其特征没有消失。

（四）降用 ⇒ 反语

例（63）原文：大舅妈的访问纯粹是一种外交礼节，只须叫声老姐姐，而后咳嗽一阵，就可以交代过去了。（老舍《正红旗下》）

标注：H{SO< 正常的 vs. 非正常的（去看望老姐姐 vs. 访问老姐姐是一种外交礼节）>SI< 语言语境 >TA< 具体对象（大舅妈）>LM< 类比 / 调停脚本 >NS< 陈述（降用 / 旁逸）>LA< 妙语（只须叫声老姐姐，而后咳嗽一阵，就可以交代过去了）>}

译文：Aunty's visit to my other aunt was purely a formality; all she needed to do was to greet her, cough for a spell, and her mission could be considered accomplished. (Don J. Cohn *Beneath the Red Banner*)

标注：H{SO<actual vs.non-actual (going to see her sister informally vs.going to visit her sister formally)>SI<linguistic context>TA<sth concrete (her aunt)>LM<negation>NS<statement (irony)>LA<punchline (all she needed to do was to greet her, cough for a spell, and her mission could be considered accomplished)>}

本例融合使用了 "降用" 和 "旁逸" 修辞手段。译文将妙语 "只须叫声老姐姐，而后咳嗽一阵，就可以交代过去了" 意译为 "all she needed to do was to greet her, cough for a spell, and her mission could be considered accomplished"。原文中汉语所特有的 "降用" 和 "旁逸" 修辞手段转换成了 "反语"，正话反说，突出嘲弄讽刺之意。虽然译文中的修辞手段发生了变化，但是原文的特征却得以保留。

（五）析词 ⇒ 隐喻 / 反语

例（64）原文："……罗大嫂，亲亲的嫂子，我是在拍您的马屁呢……"（莫言《四十一炮》）

标注：H{SO< 正常的 vs. 非正常的（拍马屁 vs. 拍您的马屁）>SI< 语言语境 & 非语言语境 >TA<（无）>LM< 范围限制 >NS< 陈述（析词）LA< 妙语（拍您的马屁）>}

译文："...I mean Elder Sister Luo, my dear Elder Sister, I was just trying to soft-soap you..." (Goldblatt, H. *POW!*)

标注：H{SO<actual vs.non-actual (flatter you vs.soft-soap you)>SI<linguistic context & non-linguistic context>TA<na>LM<analogy>NS<dialogue (metaphor)>LA<punchline (to soft-soap you)>}

原文使用了"析词"修辞手段，将汉语本源概念"拍马屁"拆开，插入"您的"，巧妙地转移语义。"析词"修辞手段为汉语所特有，译文将"析词"转换为"隐喻"，妙语"拍您的马屁"换译成"to soft-soap you"。原文的参数及其特征虽然有所变化，但是并没有影响到原文的幽默传递至译文。

例（65）原文："我老猪还能掐出水沫儿来哩！"（吴承恩《西游记》）

标注：H{SO< 正常的 vs. 非正常的（掐出水来 vs. 掐出水沫儿来）>SI< 语言语境 & 非语言语境 >TA< 具体的对象（猪八戒）>LM< 范围限制 >NS< 对话（析词）>LA< 妙语（掐出水沫儿来）>}

译文："Old Hog is tempting enough to make people's mouths water!" (Yu, C. A. *The Journey to the West*)

标注：H{SO<actual vs. non-actual (old Hog is not tempting enough to make people's mouths water vs. old Hog is tempting enough to make people's mouths water)>SI<linguistic context>TA<sth concrete (Old Hog)>LM<negation>NS<dialogue

(irony)>LA<punchline (tempting enough to make people's mouths water)>}

　　"析词"修辞手段为汉语所特有，本例将成语"掐出水来"拆开，中间插入"沫儿"，构成"掐出水沫儿来"。译文将原文中"析词"修辞手段转换为"反语"，逻辑机制、脚本对立也随之发生了变化。妙语"还能掐出水沫儿来哩"被意译为"tempting enough to make people's mouths water"，保留了原文幽默的意象。

（六）旁逸 ⇒ 明喻 / 隐喻

　　　　例（66）原文：父亲道：……——好像苏小姐是砖石一样的硬东西，非鸵鸟或者火鸡的胃消化不掉的。（钱钟书《围城》）

　　　　　　标注：H{SO< 真实的 vs. 非真实的（鸿渐管不住苏小姐 vs. 苏小姐是砖石一样的硬东西）>SI< 语言语境 >TA< 具体的对象（鸿渐的父亲）>LM< 调停脚本 >NS< 评论（旁逸）>LA< 妙语（非鸵鸟或者火鸡的胃消化不掉的）>}

　　　　　　译文：His father remarked: ...as though Miss Sue were some sort of hard object like a brick which would take the stomach of an ostrich or turkey to digest. (Kelly, J.& Mao, N. K. *Fortress Besieged*)

　　　　　　标注：H{SO<actual vs. non-actual (Hung-chien couldn't manage Miss Sue vs. Miss Su is some sort of hard object like a brick)>SI<linguistic context & non-linguistic context>TA<sth concrete (Hung-chien's father)>LM<juxtaposition>NS<comment (simile)>LA<figurative word (like) + punchline (a brick which would take the stomach of an ostrich or turkey to digest)>}

　　原文使用了"旁逸"修辞手段，妙语为"非鸵鸟或者火鸡的胃消化不掉的"。译文将原文"旁逸"修辞手段转换成"明喻"，本体"鸿渐管不住苏小姐"被意译为"Hung-chien couldn't manage Miss Sue"，喻体"苏小姐是砖石一样的硬东西"被直译为"Miss Su is some sort of hard object like a brick"。虽然原文的参数和表层参数特征发生了变化，但是译文还是保留了原文的幽默。

例（67）原文：然而祸不单行，掉在井里面的时候，上面偏又来了块大石头。（鲁迅《故事新编》）

标注：H{SO<真实的 vs. 非真实的（寻找食物却又遇难事 vs. 祸不单行）>SI<语言语境 & 非语言语境>TA<具体的对象（叔齐和伯夷）>LM<调停脚本>NS<评论（旁逸）>LA<妙语（掉在井里面的时候，上面偏又来了块大石头）>}

译文：But troubles never come singly. When you fall into the well, a big stone nearby is sure to drop on your head. (Gladys,Yang & Yang Xianyi *Old Tales Retold*)

标注：H{SO<actual vs. non-actual (looking for food and having other troubles vs.troubles never come singly)>SI<linguistic context & non-linguistic context>TA<sth concrete (the third person: Shuqi and Boyi)>LM<analogy>NS<comment (metaphor)>LA<punchline (when you fall into the well, a big stone nearby is sure to drop on your head)>}

本例使用了"旁逸"修辞手段，妙语为"掉在井里面的时候，上面偏又来了块大石头"。"旁逸"修辞手段为汉语所特有，译文将其转换为"隐喻"，虽然参数有所变化，但原文的幽默信息还是在译文中有所呈现。

（七）杂混 / 衬跌 ⇒ 排比

例（68）原文：这证明姑娘的确是赔钱货，不但出阁的时候须由娘家赔送四季衣服、金银首饰，乃至箱柜桌椅，和鸡毛掸子。（老舍《正红旗下》）

标注：H{SO<事情期待的 vs.事情不期待的（好的 vs.坏的）>SI<语言语境 & 非语言语境>TA<无>LM<平行>NS<陈述（杂混）>LA<妙语（乃至箱柜桌椅，和鸡毛掸子）>}

译文：A bride's family had to provide her with clothes for

　　　　　　the four seasons, gold and silver jewelry, trunks, wardrobes, tables, chairs and feather dusters... (Don J. Cohn *Beneath the Red Banner*)

标注：H{SO<expected state of affairs vs. unexpected state of affairs (good vs. bad)>SI<linguistic context & non-linguistic context>TA<na>LM<parallelism>NS <statement (parallelism)>LA<punchline (wardrobes, tables, chairs and feather dusters)>}

　　原文使用了"杂混"修辞手段，译文将其转换为"parallelism（排比）"。妙语"乃至箱柜桌椅，和鸡毛掸子"被直译为"wardrobes, tables, chairs and feather dusters"，造成了并列结构的强制性语义平行，保留了原文中的参数特征。

　　　　例（69）原文：辛楣冷笑道："……可是他看破了教育，看破了政治，看破了一切，哼！我也看破了你！……"（钱钟书《围城》）

标注：H{SO<事情期待的 vs. 事情不期待的（抽象的概念 vs. 具体的人）>SI<语言语境>TA<具体的对象（方鸿渐）>LM<平行>NS<对话（衬跌）> LA<妙语（我也看破了你）>}

　　　　译文：Hsin-mei remarked sarcastically, "...yet he sees through education, he sees through politics, he sees through everything. Humph! Well, I see through you..." (Kelly, J.& Mao, N. K. *Fortress Besieged*)

标注：H{SO<expected state of affairs vs. unexpected state of affairs(sth abstract vs. sth concrete)>SI<linguistic context >TA<sth concrete (Hung-chien)>LM<parallelism >NS<statement (parallelism)>LA<punchline (I see through you)>}

　　"衬跌"修辞手段为汉语所特有，译文将其转换为英语的"parallelism（排比）"修辞手段。译文将原文的四个动宾结构直译为"sees through education, sees through politics, sees through everything, see through you"，保留了原文的结构，除了修辞手段发生变化之外，其他参数及其参数特征也得以保留。

以上分析了七类异类转换模式，包含了十一种修辞手段，既包括了汉英共享的修辞手段，如"明喻"转换成"metaphor"（隐喻），"隐喻"转换成"simile"（明喻），"引用"转换成"simile/metaphor/hyperbole"（明喻／隐喻／夸张），也包括了汉语特有的修辞手段，如"降用"转换成"irony"（反语），"析词"转换成"metaphor/irony"（隐喻／反语），"转品"转换成"metaphor"（隐喻），"别解"转换成"metaphor"（隐喻），"旁逸"转换成"simile/metaphor"（明喻／隐喻），"杂混"转换成"parallelism"（排比），"衬跌"转换成"parallelism"（排比），"起跌"转换成"metaphor"（隐喻）。下面分析修辞手段的零类转换模式。

三、零类转换模式

零类转换模式，是指在译文中将原文的翻译手段省略不译，或指汉语的修辞手段在英语中消失，尤其是汉语特有的修辞手段（戈玲玲，何元建 2012b：109）。如隐喻、夸张、借代、拟人、引用、双关、降用、析词、仿拟、通感、别解等。

（一）隐喻在译文中消失

例（70）原文：尤其是妇女们，头还没梳，脸上挂着隔夜的泥与粉。（老舍《离婚》）

标注：H{SO<真实的 vs. 非真实的（涂脂抹粉 vs. 泥与粉）>SI<语言语境（上下文）>TA<具体的对象（妇女们）>LM<类比>NS<评论（隐喻）>LA<妙语（隔夜的泥与粉）>}

译文：Especially the women, with their unkempt hair and their faces unwashed.（Lao She & Kuo Helena *The Quest for Love of Lao Lee*）

标注：H{SO<na>SI<linguistic context>TA<sth concrete (women)>LM<na>NS<comment (na)>LA<unwashed>}

本例使用了"隐喻"修辞手段，将妇女们的涂脂抹粉比喻成隔夜的泥与粉，妙语为"隔夜的泥与粉"。译文将妙语意译为"unwashed"，喻体被省译，"隐喻"修辞手段完全消失，参数及其特征也随之消失。

（二）夸张在译文中消失

例（71）原文：他就赶紧逃，连夜爬出城，逃回未庄来了。（鲁迅《阿Q正传》）

标注：H{SO<真实的 vs. 非真实的（逃出城 vs. 爬出城）>SI<语言语境 & 非语言语境>TA<具体的对象（阿Q）>LM< 夸大 >NS<陈述（夸张）>LA<妙语（爬出城）>}

译文：He fled from the town that same night, back to Weichuang. (Gladys,Yang & Yang Xianyi *The True Story of Ah Q*)

标注：H{SO<na>SI<linguistic context>TA<sth concrete (Ah Q) >LM<na>NS<statement (na)>LA<na>}

本例修辞手段为"夸张"。逻辑机制为"夸大"，即言过其实。妙语"爬出城"在译文中省略了，导致了修辞手段、脚本对立、逻辑机制及妙语的缺失，参数的特征也完全消失。

例（72）原文：大家一听这句话，比响了一颗炸弹还惊人，忙问怎么一回事。（赵树理《李家庄的变迁》）

标注：H{SO< 真实的 vs. 非真实的（令人震惊的消息 vs. 比响了一颗炸弹还惊人）>SI< 语言语境 & 非语言语境 >TA< 具体的对象（铁锁等人）>LM< 夸大 >NS< 评论（夸张）>LA< 妙语（比响了一颗炸弹还惊人）>}

译文：The others were absolutely aghast, and immediately started asking questions. (Gladys,Yang *Changes in Li Village*)

标注：H{SO<na>SI<context>TA<na>LM<na>NS<comment>LA<aghast>}

本例中，原文的妙语"比响了一颗炸弹还惊人"被省译，因此，由此构成的"夸张"修辞手段在译文中消失，原文的参数及其特征不复存在，也就是说译文毫无幽默可言。

（三）借代在译文中消失

例（73）原文：杜慎卿道："苇兄，小弟最厌的人，开口就是纱
帽……"（吴敬梓《儒林外史》）

标注：H{SO<真实的 vs. 非真实的（官员 vs. 纱帽）>SI
<非语言语境>TA<具体的对象（宗先生）>LM
<虚假类比>NS<对话（借代）>LA<妙语（本源
概念：纱帽）>}

译文："Weixiao," said Du, "nobody irritates me more than
these people who can talk about nothing except their
official connections..." (Gladys,Yang & Yang Xianyi
The Scholars)

标注：H{SO<na>SI<na>TA<sth concrete (Mr. Zong)>LM
<na>NS<dialogue (na)>LA<official connections>}

本例使用了"借代"修辞手段，用官员戴的纱帽来借代官员。"纱帽"
被意译成"official connections"，原文中"借代"修辞手段在译文中没有
转换，参数的特征和幽默信息也就随之消失。

（四）拟人在译文中消失

例（74）原文：表弟大幅度地扭动着车把，也难以免除摩托的颠
簸，有一次差一丁点就要翻个三轮朝天，把发动
机都憋死了。（莫言《师傅越来越幽默》）

标注：H{SO<真实的 vs. 非真实的（发动机停止运行
vs. 发动机憋死了）>SI<语言语境>TA<具体的
对象（摩托车发动机）>LM<能力筹划>NS<陈
述（拟人）>LA<妙语（憋死）>}

译文：He skillfully negotiated the course, but couldn't avoid
all the hazards. Once, the three-wheeler stalled as
they came perilously close to flipping over. (Goldblatt,
H. *Shifu, You'll Do Anything for a Laugh*)

标注：H{SO<na>LM<na>SI<context>TA<sth concrete
(three-wheeler) >NS<statement (na)>LA<na>}

原文使用了"拟人"修辞手段，妙语"憋死"形象生动，诙谐有趣。
译文将妙语"憋死"意译为"stalled"，原文的修辞手段不复存在，脚本对

立无法构成，也就毫无幽默可言。

（五）引用在译文中消失

例（75）原文："士别三日当刮目相待。"（鲁迅《阿 Q 正传》）

标注：H{SO< 真实的 vs. 非真实的（感到惊讶 vs. 刮目相待）>SI< 语言语境 & 非语言语境 >TA< 具体的对象（阿 Q）>LM< 无 >NS< 陈述（引用）>LA< 妙语（本源概念：成语"刮目相待"）>}

译文："A scholar who has been away three days must be looked at with new eyes." (Gladys,Yang & Yang Xianyi *The True Story of Ah Q*)

标注：H{SO<na>SI<linguistic context>TA<sth concrete (Ah Q)>LM<na>NS<statement (na)>LA<punchline (must be looked at with new eyes)>}

原文引经据典，妙语为"刮目相待"。译文将典故意译过来，修辞手段消失，原文对立的两个脚本在译文中不成立，因此，可以推断译文读者不能获得与原文读者同样的阅读感受。"引用"修辞手段的消失导致处于最高层次的脚本对立消失。

（六）双关在译文中消失

例（76）原文：好在菜园以外的人，并不知道"小趋"原是"小区"。（杨绛《干校六记》）

标注：H{SO< 真实的 vs. 非真实的（小区 vs. 小趋）>SI< 语言语境（上下文）>TA< 具体的对象（阿香 & 诗人）>LM< 虚假类比 >NS< 陈述（双关）>LA< 妙语（同音字：趋 / 区）>}

译文：Fortunately, no one outside our vegetable plot detail knew the significance of the name and its relationship to the poet. (Goldblatt, H. *Six Chapters from My Life "Downunder"*)

标注：H{SO<na>SI<linguistic context>TA<na>LM<na>NS<statement (na)>LA<na>}

本例使用了"双关"修辞手段，妙语为"同音字：趋 / 区"。译文将妙语"同音字：趋 / 区"意译为"the significance of the name and its relationship to the poet"，原文的双关没有转换至译文，原文的参数及其特征在译文中完全消失。

例（77）原文：告状人叫做胡赖，告的是医生陈安。（吴敬梓《儒林外史》）

标注：H{SO<真实的 vs. 非真实的（人名胡赖 vs. 胡赖性格）>SI<语言语境 & 非语言语境>TA<具体的对象（胡赖）>LM<虚假类比>NS<陈述（双关）>LA<妙语（同音同形词：胡赖）>}

译文：The plaintiff, Hu Lai, was the dead man's elder brother, and the defendant a Dr. Chan An. (Gladys,Yang & Yang Xianyi *The Scholars*)

标注：H{SO<na>SI<linguistic context>TA<na>LM<na>NS<statement (na)>LA<na>}

本例中"胡赖"一语双关，妙语为"同音同形词：胡赖"。译文采取音译的策略，将"胡赖"翻译成"Hu Lai"，"双关"修辞手段消失，脚本对立在译文中不成立，原文的参数特征也就随之消失。

例（78）原文：裤裆那个地方敞开着，上面的纽扣都掉光了，里面的内裤看上去花花绿绿的。（余华《许三观卖血记》）

标注：H{SO<真实的 vs. 非真实的（内裤花花绿绿 vs. 生活花花绿绿）>SI<语言语境 & 非语言语境>TA<具体的对象（李血头）>LM<虚假类比>NS<陈述（双关）>LA<妙语（叠词：花花绿绿）>}

译文：All the buttons on his fly had fallen off, and a pair of flower-print underwear peeked through the gap between. (Andrew, F, Jones. *Chronicle of a Blood Merchant*)

标注：H{SO<na>SI<linguistic context>TA<Blood Chief Li>LM<na>NS<statement (na)>LA<na>}

本例使用了"双关"修辞手段，妙语为叠词"花花绿绿"。译文将"花花绿绿"意译为"flower-print"，"一语双关"没有体现出来，由此构成的"双关"修辞手段和原文的参数及其特征在译文中也随之消失。

（七）降用在译文中消失

例（79）原文：眼圈通红的，恭敬地夸赞了姜汤的力量，谢了那太太的好意之后，这才解决了这一场大纠纷。（鲁迅《故事新编》）

标注：H{SO< 正常的 vs. 非正常的（伯夷与妇人的分歧 vs. 大纠纷）>SI< 语言语境 >TA< 无 >LM< 类比 >NS< 陈述（降用）>LA< 妙语（大纠纷）>}

译文：His eyelids turned red. But he complimented the woman on the potency of her ginger and thanked her once more. Thus he extricated Boyi from this predicament. (Gladys, Yang & Yang Xianyi *Old Tales Retold*)

标注：H{SO<na>SI<na>TA<na>LM<na>NS<statement(na)> LA<predicament>}

原文将"大纠纷"用于小争执，大词小用，"降用"为汉语所特有的修辞手段，没有转换至译文，导致原文中的参数特征在译文中消失。

（八）析词在译文中消失

例（80）原文："胡子老官，这事在你作法便了。做成了，少不得'言身寸'。（吴敬梓《儒林外史》）

标注：H{SO< 正常的 vs. 非正常的（谢 vs. 言身寸）>SI< 语言语境 >TA< 无 >LM< 范围限制 >NS< 对话（析词）>LA< 妙语（言身寸）>}

译文："Handle it as you think best, Whiskers. If you pull it off, I'll not fail to thank you." (Gladys, Yang & Yang Xianyi *The Scholars*)

标注：H{SO<na>SI<linguistic context>TA<na> LM<na>NS<dialogue (na)>LA<na>}

本例使用了"析词"修辞手段，将汉语中的"谢"字一分为三，写作"言身寸"，译文虽然将"言身寸"的隐含意义翻译至译文，但是"析词"修辞手段及其参数特征在译文中缺失。

例（81）原文：我们等待着下干校改造，没有心情理会什么离愁别恨，也没有闲暇去品尝那"别是一番"的"滋

味"。(杨绛《干校六记》)

标注：H{SO< 正 常 的 vs. 非正常的（别是一番滋味 vs. "别是一番" 的 "滋味"）>SI< 语言语境 & 非语言语境 >TA<（无）>LM< 范围限制 >NS< 陈述（析词）LA< 妙语（"别是一番" 的 "滋味"）>}

译文：As we awaited our turn to begin our "remolding" at the cadre school, we were in no mood to savor that "other kind of flavor". (Goldblatt, H. *Six Chapters from My Life "Downunder"*)

标注：H{SO<na>SI<linguistic context>TA<na)>LM<na> NS<statement (na)>LA<punchline ("other kind of flavor")>}

　　原文的修辞手段为 "析词"，作者将固定搭配 "别是一番滋味" 分开成 "'别是一番' 的 '滋味'"。译文将妙语 "'别是一番' 的 '滋味'" 直译为 "'other kind of flavor'"，原文的修辞手段没有保留，参数的特征在译文中消失。

(九) 仿拟在译文中消失

　　例（82）原文："咱们打开鼻子说亮话，告诉我一句痛快的，咱们别客气！"（老舍《二马》）

标注：H{SO< 正 常 的 vs. 非正常的（打开天窗说亮话 vs. 打开鼻子说亮话）>SI< 语言语境 & 非语言语境 >TA< 无 >LM< 虚假类比 >NS< 对话（仿拟）> LA< 妙语（打开鼻子说亮话）>}

译文：Let's be frank with each other, Mr. Ma, if you have anything you want to go off your chest, go ahead, let's not let ceremony keep us from being candid with one another! (Jimmerson, J. *Mr. Ma and Son*)

标注：H{SO<na>SI<linguistic context>TA<na>LM<na> NS<statement (na) >LA<be frank with each other>}

　　本例中，作者根据汉语俗语 "打开天窗说亮话" 仿造出 "打开鼻子说亮话"，本体和仿体构成了两个在正常方面对立的脚本。正常的脚本是 "打开天窗说亮话"，非正常的脚本是 "打开鼻子说亮话"，只有当读者理解了语言语境和非语言语境，才能领略其幽默所在。译文将仿体"打开鼻子说亮话"翻译成"be frank with each other, Mr. Ma, if you have anything you want to go off your chest"。该译文虽然传达了原文的意义，但是，构成另一个脚本的汉语俗语"打开天窗说亮话"在译语中完全消失，原文中"仿拟"修辞手段带来的情趣不复存在。原文的参数及其特征在译文中完全消失。

例（83）原文："哈哈哈！"酒店里的人也九分得意的笑。（鲁迅《阿 Q 正传》）

标注：H{SO<正常的 vs. 非正常的（十分得意 vs. 九分得意）>SI<语言语境 & 非语言语境 >TA<无 >LM<虚假类比 >NS<对话（仿拟）>LA<妙语（九分得意）>}

译文：The men in the tavern joined in,with only a shade less gusto in their laughter. (Gladys,Yang & Yang Xianyi *The True Story of Ah Q*)

标注：H{SO<na>SI<linguistic context>TA<na>LM<na>NS<statement (na)>LA<a shade less gusto in their laughter>}

本例使用了"仿拟"修辞手段，本体是"十分得意"，仿体是"九分得意"，本体和仿体构成了在正常方面对立的两个脚本。妙语为"九分得意"，语言要素巧妙转移，幽默风趣。原文的修辞手段在译文中消失，妙语"九分得意"被意译为"a shade less gusto in their laughter"，原文的意象没有完全传递至译文，脚本对立也不成立，"语言要素之巧妙转移"的特征在译文中完全不复存在。

例（84）原文：人熟地灵，衙门又比较阔绰。（老舍《离婚》）

标注：H{SO<正常的 vs. 非正常的（人杰地灵 vs. 人熟地灵）>SI<语言语境 & 非语言语境 >TA<无 >LM<虚假类比 >NS<陈述（仿拟）>LA<妙语（人熟地灵）>}

译文：He knew it better than any other department. Besides, it was one of the richest offices in the municipal government. (Lao She & Kuo Helena *The Quest for*

Love of Lao Lee)

标注：H{SO<na>SI<linguistic context>TA<na>LM<na>
NS<statement (na) >LA<he knew it better than any
other department>}

本例中，作者根据汉语本源概念"人杰地灵"仿造了一个词语"人熟地灵"，意思是"和衙门的人熟悉办事就方便"，语义偏离，讽刺和幽默顿生。正常的脚本是"人杰地灵"，非正常的脚本是"人熟地灵"。妙语为"人熟地灵"。译文没有转换原文的"仿拟"修辞手段，妙语"人熟地灵"被意译为"he knew it better than any other department"，没有将原文中"语言要素之巧妙转移"的特征传递至译文，译语读者无法感受到原文的幽默语义。

（十）通感在译文中消失

例（85）原文：他还指着头上一块乌青的疙瘩，说是为了回避得太慢一点了，吃了一下官兵的飞石：这就是大臣确已到来的证据。（鲁迅《故事新编》）

标注：H{SO< 真实的 vs. 非真实的（被石头打 vs. 吃石头）>SI< 语言语境 & 非语言语境 >TA< 具体的对象（被飞石打的平民）>LM< 能力筹划 >NS< 陈述（通感）>LA< 妙语（吃了一下官兵的飞石）>}

译文：Indeed he could show a black and blue bump on his head which he explained had been caused by a stone thrown by a guard when he did not get out of the way quickly enough. Here was palpable evidence of the minister's arrival. (Gladys,Yang & Yang Xianyi *Old Tales Retold*)

标注：H{SO<na>SI<na>TA<na>LM<na>NS<statement (na) >LA<na>}

本例使用了"通感"修辞手段，将表示味觉的动词"吃"移用于描写平民"被打"的感觉，味觉与触觉相通，无奈的自嘲跃然纸上。妙语为"吃了一下官兵的飞石"。译文将妙语意译为"had been caused by a stone thrown by a guard"，没有转换原文的修辞手段，与之匹配的逻辑机制和其他参数都在译文中消失。

（十一）别解在译文中消失

例（86）原文：论文化，他是"满汉全席"。（老舍《正红旗下》）

标注：H{SO<真实的 vs. 非真实的（福海吸收了汉族满族的文化 vs. 福海是满汉全席）>SI<语言语境 & 非语言语境 >TA<具体的对象（二哥福海）>LM<范围限制 >NS<陈述（别解）>LA<妙语（本源概念：满汉全席）>}

译文：Culturally he combined the best Manchu and Han attainments. (Don J. Cohn *Beneath the Red Banner*)

标注：H{SO<na>SI<na>TA<na>LM<na>NS<statement (na) >LA<combined the best Manchu and Han attainments>}

"满汉全席"原指为庆祝康熙生辰而准备的 108 道菜式，集满族和汉族菜肴之精华。福海满族和汉族文化底蕴深厚，作者巧妙地转移了概念，带来了幽默风趣的审美享受，让人思量之余不禁笑不可抑。真实的脚本是"福海吸收了汉族满族的文化"，非真实的脚本是"福海是满汉全席"。修辞手段为"别解"，将"满汉全席"的意义转移至突破常规的语义"福海吸收了汉族满族的文化"，读者顿悟其幽默所在。妙语为汉语本源概念：满汉全席，译文将其翻译成"Manchu and Han attainments"，没有将其文化隐含意义传递至译文，原文的"别解"修辞手段和参数特征在译文中不复存在。

以上分析了十一种零类转换模式，包括汉英共享的修辞手段，如隐喻、夸张、借代、拟人、引用、双关、仿拟、通感等，以及汉语特有的修辞手段，如降用、析词、别解等。

简言之，修辞手段是汉语言语幽默最重要的触发机制，也是汉语言语幽默最具体的表达形式。要成功转换修辞手段，必须先完整保留语言参数中的妙语，特别是妙语中的本源概念，它是构成修辞手段至关重要的语言要素。修辞手段在翻译的过程中呈现出三种转换模式：同类转换模式、异类转换模式、零类转换模式。汉英共有的修辞手段最好采取同类转换模式，汉语特有的修辞手段可以采取异类转换模式。如果同类转换模式和异类转换模式都行不通，那就只好选择零类转换模式。选择零类转换模式的时候，译者要尽量采取其他补救措施来保留原文的幽默信息，如保留妙语和脚本对立等，以确保译语读者能够获得与源语读者同样的愉悦感。

第三节　汉语言语幽默的英译分析准则

第六章第一节和第二节分别从语言参数中本源概念的翻译策略、叙述策略参数中修辞手段的翻译策略出发，对语料库中的语料进行了对比分析。本节将对汉语言语幽默的英译分析准则进行阐述。通过分析语料库中的语料，我们发现汉语言语幽默翻译有其显著的特征。翻译涉及原文的解码和译文的编码，在对原文信息的解码过程中，将真诚性交际模式转换为非真诚性交际模式、从非相似性中寻找相似性、从非和谐性中寻找和谐性，对获得原文的幽默信息尤为重要；在编码的过程中，需要考虑一些语用因素，如基于合作原则的非真诚性交际模式下的四大准则，实现翻译的最终目的——达到语用等值，等等。下面重点讨论汉语言语幽默的英译分析准则。第一部分陈述解码的三条准则，第二部分解释编码的两条准则，第三部分运用汉语言语幽默相似度测量系统对原文和译文言语幽默的相似度进行比较。

一、解码的三条准则

翻译首先要正确理解原文，在此基础上，才能准确表达原文的语义，让译语读者获得与源语读者同样的阅读感受。在对语料的分析中，我们观察到在言语幽默翻译时，解码的三条准则直接影响我们对言语幽默的认知，它们是非真诚性准则、相似性准则、和谐性准则。

（一）非真诚性准则

非真诚性准则指"将语言信息置于非真诚而不是真诚信息交际模式之下"。也就是说，言语幽默提供的语言信息不是真实的，而是非真实的，读者／听者只有当将语言信息置于非真诚而不是真诚信息交际模式之下，才能领悟幽默之所在，否则，毫无幽默可言。

例（87）原文：往下一看，他，你父亲！在地上大鳄鱼似的爬着呢。（老舍《二马》）

标注：H{SO<真实的 vs. 非真实的（父亲爬在地上 vs. 鳄鱼爬在地上）>SI<语言语境 & 非语言语境>TA

<具体的对象（老马）>LM<并置>NS<陈述（明喻）>LA<喻词（似的）+妙语（在地上大鳄鱼似的爬着呢）>}

本例中的幽默来自对父亲老马趴在地上的描述，形象生动。真实的脚本是"父亲爬在地上"，非真实的脚本是"鳄鱼爬在地上"。在真诚信息交际模式中，本例提供的"父亲像鳄鱼"的语言信息是不真实的，因此，我们在理解本例时，必须把不真实的信息置于非真诚信息交际模式下，才能理解妙语"在地上大鳄鱼似的爬着呢"，从而茅塞顿开，开怀大笑。

例（88）原文："你一个尊年人，不想做些好事，只要'在光水头上钻眼——骗人'！"（吴敬梓《儒林外史》）

标注：H{SO<真实的 vs. 非真实的（不想做些好事 vs. 在光水头上钻眼）>SI<语言语境 & 非语言语境>TA<具体的对象（石老鼠）>LM<并置>NS<对话（引用）>LA<妙语（汉语本源概念：歇后语"在光水头上钻眼——骗人"）>}

本例中的幽默来自"引用"修辞手段的运用。原文引用了汉语本源概念（歇后语"在光水头上钻眼——骗人"）来描述石老鼠不想做好事。本例提供的真实信息是"石老鼠不想做好事"，不真实的信息是"在光水头上钻眼"，只有把两个在真实方面对立的脚本放在非真诚信息交际模式下去理解，才能体会到两个脚本的相似点，那就是"骗人"，妙语为汉语本源概念：歇后语"在光水头上钻眼——骗人"，令人捧腹大笑。

例（89）原文：一个气概飞扬，鼻子直而高，测望像脸上斜搁了一张梯……（钱钟书《围城》）

标注：H{SO<真实的 vs. 非真实的（鼻子 vs. 梯子）>SI<语言语境>TA<具体的对象（那个客人）>LM<并置>NS<评论（明喻）>LA<喻词（像）+妙语（脸上斜搁了一张梯）>}

例（89）的幽默来自形象的比喻，"高挺笔直的鼻子"被比喻成"斜搁的梯子"，新颖奇特，出人意料，令人忍俊不禁。本体是"直而高的鼻子"，喻体是"斜搁一张梯子"，突出直而高的共同之处，构成了在真实方面对立的两个脚本。在理解本例时，只有将妙语"脸上斜搁了一张梯"放在非真诚交际模式下去理解，才能领略其幽默风趣之处。

（二）相似性准则

在非真诚信息交际模式下去理解幽默话语，首先得考虑两个对立脚本的非相似性如何统一。发现非相似性之间的相似，才能领略到其中的风趣和幽默。相似性准则指"将语言信息之间的非相似性统一于某个点或某个面之下"。如：

> 例（90）原文：人群里发出阵阵吵嚷声，几个女工的声音高拔
> 出来，好像鸡场里几只高声叫蛋的母鸡。（莫言
> 《师傅越来越幽默》）

> 标注：H{SO< 真实的 vs. 非真实的（几个女工的声音
> 很高 vs. 女工的声音像鸡场里几只高声叫蛋的母
> 鸡 >SI< 语言语境 & 非语言语境 >TA< 具体的对
> 象（几个女工）>LM< 并置 >NS< 对话（明喻）>
> LA< 喻词（好像）+ 妙语（鸡场里几只高声叫蛋
> 的母鸡）>}

本例使用了"明喻"修辞手段，把两个原本完全不相干的事联系在一起，突出其相似性，"非相似性之间的相似"促发了幽默。本体"几个女工的声音高拔出来"与喻体"好像鸡场里几只高声叫蛋的母鸡"构成了在真实方面对立的两个脚本。真实的脚本是"几个女工的声音高拔出来"，非真实的脚本是"好像鸡场里几只高声叫蛋的母鸡"，两个高声迥然不同，凸显不同高声中"高"的相似性。在非真诚信息交际模式下去理解，本体和喻体分得越开就越风趣。

> 例（91）原文：赵科员的长相和举动，和白听戏的红票差不多，
> 有实际上的用处，而没有分毫的价值。（老舍
> 《离婚》）

> 标注：H{SO< 真实的 vs. 非真实的（赵科员的长相和举
> 动 vs. 白听戏的红票）>SI< 语言语境 & 非语言语
> 境 >TA< 具体的对象（赵科员）>LM< 并置 >NS
> < 评论（明喻）>LA< 喻词（和……差不多）+ 妙
> 语（有实际上的用处，而没有分毫的价值）>}

"红票"指的是在中国旧时戏剧或杂技等表演者赠送给人的免费票。本例将"赵科员的长相和举动"比喻成"白听戏的红票"，把两个相差甚远的事物扯到一起，突出"有用但毫无价值"的共同点，滑稽可笑的长相和

举动跃然纸上。

例（92）原文：方鸿渐笑道："政治家聚在一起，当然是乌烟瘴气。"（钱钟书《围城》）

标注：H{SO<真实的 vs. 非真实的（政治系教授们聚在一起 vs. 乌烟瘴气）>SI<语言语境 & 非语言语境>TA<具体的对象（政治系教授们）>LM<类比>NS<对话（隐喻）>LA<系词（是）+ 妙语（本源概念：成语"乌烟瘴气"）>}

本例描写的是方鸿渐对政治系教授们聚在一起的评论。作者采用了"隐喻"修辞手段，化实为虚，重在讽刺那些所谓的政治系教授们不学无术的丑态。逻辑机制为"类比"，即比较两个事物的主要特征："乌烟瘴气"。妙语为本源概念：成语"乌烟瘴气"。

例（93）原文："那鼓掌羊角风的都是受活庄的人，没有鼓掌的都是受活庄以外的百姓们。"（阎连科《受活》）

标注：H{SO<真实的 vs. 非真实的（不停地鼓掌 vs. 鼓掌羊角风）>SI<语言语境 & 非语言语境>TA<具体的对象（鼓掌的人）>LM<夸大>NS<对话（夸张）>LA<妙语（本源概念：俗语"羊角风"）>}

本例描写的是刘县长宣扬他演讲的场面。真实的脚本是"不停地鼓掌"，非真实的脚本是"鼓掌羊角风"，突出两者之间的相似点"速度之快"。修辞手段是"夸张"，即言过其实。逻辑机制为"夸大"，也就是说，夸大其词，与事实有差距。妙语为本源概念：俗语"羊角风"。

（三）和谐性准则

在非真诚信息交际模式下去理解幽默话语，除了考虑两个对立脚本的非相似性之间的相似，发现不和谐之间的和谐更加有趣。不和谐指的是两个事物相矛盾，一旦我们领悟到两个相矛盾事物之间的和谐，如梦方醒，幽默顿生。和谐性准则指"将语言信息之间的非和谐性统一于某个点或某个面之下"。如：

例（94）原文：未庄人都惊服，说这是柿油党的顶子，抵得一个翰林。（鲁迅《阿Q正传》）

标注：H{SO<正常的 vs. 非正常的（自由党 vs. 柿油党）>SI<语言语境 & 非语言语境>TA<具体的对象

（未庄人）>LM<虚假类比>NS<陈述（仿拟）>
LA<妙语（柿油党的顶子，抵得一个翰林）>}

　　本例使用了"仿拟"修辞手段，本体是"自由党"，仿体是"柿油党"，构成了在正常方面对立的两个脚本。话语现实与语言经验发生矛盾，人们期待的话语现实是自由党而非柿油党，当读者在两个不和谐之间发现发音上的和谐，顿时敞怀而笑。不管是自由党还是柿油党的顶子，抵得一个翰林最重要，未庄人的滑稽可笑可见一斑。

　　　　例（95）原文：洗衣服得蹲在水塘边上"投"。（杨绛《干校六记》）

　　　　　　　标注：H{SO<真实的 vs. 非真实的（借代洗衣服之名偷衣服 vs. 蹲在水塘边上投洗衣服）>SI<语言语境>TA<具体的对象（当地的大娘）>LM<虚假类比>NS<陈述（双关）>LA<妙语（同音词"投 /偷"）>}

　　本例中，作者使用了"双关"修辞手段，描述当地的大娘借代洗衣服之名偷衣服，借助同音词"投（tou）/ 偷（tou）"，故意突出两个事物不和谐间之和谐，风趣幽默，引人发笑。真实的脚本是"借代洗衣服之名偷衣服"，非真实的脚本是"蹲在水塘边上投洗衣服"。逻辑机制为"虚假类比"，即比较两个事物的次要方面——"投（tou）/偷（tou）"语音上的相同。

　　　　例（96）原文：天线杆在我们家的院子里竖起来，我们家立即就有了鹤立鸡群的感觉。（莫言《四十一炮》）

　　　　　　　标注：H{SO<真实的 vs. 非真实的（天线杆竖起来 vs. 鹤立鸡群）>SI<语言语境 & 非语言语境>TA<无>LM<类比>NS<评论（隐喻）>LA<妙语（本源概念：成语"鹤立鸡群"）>}

　　本例使用了"隐喻"修辞手段，本体是"天线杆竖起来"，喻体是"鹤立鸡群"，构成了在真实方面对立的两个脚本。逻辑机制为"类比"，即比较两个脚本的主要特征：高傲地立起来。只有当读者领悟到两个不和谐之间的和谐在于"高傲地立起来"，才能获得幽默带来的愉悦感。

　　简言之，言语幽默翻译中的解码的三条准则相互依赖、互为补充。非真诚性准则为基本准则，相似性准则以及和谐性准则在基本准则的范围内运行。也就是说没有非真诚性准则，其他准则将失去幽默的根基；如果没有相似性准则和和谐性准则，非真诚性准则就毫无意义，也就没有幽默可言。

二、编码的两条准则

从理论上看，英语译文只要保留了汉语原文中的表层和深层参数，就保留了原文中的幽默。那么，如何保留这些参数呢？前文提到，言语幽默概论涉及语义学、语用学和叙述学等领域，但就幽默翻译而言，理论中所涉及的语用要素，包括非真诚交际的四大准则以及言语幽默的言后行为，更是译者在翻译中需要把握的，因为这些因素直接影响译者对言语幽默的理解和翻译。下面重点阐释编码的两条准则：非真诚信息交际的四大准则、语用等值准则。

（一）非真诚信息交际的四大准则

在言语幽默概论及其延伸理论中，语义脚本（semantic script）是一个至关重要的概念。言语幽默的生成和理解首先要有"语义脚本"和"脚本的对立"（script opposition），否则就形成不了言语幽默。语义脚本指单词有它本身的语义信息和由它引发的词项外信息，二者结合起来就是所谓的语义脚本。言语幽默概论在"语义脚本"的基础上，进一步解释了"脚本"的含义，并提出了"宏观脚本"的概念。"脚本"指某一信息组块，是被说话人内化的认知结构，这个结构为说话人提供譬如世界是如何组成，人们如何行为等信息。从广义上讲，"脚本"指任何东西（真实的或虚构的）、事件、行为、质量等（Attardo 2002：181）。脚本可以分为微观脚本和宏观脚本。短的笑话只有一个脚本对立，但在长篇言语幽默文本中（如小说等）会有很多脚本对立，这些脚本的对立将转向更大的脚本，即宏观脚本（macro-script），如文本的话题等，而不完全是注重词项分析的微观脚本（Attardo 2001：2-8）。脚本也可以分成显性脚本和隐性脚本（戈玲玲 2011：122），显性脚本更具体，文本中即可获得，而隐性脚本更抽象，需要通过分析显性脚本才能获得。

如何利用单词的语义脚本来分析幽默文本呢？Raskin（1985）认为，任何语言单位（词、句、语段）的基本语义都是为了传递真诚的信息而服务的。这样一来，要在文本和言语交际中形成幽默，必须把真诚的信息交际转变成非真诚的信息交际才能达到目的。也就是说，如果某一文本是幽默的（＝言语幽默），那么该文本一定不是真诚的信息交际，而是相反的，即所谓非真诚信息交际，否则不能形成幽默。依据 Grice 的语用四准则，Raskin（1985：103）提出了非真诚信息交际的四大准则，或称言语幽默交际的四个模式。一是数量准则（Maxim of Quantity）：准确给出笑话所必需的信息；二是质量准则（Maxim of Quality）：只说与笑话世界相容的话；三是相关准则（Maxim of Relation）：只说与笑话相关的话；四是方式准则（Maxim of Manner）：有效地讲笑话。离开这些准则，就不能形成幽默。正因为有这些准则，理论上我们可以解释为什么言语幽默文本（或者笑话）无一例外都属于非真诚信息交际（虽然它们也会传达真诚的交际信息），因而违背 H. P. Grice（1975：45-47）提出的真诚言语交际的合作原则（Cooperative Principle）。请看以下例句：

　　　例（97）原文：谁知道没有枪杆的人，胡子也不像样，又稀又软，挂在口角两旁，像新式标点里的逗号，既不能翘然而起，也不够飘然而袅。（钱钟书《围城》）

　　　　标注：H{SO<真实的 vs. 非真实的（稀软的胡子 vs. 逗号）>SI<语言语境>TA<具体的对象（汪先生）>LM<并置>NS<评论（明喻）>LA<喻词（像）+妙语（既不能翘然而起，也不够飘然而袅）>}

　　　　译文：For some reason people who don't bear arms can never really grow a proper-looking; it is either too sparse or limp or droops downward from either side of the mouth like commas in Western-style punctuation, neither arching upward nor curling gracefully. (Kelly, J.& Mao, N. K. *Fortress Besieged*)

　　　　标注：H{SO<actual vs. non-actual (sparse and limp mustache vs. comma)>SI<linguistic context>TA<sth concrete (Mr. Wang)>LM<juxtaposition>NS<comment (simile)>LA<figurative word (like)+punchline(neither arching upward nor curling gracefully)>}

　　例（97）中，原文和译文中均含有深层和表层六个参数。原文中有两个脚本：一个脚本是"稀软的胡子"，另一个脚本是"逗号"。如果读者把"稀软的胡子"像"逗号"放在真诚信息交际模式下来看，肯定毫无幽默可言。读者只有将真诚交际模式转换成非真诚交际模式，从两个在真实方面对立的脚本中寻找它们的共同点，才能领会其幽默所在。两个脚本为显性脚本，均出现在例句中。该例句体现了非真诚交际的上述四大准则。叙述策略为修辞手段"明喻"，将"稀软的胡子"比喻成"逗号"。语言参数的具体表现形式为喻词"像"，连接本体和喻体。逻辑机制为"并置"，指两个脚本同时出现在文本中。对象参数为"汪先生"，也就是说本例取笑的对象是"汪先生"。语境为"语言语境"，即语言内部语境，指上下文。译文采用"直译"，即跟随源语形式来翻译（戈玲玲，何元建 2012a：110），将"稀软的胡子"翻译成"sparse and limp mustache"，将"逗号"译成"comma"，本体和喻体表达的意象出现在译文中，原文中形象的比喻依然存在。译语读者能够理解本体和喻体表达的意象，因此，可以推断出译语读者也能欣赏到原文中的风趣和幽默。译文遵守了非真诚信息交际的四大准则，完整地保留了原文中的深层和表层参数，成功转换了原文的幽默信息。从例（97）中，我们观察到译文要成功转换原文的幽默，必须遵守非真诚信息交际的四大准则，即译文要围绕非真诚信息交际模式，提供幽默所需的足够的相关信息，才能成功保留汉语言语幽默中的深层和表层参数，特别是深层参数中的脚本对立，从而使译语读者获得与源语读者一样的幽默信息（戈玲玲 2014b：12）。

例（98）原文：可怜把个行者头，勒得似个亚腰葫芦，十分疼痛难忍。（吴承恩《西游记》）

标注：H{SO< 真实的 vs. 非真实的（行者头 vs. 亚腰葫芦）>SI< 语言语境 & 非语言语境 >TA< 具体的对象（行者）>LM< 并置 >NS< 评论（明喻）>LA< 喻词（似）＋妙语（本源概念：亚腰葫芦）>}

译文：Alas, poor Pilgrim's head was reduced to an hourglass-shaped gourd! As the pain was truly unbearable. (Yu, C. A. *The Journey to the West*)

标注：H{SO<actual VS. non-actual (Pilgrim's head vs. an hourglass-shaped gourd)>SI<linguistic context & non-linguistic context>TA<sth concrete

> (Pilgrim)>LM<juxtaposition >NS<comment
> (metaphor)>LA<punchline(an hourglass-shaped
> gourd)>}

本例中，原文使用了"明喻"修辞手段，本体为"行者头"，喻体为"亚腰葫芦"，构成了在真实方面对立的两个脚本。真实的脚本是"行者头"，非真实的脚本是"亚腰葫芦"。语境为"语言语境和非语言语境"。语言语境即语言内部语境，指上下文，包括话语内部的各种因素、话语内部的信息结构和形式；非语言语境即语言外部语境，涵盖社交语境、文化语境、情境语境等。对象参数为"行者"，也就是说本例取笑的对象是"行者"。逻辑机制为"并置"，指两个脚本同时出现在文本中。语言参数包含喻词"似"和妙语本源概念"亚腰葫芦"。"亚腰葫芦"指的是腰很细的葫芦，长得很可爱，像两个摞起来的球体，上小下大，中间有个纤细的"蜂腰"。原文将"行者头"比喻成"亚腰葫芦"，突出两者"纤细"的相似点。原文包含三个表层参数和三个深层参数，符合非真诚交际的四大准则。读者只有将真诚信息交际模式转换为非真诚信息交际模式，才能理解其幽默所在。译文将原文"明喻"修辞手段转换为"隐喻"，将本体"行者头"翻译成"Pilgrim's head"，喻体"亚腰葫芦"翻译成"an hourglass-shaped gourd"，保留了原文的意象。虽然原文和译文使用的修辞手段不同，但是译文也包含了三个表层参数和三个深层参数，遵守了非真诚信息交际的四大准则，即言语幽默交际的四个模式。

（二）语用等值准则

任何译文只要保留了原文中的所有参数，就可以说原文的幽默信息已成功传达至译文。如果不能保留所有参数，那也要尽量保留处于高层的参数，即深层参数中的脚本对立和语境。但是，无论保留多少参数，译文都要以实施言语幽默的言后行为（perlocutionary）为出发点和落脚点，这是因为从言语幽默的言后行为即交际功能的观点来看，任何言语幽默都是可译的。幽默的言后行为或交际功能一般来说就是引发读者/听者大笑，这个目标具有普遍性。因此，从言语幽默的言后行为来看，所有的言语幽默都可以从一种语言翻译成另一种语言（Attardo 2002：184-191）。也就是说，在言语幽默的翻译过程中，译者无论采取什么翻译策略和方法，都要以实施言语幽默的言后行为作为汉语言语幽默翻译的最终目标，即达到语用等值。例如：

例（99）原文：他仿美国人读音，维妙维肖，也许鼻音学得太过
火了，不像美国人，而像伤风塞鼻子的中国人。
（钱钟书《围城》）

标注：H{SO<真实的 vs. 非真实的（过度模仿美国人鼻
音的张先生 vs. 伤风塞鼻子的中国人）>SI<语言
语境 >TA<具体的对象（张先生）>LM<并置 >
NS<评论（明喻）>LA<喻词（不像……而像）+
妙语（伤风塞鼻子的中国人）>}

译文：He imitated the American accent down to the slightest
inflection, though maybe the nasal sound was a little
overdone, sounding more like a Chinese with a cold
and a stuffy nose, rather than an American speaking.
(Kelly, J.& Mao, N. K. *Fortress Besieged*)

标注：H{SO<actual vs. non-actual (Mr. Zhang's
imitating the American accent down to the slightest
inflection vs. a Chinese with a cold and a stuffy
nose)>SI<linguistic context>TA<sth concrete
(Mr. Zhang)>LM<juxtaposition>NS<comment
(simile)>LA<figurative word (more like ..., rather
than)+ punchline (a Chinese with a cold and a stuffy
nose)>}

本例包含了在真实方面对立的两个脚本：真实的脚本是"过度模仿美
国人鼻音的张先生"，非真实的脚本是"伤风塞鼻子的中国人"。根据语言
语境，读者可以推断出被取笑的对象为"张先生"；逻辑机制为"并置"，
指在真实方面对立的两个脚本同时出现在文本中；叙述策略为"比喻"修
辞手段，将"过度模仿美国人鼻音的张先生"比喻成"伤风塞鼻子的中国
人"；语言参数为喻词"不像……而像"和妙语"伤风塞鼻子的中国人"。
译文将原文直译过来，英文"the nasal sound was a little overdone"和"like
a Chinese with a cold and a stuffy nose"所承载的意象与原文的意象相同，因
此，原文的六个参数在译文中得以完整保留。换句话说，原文的幽默效果
被传递至译文，译语读者能会意出原文的幽默。译文实施了言语幽默的言
后行为，达到了汉语言语幽默翻译的最终目标（戈玲玲 2014b：14），实现

了语用等值。

例（100）原文：但我确是个不辨方向的动物，往往"欲往城南望城北"。（杨绛《干校六记》）

标注：H{SO<真实的 vs. 非真实的（不辨方向 vs. 欲往城南望城北）>SI<语言语境>TA<具体的对象（杨绛）>LM<并置>NS<陈述（引用）>LA<引号＋妙语（欲往城南望城北）>}

译文：...but I am definitely one of those creatures who has no sense of direction, who invariably "strikes out for south city only to wind up in north city". (Goldblatt, H. *Six Chapters from My Life "Downunder"*)

标注：H{SO<actual vs. non-actual (have no sense of direction vs. strikes out for south city only to wind up in north city)>SI<linguistic context>TA<sth concrete (Yang Jiang)>LM<juxtaposition>NS<statement (quotation)>LA<quotation mark + punchline (strikes out for south city only to wind up in north city)>}

原文中"欲往城南望城北"出自唐代诗人杜甫的《哀江头》，作者引用这句诗自嘲方向感很差。原文采用了"引用"修辞手段，真实的脚本是"不辨方向"，非真实的脚本是"欲往城南望城北"，逻辑机制为"并置"，即两个脚本同时出现在文本中。译文将"不辨方向""欲往城南望城北"分别翻译成"have no sense of direction""strikes out for south city only to wind up in north city"，保留了原文参数及其特征。虽然译语读者不知道"欲往城南望城北"的出处，但是，这并没有影响原文幽默效果传递至译语读者，也就是说，译语读者可以与源语读者领悟到同样的幽默。译文与原文的言后行为完全一致，译文完全实现了语用等值。

三、原文和译文的相似度比较

第二章第二节提到，言语幽默概论的六个知识资源，按照它们的幽默生成能力和区分幽默相似度的能力，由高到低进行排列，构成了幽默相似度测量系统。该系统可以用来分析两个笑话的相似性，就翻译而言，它的价值也是无法估量的。前文提到，依据汉语幽默生成的文本特点，我们将参数分为表层参数和深层参数，它们按顺序排列，构成了汉语言语幽默相似度测量系统，如下图（同第三章图一）所示：

汉语言语幽默相似度测量系统

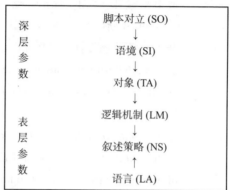

上图显示了延伸理论中六个参数的层级排列，即按照深层参数到表层参数的顺序，从上至下排列。越处于高层的参数，幽默生成能力越强，而幽默的相似度就越低。因此，在汉语言语幽默英译过程中，尽量保留高层参数，特别是深层参数的脚本对立。下面依据汉语言语幽默相似度测量系统举例分析汉语言语幽默及其英译的相似度。

例（101）原文："以婚治国"，他最忙的时候才这么说。（老舍《离婚》）

标注：H{SO< 正常的 vs. 非正常的（依法治国 vs. 以婚治国）>SI< 语言语境 & 非语言语境 >TA< 具体的对象（张大哥）>LM< 虚假类比 >NS< 独白（仿拟）>LA< 妙语（"以婚治国"）>}

译文："To rule the country by marrying the people" was his slogan. (Lao She & Kuo Helena *The Quest for Love of Lao Lee*)

标注：H{SO<normal vs. abnormal (to rule the country not by marrying the people vs. to rule the country by marrying the people)>SI<linguistic context&non-linguistic context>TA<sth concrete

(Mr. Zhang)>LM<false analogy>NS<aside (logic fallacy) >LA<punchline (to rule the country by marrying the people)>}

　　本例中，原文使用了"仿拟"修辞手段，本体是"依法治国"，仿体是"以婚治国"，本体和仿体构成了在正常方面对立的两个脚本。译文采取直译，将原文的修辞手段换成了"逻辑飞白"，原文和译文的逻辑机制完全一致，即推理是错误的或不符合逻辑的。原文和译文除了修辞手段和脚本对立有差别，其他参数完全相同。也就是说，译文也包含了三个表层参数和三个深层参数。从幽默翻译的言后行为来说，本例为成功的翻译，因为译文读者可以获得与原文读者同样的幽默信息。

　　　　例（102）原文：我们都听到你的牙齿在嘴巴里打架了。（余华《许三观卖血记》）

　　　　　　　　标注：H{SO<真实的 vs. 非真实的（很冷 vs. 牙齿打架）>SI<语言语境 & 非语言语境>TA<具体的对象（许三观）>LM<能力筹划>NS<对话（拟人）>LA<妙语（你的牙齿在嘴巴里打架了）>}

　　　　　　　　译文：And we all heard your teeth chattering even though you are wearing such a thick coat. (Andrew, F, Jones. *Chronicle of a Blood Merchant*)

　　　　　　　　标注：H{SO<actual vs.non-actual (very cold vs. your teeth chattering)>SI<linguistic context & non-linguistic context>TA<sth concrete (Xu Sanguan)>LM<potency mapping>NS<dialogue (personification)>LA<punchline (your teeth chattering)>}

　　本例中，译文通过合译（直译＋意译）保留了原文中"拟人"修辞手段，所有的参数也完全一致，可以说，译文传递了"拟人"所承载的幽默信息。

　　　　例（103）原文："……比如他进个学，就有日头落在他头上，像我这发过的，不该连天都掉下来，是俺顶着的了？"（吴敬梓《儒林外史》）

　　　　　　　　标注：H{SO<真实的 vs. 非真实的（中举 vs. 天掉下来）>

SI< 语言语境 & 非语言语境 >TA< 具体的对象（荀玫）>LM< 夸大 >NS< 对话（夸张）>LA< 妙语（不该连天都掉下来，是俺顶着的了）>}

译文："Suppose he does pass the prefectural examination and have a sun falling on his head—what about me? I have passed the provincial examination. Should the whole sky fall on my head?" (Gladys,Yang & Yang Xianyi *The Scholars*)

标注：H{SO<actual vs.non-actual (pass the prefectural examination /pass the provincial examination vs. the whole sky will fall down/have a sun falling on his head)>SI<linguistic context & non-linguistic context>TA<sth concrete (Xun Mei)>LM <exaggeration>NS<dialogue (hyperbole) >LA <punchline (should the whole sky fall on my head)>}

本例中，虽然也有汉语本源概念"中举"，但是译者将其意译至译文，修辞手段"夸张"得以保留，没有影响脚本对立的形成。译文完全保留了原文中的六个参数。再如：

例（104）原文："如果您老还要谦让，那可小人们只好恭行天搜，瞻仰一下您老的贵体了！"（鲁迅《故事新编》）

标注：H{SO< 正常的 vs. 非正常的（恭行天罚 / 看 vs. 恭行天搜 / 瞻仰）>SI< 语言语境 & 非语言语境 >TA< 具体的对象（小穷奇）>LM< 虚假类比 / 类比 >NS< 对话（仿拟 / 降用）>LA< 妙语（恭行天搜、瞻仰贵体）>}

译文："If you insist on declining, we shall be forced to conduct a respectful search in accordance with the will of Heaven and cast deferential eyes upon your venerable nakedness." (Gladys,Yang & Yang Xianyi *Old Tales Retold*)

标注：H{SO<normal vs. abnormal (carry out the mandate of Heaven /see vs. conduct a respectful

search in accordance with the will of Heaven/cast deferential eyes upon)>SI<linguistic context & non-linguistic context>TA<sth concrete (Qiongqi the younger)>LM<analogy>NS<dialogue (metaphor)>LA<punchline (conduct a respectful search in accordance with the will of Heaven and cast deferential eyes upon your venerable nakedness)>}

　　本例使用了两种修辞手段，一个是"仿拟"（本体是汉语本源概念：成语"恭行天罚"，仿体是"恭行天搜"），另一个是"降用"，将"瞻仰"大词小用，风趣幽默。译者采用合译（直译加意译）的翻译策略，准确地表达了原文的内涵。虽然"仿拟／降用"修辞手段转为"隐喻"，但是并没有影响原文幽默信息的传递，原文的其他参数得以保留。

　　　　例（105）原文："但是，老乡，你一行义，可真几乎把我的饭碗敲碎了！……我以后只好做玩具了……"（鲁迅《故事新编》）

　　　　　　　标注：H{SO<真实的 vs. 非真实的（工作 vs. 饭碗）>SI<语言语境 & 非语言语境 >TA< 具体的对象（公输般）>LM< 类比 >NS< 对话（隐喻）>LA<妙语（我以后只好做玩具了）>}

　　　　　　　译文："But, my dear countryman, by insisting on justice you've as good as smashed my rice bowl! ...But that means I shall be reduced to making toys." (Gladys,Yang & Yang Xianyi *Old Tales Retold*)

　　　　　　　标注：H{SO<actual vs.non-actual (work vs.rice bowl)>SI<linguistic context&non-linguistic context>TA<sth concrete (Gong Shuban)>LM<analogy>NS<dialogue (metaphor)>LA<punchline (but that means I shall be reduced to making toys)>}

　　本例使用了"隐喻"修辞手段，译者采用直译的策略，保留了原文的修辞手段。虽然"饭碗"指代"工作"的汉语本源概念在英语文化中不存在，但是，通过上下文，译语读者可以获得原文传递的幽默信息，同时也能间接了解汉语的文化。译文成功保留了原文的六个参数。

一个很有趣的现象是例（103）到例（105），虽然原文是不同作家的作品，但是译者是相同的，这也同时证明了译者的翻译策略和翻译风格对译文的影响至关重要，这里暂不赘述，将作为今后的研究方向之一。

综上所述，要成功转换原文的幽默信息，就必须保留原文的参数，特别是处于最高层的脚本对立。要保留脚本对立，保留修辞手段至关重要，修辞手段可以完全一样，也可以根据译文的需要，转换修辞手段，但尽量不要空缺。总之，无论采取什么翻译策略，都以保留原文参数为主要目标。

第四节　小结

本章的第一节分析了本源概念的五种英译策略。虽然语料分析显示，本源概念呈现出直译＞意译＞换译＞省译＞合译的趋势，但理论上讲，换译是最理想的英译策略。用译语的本源概念取代源语的本源概念，虽然意象发生了变化，但是内涵是一致的，译语读者可以获得与源语读者同样的阅读感受。合译次之，当译语无法找到匹配的本源概念来替代，采取两个以上策略来准确传递原文的信息也是适宜的英译策略。直译在语料库中出现最多，原因在于直译可以完整地保留原文的意象，虽然在译语中这些意象可能不存在或者所承载的意义不同，但是，依据语言语境，特别是上下文，读者可以感受到其中的内涵，也能领略到源语传递的幽默信息。如果语言语境无法提供相关信息，非语言语境所提供的信息又不存在于译语中，译语读者可能会不知所云，也就无法获得与源语读者同样的感受。意译占的比例仅次于直译，意译虽然将源语的本源概念的意思传递至译语，但是意象完全消失，由此触发的幽默信息也就有可能消失。省译是没办法的选择，如果根据语言语境，省译能够不影响幽默信息的传递，也是可行的。无论采取什么策略，只要不影响脚本对立的形成或修辞手段的保留，就是行之有效的英译策略。

第二节重点分析了修辞手段的翻译策略，即三类转换模式。语料分析显示，同类转换比例最高，异类和零类占的比例相差不大。语料分析结果显示，同类转换模式完全保留了原文中的修辞手段，也就是说，保留了幽默最直接的语言表达形式；异类转换模式转换了修辞手段，虽然修辞手段不同，但是修辞手段所承载的幽默信息没有缺失；零类转换模式，基本上没有保留原文中的幽默信息。理论上讲，汉英共有的修辞手段最佳选择是同类转换模式，汉语所特有的修辞手段采取异类转换模式。如果采取零类转换模式是不可避免的话，译者可以通过其他补救措施确保原文的幽默传递到译文，如保留妙语和脚本对立等等。

　　第三节阐释了汉语言语幽默的英译分析准则，重点分析了解码的三条准则和编码的两条准则，并且依据汉语言语幽默相似度测量系统重点分析了汉语言语幽默及其英译的相似度，旨在揭示汉语言语幽默英译的规律。无论采取什么英译策略，尽量保留原文的参数，特别是深层参数的脚本对立、表层参数的修辞手段和语言参数中由本源概念构成的妙语，它们看似各自独立，实则相辅相成。在翻译解码的过程中，译者在理解原文时应尽量遵守解码的三条准则（真诚性准则、相似性准则、和谐性准则）；在翻译编码的过程中，译者应尽量遵守编码的两条准则（非真诚信息交际四大准则、语用等值准则）。无论采取什么英译策略，尽量保留原文的妙语、修辞手段和脚本对立，保留了参数中最关键的部分，就成功保留了原文所有的参数，也就可以说，译文成功传递了原文的幽默。保留原文的所有参数，是言语幽默翻译的一般规律；保留修辞手段和本源概念是汉语言语幽默翻译的特殊规律。

第七章　研究前景及局限

本研究在认真研究语义脚本理论和言语幽默概论的基础上，提出了言语幽默延伸理论，研究方法是自建汉英双语平行历时语料库，研究旨在论证延伸理论的可行性和科学性，探讨汉语言语幽默的生成特征、汉语言语幽默的英译策略和言语幽默翻译规律。下面的第一节重点陈述言语幽默延伸理论的特点，第二节阐述研究局限。

第一节　言语幽默延伸理论的特点

在第一章中我们阐述了本研究的意义：一是学术意义，二是理论意义，三是实践意义。学术上，本研究试图推进学界对言语幽默及其翻译的研究；理论上，本研究试图寻找汉语言语幽默及其翻译的理论突破；实践上，本研究试图提供一个极具操作性的系统，对翻译实践有所贡献。下面从三个方面归纳言语幽默延伸理论的三个特点。

一、为言语幽默厘定理论参数

本研究在言语幽默概论的基础上，提出了言语幽默延伸理论，为汉语言语幽默厘定了理论参数。理论参数分为表层参数和深层参数：表层参数包括叙述策略（修辞手段）、逻辑机制和语言参数，深层参数包括脚本对立、语境和对象。逻辑机制参数和对象参数均为可选参数，这是因为不是所有幽默中的不和谐都有解决阶段，也不是所有幽默都有取笑对象。表层参数的核心是修辞手段，原因有四：一是修辞手段是构成幽默最直接的语言表达形式；二是它直接影响到深层参数中脚本对立的形成；三是表层参数中的逻辑机制与之相匹配，不同的修辞手段显示出不同的逻辑机制；四是它与语言参数直接相关，它影响了妙语的形成。深层参数的核心是脚本对立，原因有二：一是没有脚本对立就无幽默可言，可以说，就幽默形成而言，其他的参数均为辅助参数；二是脚本对立的形成除了受到表层参数的影响之外，其重要推理线索离不开与之匹配的语言语境和非语言语境。简言之，三个表层参数和三个深层参数构成汉语言语幽默的理论参数。表层参数的核心是叙述策略参数的修辞手段，深层参数的核心是脚本对立，它们直接影响到汉语言语幽默的形成和翻译。

表层参数具有"相似性之奇特统一""语言要素之巧妙转移"和"不和谐逻辑间之和谐"三大特征；深层参数具有"现实与经验、话语现实与语言经验、话语逻辑与正常逻辑的矛盾冲突"三大特征，通过"真实的与非真实的脚本对立""正常的与非正常的脚本对立""合理与不合理的脚本对立"得以呈现。"相似性之奇特统一"的表层参数特征，是通过修辞手段（明喻、隐喻、夸张、引用、拟人、双关等）和与这些修辞手段相匹配的逻辑机制（并置、类比、虚假类比、能力筹划等）以及语言参数中的妙语（如本源概念中的成语、歇后语、俚语等）得以实现的；"语言要素之巧妙转移"的表层参数特征，通过语义、结构变异的修辞手段（如反语、降用、析词、仿拟、倒序、移就、通感、转品、别解、对偶）和与之相匹配的逻辑机制（否定、类比、夸大、并置、虚假类比、能力筹划、范围限制、平行）以及含有本源概念的妙语来传递幽默信息；"不和谐逻辑间之和谐"的表层参数特征，是通过旁逸、杂混、衬跌、起跌、逻辑飞白、矛盾修辞法等修辞手段和与之匹配的逻辑机制（调停脚本、平行、否定、错误推理、错误前提推理、自损）以及妙语得以呈现。深层参数的三大特征为"现实与经验矛盾冲突""话语现实与语言经验矛盾冲突""话语逻辑与正常逻辑的矛盾冲突"。现实与经验的矛盾冲突，即现实没有反映存在的状态，它所反映的与人们的经验不相容，它通过真实的与非真实的脚本对立、语言语境和非语言语境得以展现，它与表层参数的"相似性之奇特统一"的特征相对应，构成了言语幽默的参数特征一。话语现实与语言经验的矛盾冲突，指话语现实不是人们语言经验所期待的状态，它所反映的超出了语言体系的规约性，它通过正常的与非正常的脚本对立、语言语境和非语言语境得以展现，它与表层参数的"语言要素之巧妙转移"的特征相对应，构成了言语幽默的参数特征二。话语逻辑与正常逻辑的矛盾冲突，指话语逻辑不是人们能按照正常的逻辑思维而获得的，它所反映的是超出人们心里期待的一种不可能的状态，它通过合理的与不合理的脚本对立、语言语境和非语言语境得以展现，它与表层参数的"不和谐逻辑间之和谐"的特征相对应，构成了言语幽默的参数特征三。

二、为言语幽默提供翻译策略

理论上讲，任何语言的言语幽默翻译只要成功保留原文中的参数及参数特征，特别是高层参数及其特征，就可以说，译文传递了原文的幽默。要保留原文中的参数及其特征，翻译策略是成功的关键。

就汉语言语幽默英译而言，由于汉语言语幽默构成的特点有所不同，翻译有其特殊的规律。要成功转换原文中的参数及参数特征，特别是高层参数及其特征，首先必须成功转换叙述策略中的修辞手段和语言参数中的妙语，特别是汉语特有的修辞手段和本源概念。修辞手段是汉语言语幽默最重要的触发机制，也是言语幽默具体的表达形式。要成功转换修辞手段，必须先完整保留语言参数中的妙语，特别是语言参数妙语中的本源概念，它是构成修辞手段至关重要的语言要素。翻译汉英共有的修辞手段的最佳选择是同类转换模式，翻译汉语所特有的修辞手段采取异类转换模式。如果采取零类转换模式，译者应尽可能采取其他补救措施确保原文的幽默传递到译文，如保留妙语和脚本对立等。语言参数妙语中的本源概念有五种翻译策略，这五种翻译策略呈现出直译＞意译＞换译＞省译＞合译的趋势。理论上讲，换译是最理想的翻译策略，用译语的本源概念取代源语的本源概念，虽然意象发生了变化，但是内涵是一致的，译语读者可以获得与源语读者同样的阅读感受。合译次之，当译语无法找到匹配的本源概念来替代，采取两个以上策略来准确传递原文的信息也是适宜的翻译策略。直译在语料库中出现最多，原因在于直译可以完整地保留原文的意象，虽然在译语中这些意象可能不存在或者承载的意义不同，但是，依据语言语境，特别是上下文，读者可以感受到其中的内涵，也能领略到源语中所传递的幽默信息。如果语言语境无法提供相关信息，非语言语境提供的信息又不存在于译语中，直译会导致译语读者不知所云，也就无法获得与源语读者同样的感受。意译占的比例仅次于直译，意译虽然将源语的本源概念的意思传递至译语，但是意象完全消失，由此触发的幽默信息也就有可能消失。省译是没办法的选择，如果根据语言语境，省译能够不影响幽默信息的传递，也是可行的翻译策略。无论采取什么翻译策略，只要不影响脚本对立的形成或修辞手段的保留，就是行之有效的翻译策略。

总之，无论采取什么翻译策略和翻译方法，在译文中成功保留原文中的参数及参数特征，特别是高层参数及其特征，是言语幽默翻译的一般规律；成功转换叙述策略中的修辞手段和语言参数妙语中的本源概念，是汉语言语幽默英译的特殊规律。

三、为汉语言语幽默的英译提供分析准则

汉语言语幽默的英译分析准则包括汉语言语幽默解码的三条准则、编码的两条准则以及汉语言语幽默相似度测量系统。汉语言语幽默解码的三条准则直接影响我们对言语幽默的认知，它们是真诚性准则、相似性准则、和谐性准则。真诚性准则指"将语言信息置于非真诚而不是真诚信息交际模式之下"。也就是说，言语幽默提供的语言信息不是真实的，而是非真实的，只有当读者/听者将语言信息置于非真诚而不是真诚信息交际模式之下，才能领悟幽默所在，否则，语言信息就毫无幽默可言。相似性准则指"将语言信息之间的非相似性统一于某个点或某个面之下"。在非真诚信息交际模式下去理解幽默话语，首先得考虑两个对立脚本的非相似性如何统一，发现非相似性之间的相似，才能领略其中的风趣和幽默。和谐性准则指"将语言信息之间的非和谐性统一于某个点或某个面之下"。在非真诚信息交际模式下去理解幽默话语，除了考虑两个对立脚本的非相似性之间的相似，发现不和谐之间的和谐更加有趣。不和谐指的是两个事物相矛盾，一旦我们领悟到两个相矛盾事物之间的和谐，如梦方醒，幽默顿生。汉语言语幽默翻译编码的两条准则包括非真诚信息交际的四大准则以及语用等值准则。非真诚信息交际的四大准则（Raskin 1985：103）包含数量准则（Maxim of Quantity）：准确给出笑话所必需的信息；质量准则（Maxim of Quality）：只说与笑话世界相容的话；相关准则（Maxim of Relation）：只说与笑话相关的话；方式准则（Maxim of Manner）：有效地讲笑话。离开这些准则，就不能形成幽默。汉语言语幽默语用准则除了遵守非真诚交际的四大准则，在言语幽默的翻译过程中，译者无论采取什么翻译方法和策略，都要以实施言语幽默的言后行为作为汉语言语幽默翻译的最终目标，达到语用等值。

汉语言语幽默相似度测量系统由言语幽默延伸理论中表层和深层参数构成，根据幽默生成能力和判断幽默相似度的能力，六个参数按照表层（语言、叙述策略、逻辑机制）、深层（对象、语境、脚本对立）从低层向高层呈层级排列。汉语言语幽默相似度测量系统是评判译文是否成功转换

原文幽默的标准，如果成功保留了原文的参数，特别是深层参数中的脚本对立、表层参数中叙述策略的修辞手段和语言参数中的妙语，就可以推断出译文成功地展现了原文的幽默信息，也就可以说，译文真正达到了语用等值，译语读者完全能够感受到译文中的言语幽默。

第二节　局限

本研究提出了言语幽默延伸理论，试图在言语幽默及其翻译理论上有所突破，但是，由于该理论不但涉及语义学、语用学，还涉及叙述学、逻辑学等，该理论框架下对六个参数的深入研究还有巨大的空间。本语料库为自建语料库，虽然用了统计学的方法测定语料选择的可靠性，但全部都是人工标注，主观性、误差性难以避免。就研究文本的英译本而言，有些选择了不同的译本，有些因为译本多，只选择了有代表性的译本或者是能够获得的译本，研究的全面性不足。

今后的研究一是聚焦在对理论的进一步探讨，包括对各个参数中涉及的各个方面的深入研究，如不含修辞手段的言语幽默参数及其特征、妙语的不同类别和在文本中所处的不同位置等；二是扩大语料的选择范围和研究范围，包括不同语言的文本及其不同译本的对比研究，譬如，用英语幽默小说及其不同的汉译本、汉语幽默小说及其日译本、法译本、俄译本等，进一步论证言语幽默延伸理论的科学性；三是运用现有的语料库扩大研究范围，如作者的幽默风格、译者的翻译风格、同一作者或译者的历时研究、不同作者或译者的共时研究等；四是进一步探索语料库的创建，运用人工智能的强大威力，减轻人工标注的费时费力问题，使其更加科学、更具可操作性；五是研究汉语言语幽默文学史及其翻译史，填补该领域研究的空白。总之，我们将进一步开展相关研究，希望推动学界从不同学科领域加大对言语幽默及其翻译的研究。

参考文献

［1］ Andrew, F., Jones. *Chronicle of a Blood Merchant* [M]. New York: Anchor Books, 2003.

［2］ Antonopoulou, E. A Cognitive Approach to Literary Humour Devices: Translating Raymond Chandler [J]. *The Translator*, 2002, 8(2): 195–220.

［3］ Apte, M. L. *Humor and Laughter* [M]. Ithaca and London: Cornell University Press, 1985.

［4］ Attardo, S. & Raskin,V. Script Theory Revisited: Joke Similarity and Joke Representation Model [J]. *International Journal of Humour Research*, 1991, 4(3–4): 293–347.

［5］ Attardo, S. *Linguistic Theories of Humour* [M]. Berlin: Mouton de Gruyter, 1994.

［6］ Attardo, S. The Semantic Foundations of Cognitive Theories of Humour [J]. *International Journal of Humour Research,* 1997, 10(4): 395–420.

［7］ Attardo, S. *Humorous Texts: a Semantic and Pragmatic Analysis* [M]. Berlin: Mouton de Gruyter, 2001.

［8］ Attardo, S. Translation and Humour: An Approach Based on the General Theory of Verbal Humour (GTVH) [J]. *The Translator,* 2002, 8(2): 173–194.

［9］ Carlos, R. *Lenin's Kisses* [M]. Grove Press an imprint of Grove/Atlantic, Inc. 841 Broadway New York, 2014.

［10］ Chlopicki, W. An Application of the Script Phoory of Semantics to the Analysis of Selectel Polish Humorous Short Stories[D]. Unpublishod M. A. Thesis. Purdue University, West Lafayette, IN, 1987. In Attardo, S. (1994:211).

［11］ Escar, E. The Humor of Humor[M]. New York: Horlzon, 1952. In Raskin, V.

(1984:25).

［12］ Escarpit, R. 1960. L'humour[M]. Paris: Presses Universitaires de France. 7th ed. 1981. In Attardo, S. (1994:6).

［13］ Freud, S. 1905. Der whtz und seine Beziehung zum Unbewussten. Leipzig-Vienna: Dueticke. English translation: Jokes and Their Relation to the Unconscions[Z]. Penguin Books, 1976. In Raskin (1984:25).

［14］ Gladys,Yang. *Changes in Li Village*[M]. Peking: Foreign Languages Press, 1953.

［15］ Gladys,Yang & Yang Xianyi. *The Scholars*[M]. Changsha: Hunan People's Publishing House, 2011.

［16］ Gladys,Yang & Yang Xianyi. *Old Tales Retold*[M]. Peking: Foreign Languages Press, 1972.

［17］ Gladys,Yang & Yang Xianyi. *The True Story of Ah Q* [M]. Hong Kong: The Chinese University Press, 2003.

［18］ Goldblatt, H. *Shifu, You'll Do Anything for a Laugh*[M]. NewYork: Acrade Publishing, 2011.

［19］ Goldblatt, H. *Six Chapters from My Life "Downunder"*[M]. Seattle: University of Washington Press, 1988.

［20］ Goldblatt, H. *POW!*[M]. Seagull Books, 2012.

［21］ Grice, H. P. *Logic and Conversation.* In Peter C. & Morgan (Eds.), Syntax and Semantics[C]. New York: Academic, 1975, 3: 41–59.

［22］ Karmen. B. *Postmodern Power Plays: A Linguistic Analysis of Post-Modern Comedy*[D]. Unpublished M. A. thesis. Youngstown, OH:Youngstown State University, 1998.

［23］ Kelly, J. & Mao, N. K. (Trans.). *Fortress Besieged*[M]. Bloomington and London: Indiana University Press, 1979.

［24］ Lao She. Jimmerson Juelie. trans. *Mr. Ma and Son*[M]. Beijing: Foreign Press, 2004.

［25］ Lao She. Don J. Cohn. trans. *Beneath the Red Banner*[M]. Beijing: Chinese Literature,1982.

［26］ Lao She & Kuo Helena. *The Quest for Love of Lao Lee*[M]. Reynal and Hitchcock, 1948.

［27］ Lyel, William A. *Cat Country, a Satirical Novel of China in the 1930's* [M].
Melbourne: Penguin Group, 2013.

［28］ Munday, J. *Introducing Translation Studies* [M]. Routledge, 2001.

［29］ Norrick, N. R. *Conversational Joking—Humor in Everyday Talk.*
Bloomington · Indianapolis: Indiana University Press, 1993.

［30］ Oring, E. *Engaging Humor.* Urbana and Chicago: University of Illinois
Press, 2003.

［31］ Popa, D. E. Jokes and Translation[J]. *Perspectives: Studies in
Translatology*, 2005, 13(1), 48-56.

［32］ Raskin, V. Semantic Theory of Humor[J]. *Semantic Mechanisms of Humor*,
1984(24): 99-147.

［33］ Raskin, V. *Semantic Mechanisms of Humour*[M]. Dordrecht-Boston-
Lancaster: D. Reidel, 1985.

［34］ Ritchie, G. *The Linguistic Analysis of Jokes*[M]. London: Routledge, 2004.

［35］ Roeckelein. J. E. *The Psychology of Humor*[M]. Westport,
Connecticut · London: Greenwood Press, 2002.

［36］ Ruch et al. Toward an Empirical Verification of the General Theory of
Verbal Humour[J]. *International Journal of Humour Research*, 1993, 6 (2):
123-136.

［37］ Suls, J. M. *A Two-Stage Model for the Appreciation of Jokes and Cartoons:
An Information-Processing Analysis.* In Jeffrey H. G. n & Paul E. M. (Eds.),
The Psychology of Humour: Theoretical Perspectives and Empirical
Issues[C]. New YorkLondon: Academic Press, 1972: 81-100.

［38］ Yu. C. A. *The Journey to the West* [M]. Chicago: University of Chicago
Press, 2013.

［39］ Zabalbealbeascoa, P. Humour and Translation — an Interdiscipline.
Humour [J]. *International Journal of Humour Research,* 2005, 18(2) :
185-207.

［40］ 辞源［M］.商务印书馆，1980.

［41］ 陈望道.修辞学发凡［M］.上海：上海书店，1990.

［42］ 丛晓峰.幽默及其临近形态——：“笑”的家族几个范畴比较［J］.西
北大学学报社会科学版，2001（1）：1-4.

［43］方成.幽默定义［J］.武汉大学学报人文社科版，2003（6）：732-736.

［44］高胜林.幽默的界定及其学科归属问题［J］.求是学刊，2004（5）：100-104.

［45］戈玲玲.教学语用学［M］.长沙：国防科技大学出版社，2002.

［46］戈玲玲.论幽默文本中本源概念的翻译模式——基于汉英双语平行语料库的研究［J］.外语学刊，2011（1）：117-122.

［47］戈玲玲，何元建.基于言语幽默概论的汉语幽默文本特征研究［J］.外国语，2012a（7）：35-44.

［48］戈玲玲，何元建.从言语幽默概论视角探讨汉语言语幽默的翻译——以《围城》原著及英译本为例［J］.中国翻译，2012b（4）：108-112.

［49］戈玲玲.基于语料库的幽默文本翻译研究——以钱钟书的汉语小说《围城》的英译为个案研究［M］.北京：外语教学与研究出版社，2014a.

［50］戈玲玲.汉语言语幽默英译标准的语用分析——一项基于汉英平行语料库的对比研究［J］.解放军外国语学院学报，2014b（6）：8-15.

［51］何元建.论本源概念的翻译模式［J］.外语教学与研究，2010（3）：204-213.

［52］侯宝林.机智与幽默［M］.长春：吉林教育出版社，1987.

［53］胡范铸.幽默语言学［M］.上海：上海社会科学院出版社，1991.

［54］胡开宝.语料库翻译学概论［M］.上海：上海交通大学出版社，2011.

［55］黄立波.中国现当代小说汉英平行语料库：研制与应用［J］.外语教学，2013（6）：104-109.

［56］黄立波.基于语料库的翻译文体研究［M］.上海：上海交通大学出版社，2014.

［57］黄万丽，秦洪武.英汉平行历时语料库的创建与语料检索［J］.当代外语研究，2015（3）：14-20.

［58］蒋栅红，戈玲玲.基于汉英双语平行语料库的汉语主语幽默英译研究——以《李家庄的变迁》为例［J］.南华大学学报（社会科学版），2018（6）：96-101.

［59］老舍.离婚［M］.北京：人民文学出版社，1994.

［60］老舍.老舍全集［M］.北京：人民文学出版社，1999.

［61］老舍.二马［M］.北京：外文出版社，2004.

［62］老舍.猫城记［M］.武汉：长江文艺出版社，2012.

［63］老舍.正红旗下［M］.北京：人民文学出版社，2017.

［64］李广伟，戈玲玲，刘朝晖.言语幽默汉英平行历时语料库及其检索系统的构建与应用［J］.外语电化教学，2016（6）：60-65.

［65］林语堂.征译散文并提倡幽默［N］.晨报副镌，1924年5月23日.

［66］卢斯飞，杨东莆.中国幽默文学史话［M］.南宁：广西教育出版社，1994.

［67］鲁迅.阿Q正传［M］.北京：人民文学出版社，2009.

［68］鲁迅.故事新编［M］.北京：外文出版社，2010.

［69］吕煦.实用英语修辞［M］.北京：清华大学出版社，2004.

［70］莫言.师傅越来越幽默［M］.北京：作家出版社，2012.

［71］莫言.四十一炮［M］.杭州：浙江文艺出版社，2017.

［72］钱钟书.围城［M］.成都：四川文艺出版，1991.

［73］钱钟书.读《拉奥孔》.《钱钟书论学文选》.第六卷［M］.广州：花城出版社，1991：71.

［74］秦洪武，王克非.历史语料库：类型、研制与应用［J］.外语与外语教学，2014（4）：1-6.

［75］孙绍振，汤化.幽默学全书［M］.福州：海峡文艺出版社，1998.

［76］王克非.新型双语对应语料库的设计与构建［J］.中国翻译，2004（6）：73-75.

［77］王克非，秦洪武.英汉翻译与汉语原创历时语料库的研制［J］.外语教学与研究，2012（6）：822-834.

［78］王国维.屈子文学之精神.《王国维文集》.第一卷［M］.北京：北京燕山出版社，1906：30-32.

［79］吴承恩著.Yu, C. A.译.西游记［M］.西安：世界图书出版社，2012.

［80］吴敬梓著.杨宪益，戴乃迭译.儒林外史：汉英对照（全3卷）［M］.长沙：湖南人民出版社，1999.

［81］吴礼权.现代汉语修辞学［M］.上海：复旦大学出版社，2012.

［82］杨绛.干校六记［M］.上海：生活·读书·新知三联书店，2015.

［83］阎连科 . 受活［M］. 天津：天津人民出版社，2012.

［84］余华 . 许三观卖血记［M］. 北京：作家出版社，2012.

［85］赵树理 . 李家庄的变迁［M］. 北京：人民文学出版社，1980.

［86］张秀国 . 英语修辞学［M］. 北京：北京交通大学出版社，2005.

［87］郑凯 . 先秦幽默文学论［M］. 广州：暨南大学出版社，1992.

图书在版编目(CIP)数据

汉语言语幽默及其英译研究 / 戈玲玲著. — 北京 ：
商务印书馆，2024. — ISBN 978-7-100-24809-9

Ⅰ．H146.3；H315.9

中国国家版本馆CIP数据核字第2024CN3800号

汉语言语幽默及其英译研究
戈玲玲 著

商 务 印 书 馆 出 版
（北京王府井大街 36 号　邮政编码 100710）
商 务 印 书 馆 发 行
艺堂印刷（天津）有限公司印刷
ISBN　978-7-100-24809-9

2024 年 12 月第 1 版　　　　开本 710×1000　1/16
2024 年 12 月第 1 次印刷　　印张 15½
定价：78.00 元